# Eugène Pelletan

SA VIE
SON ŒUVRE

PAR

**Edouard PETIT**

— PRÉFACE —

de

**Ferdinand BUISSON**

*Nombreuses Illustrations*

∘ ∘ **PARIS** ∘ ∘

**ARISTIDE QUILLET**

∘ ∘ ∘ **ÉDITEUR** ∘ ∘ ∘

Eugène Pelletan, (1880).

*(D'après Photo Dagron, Paris).*

# Eugène PELLETAN

## 1813 = 1884

# Eugène PELLETAN

## 1813 - 1884

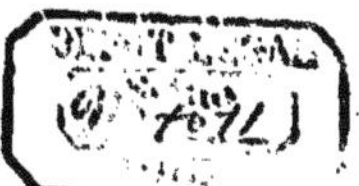

## "L'HOMME ET L'ŒUVRE"

d'après des documents inédits

PAR

### ÉDOUARD PETIT

Préface de Ferdinand BUISSON

« Le monde n'appartient qu'aux idées. Il n'y a
que les convictions fortes et les mots fiers qui
donnent aux peuples de grands moments. »

Eugène PELLETAN.

### PARIS

### ARISTIDE QUILLET
ÉDITEUR
278, Boulevard Saint-Germain, 278

# OUVRAGES DU MÊME AUTEUR

*Francis Garnier*, d'après des documents inédits.— 1 vol. in-18.

*André Doria*, (un amiral condottier au XVI° siècle). — 1 vol. in-18.

*Mignet*, d'après des documents inédits. — 1 vol. in-18.

*Chez les Etudiants populaires.* — 1 vol. in-18.

*L'Ecole Moderne.* — 1 vol. in-18.

*La Vie Scolaire.* — 1 vol. in-18.

*L'Ecole de demain.* — 1 vol. in-18.

*Jean Lavenir*, (en collaboration avec M. Georges Lamy). — 1 vol. in-18.

*Autour de l'Education populaire.* — 1 vol. in-8°.

*La Mutualité Scolaire et la Commune*, (en collaboration avec M. Ernest Rochelle). — 1 vol. in-18.

*De l'Ecole... au Régiment.* — 1 vol. in-18.

*De l'Ecole... à la Cité.* — 1 vol. in-18.

# EUGÈNE PELLETAN

« Qui pense croit, qui pense agit ; le monde appartient à l'action dirigée par la pensée. »

EUGÈNE PELLETAN.

« La vérité n'est pas la coupe banale des festins,
qui passe indifféremment de convive en convive ;
la vérité est une récompense. Si tu veux l'obtenir,
commence par la gagner. »

EUGÈNE PELLETAN.

« Inclinons-nous de respect ; une idée est sur
cet homme. Une idée ! La force de l'infini. Qui
pourrait l'arrêter ? »

EUGÈNE PELLETAN.

# LETTRE-PRÉFACE

*Mon cher ami,*

*Vous ne me donnez pas seulement une nouvelle marque d'amitié, vous me faites un double honneur en me demandant d'écrire quelques lignes de Préface à un livre qui parle d'Eugène Pelletan et à un livre qui est de vous.*

*Entre l'homme à qui est rendu cet hommage et celui qui le lui rend, il y a une affinité. Tous vos lecteurs la sentiront.*

*Pour faire revivre cette figure, déjà un peu enveloppée des brumes du passé, il fallait l'avoir comprise et l'avoir aimée comme peu d'hommes de votre génération ont pu le faire. C'est à peine si ceux de la mienne résistent à la tentation de mettre au rang des ancêtres, ce vieux républicain qui leur sembla plus près de 1848 que de nous. Ils ne lui marchandent, certes, ni le respect, ni la gratitude, mais involontairement, ils reculent devant l'effort qu'il leur faudra faire, ils le pressentent, pour se mettre à son ton, pour le traiter comme un vivant.*

*Eugène Pelletan appartient en effet à cette période romantique dont l'éclat fut si vif, mais si bref. Jamais de plus nobles esprits n'ont plus merveilleusement réussi à entraîner l'opinion publique, à l'émouvoir jusqu'au délire. Mais comme elle s'est ressaisie et avec quelle sévé-*

rité ne leur a-t-elle pas fait payer par un excès d'oubli l'excès de son propre enthousiasme! Cela est vrai des plus grands et, entre tous, de ces deux maîtres dont s'est tant inspiré Pelletan : Edgar Quinet et Michelet. Comment le disciple n'eût-il pas subi le même sort?

Vous avez su réagir, cher ami, contre cette injustice. Et ce n'est pas par un parti pris de réparation, ce n'est pas seulement par un sentiment de piété républicaine que vous vous êtes attaché au nom et à l'œuvre d'Eugène Pelletan.

C'est que, comme lui, vous êtes un croyant. Comme lui, vous tenez qu'il y a pour la démocratie, des vérités éternelles dont la simplicité fait la grandeur. Vous n'êtes pas arrivé, — O naïf! — à trouver que la Déclaration des Droits de l'Homme ait vieilli, que les idées de Justice, de Liberté, d'Egalité, appliquées aux sociétés humaines soient des formules creuses ou des banalités emphatiques. Vous continuez à y voir, au contraire, l'aliment dont ne peut se passer l'âme populaire, le rayon qui l'illumine, l'idéal sans lequel il n'y a pour elle ni force, ni dignité, ni vie.

Aussi, quand vous avez rencontré un homme qui, par ses actes autant que par ses paroles, a donné l'exemple de cette foi vécue sans relâche tout un demi-siècle, quand vous l'avez suivi de l'adolescence à la vieillesse, de son village natal jusqu'au Sénat, en passant par Sainte-Pélagie, il vous a semblé qu'il méritait d'être connu de la jeunesse d'aujourd'hui. Et vous n'avez mis d'autre artifice à le présenter que le seul qu'il eût lui-même accepté, l'exactitude et la sobriété d'un récit sans phrase qui suit l'ordre des dates et laisse parler les faits.

Vous avez fait plus. Les auteurs sont souvent aveuglés par l'amour de leur héros : à force de le fréquenter, ils s'éprennent de ses qualités, plus souvent même de ses défauts, jusqu'à tourner l'histoire en panégyrique. Il vous a paru plus digne de lui de parler de son œuvre comme il en parlerait lui-même s'il était là.

Vous y faites deux parts : l'une qui passe, l'autre qui dure.

Un publiciste qui a si prodigieusement produit, et produit si rapidement, a dû sacrifier aux circonstances, aux habitudes régnantes, au goût de l'époque, aux modèles alors prônés. De là le grand nombre d'écrits, d'articles, de lettres, que vous laissez résolument de côté. Mais vous n'en êtes que plus éloquent à résumer, à citer, à faire admirer, même par le lecteur le plus tiède, nombre de pages si belles par leur puissance et si belles par leur diversité, qu'elles égalent le vaillant polémiste à nos meilleurs écrivains. Il en est même d'inédites que l'on vous saura gré d'avoir sauvées de l'oubli, tant elles aident à voir sous son vrai jour, celui que vous appelez tantôt « un grand poète en prose », tantôt « l'éducateur du peuple », tantôt le « représentant de la conscience. »

Eugène Pelletan a mérité tous ces titres et d'autres encore. Toute sa conduite privée et publique, politique et sociale, théorique et pratique, se dessine comme une ligne droite. Il n'en dévie sous aucun prétexte, même pour une minute. « C'est un stoïcien », dit Sainte-Beuve, se vengeant ainsi noblement d'un jugement vrai mais excessif de Pelletan ; c'est un huguenot, disent les autres, dont vous expliquez l'impression par l'atavisme, le milieu, l'éducation; c'est un Jacobin, soutiennent les juges qui condamnent son fameux article : « La liberté comme en Autriche »; c'est un mystique enfin, aux yeux des lecteurs d'aujourd'hui qui retrouvent chez lui du Lamennais, du Ballanche et du Pierre Leroux.

Prévost-Paradol a su résumer tout d'un mot que vous avez retrouvé et qui est un bien bel éloge : « J'aime en Pelletan quelque chose de plus que l'écrivain et le politique : j'aime l'honnête homme. Honnête jusqu'à l'ombrage, errant avec sa plume à demi-brisée de journal en journal, jaloux de sa liberté à l'égard des hommes, esclave volontaire de sa conscience, libéral de bonne foi, pur de toute fraude et riche, par miracle, d'une popularité bien acquise. »

Vous accueillez pour partie, tous ces jugements. Mais vous avez saisi avec force la vraie note caractéristique de cet esprit qui s'est toujours livré avec une noble ingénuité.

Ce qu'il est par dessus tout, c'est un fils de la Révolution française, un fidèle de Condorcet, un adepte fervent de la doctrine du Progrès. Sa polémique presque violente avec Lamartine, pour un moment de doute qu'avouait le grand poète sur la certitude du progrès, montre bien que c'était pour lui une religion, la Religion. C'est ce qui lui inspirait dans son livre : « Le Monde Marche », cette heureuse formule que vous transcrivez et qui résume sa foi : « Toutes les civilisations sont mortes, dites-vous. Le fait est vrai, j'en conviens. Mais la civilisation elle-même a survécu. »

C'est au fond, je le devine bien, mon cher ami, cette forte affirmation des droits, des devoirs et des grandes espérances de la démocratie qui vous a fait penser à prendre Eugène Pelletan comme le symbole même de cette éducation du peuple dont vous êtes l'infatigable apôtre. Vous avez senti qu'il est urgent d'étaler sous les yeux de notre jeunesse, non des chefs-d'œuvre d'analyse subtile et d'ingénieux prétextes, à douter de tout et d'elle-même, mais justement le contraire, l'exemple d'un homme qui a cru au bien, cru à l'humanité, cru à la République et à la France.

J'espère que vous n'aurez pas écrit en vain ce nouveau bréviaire du jeune républicain. Plusieurs qui l'auront ouvert avec quelque scepticisme, à mesure qu'ils avanceront se laisseront gagner par cette beauté morale et entraîner par cette leçon d'énergie. A la voix si modeste mais si émouvante, du vieil idéaliste, une autre voix répondra du fond d'eux-mêmes et, comparant ces accents virils à ceux qui leur prêchent la défaillance et l'égoïsme, ils ne fermeront pas le livre sans se dire : C'est celui-là qui avait choisi la bonne part!

Ce sera un dernier service que ce grand homme de bien aura rendu à la France. Et c'est à vous que nous le devrons.

Je vous en remercie au nom des écoliers et des étudiants qui vous liront et je vous serre cordialement la main.

FERDINAND BUISSON.

# — AVANT PROPOS —

On a célébré, dans une pensée d'admiration et de piété nationale, parmi les fleurs et les discours, le centenaire de Michelet, d'Edgar Quinet, de Victor Duruy, de Louis Blanc. L'on se prépare à fêter, dans une pensée de justice et de reconnaissance, celui d'un grand idéaliste qui fut un précurseur, d'Eugène Pelletan.

Nous avons tenu à apporter notre modeste tribut à une commémoration qui vient à son heure.

La vie d'Eugène Pelletan, l'analyse de l'œuvre due au critique, au polémiste, au tribun, à l'historien, au philosophe, qui fut un grand poète en prose, ne laissera pas d'être une leçon d'énergie sociale à un moment de l'histoire où il semble qu'il y ait comme un abaissement des caractères, une diminution de la foi civique.

Notre époque qui incline au réalisme, qui devient âpre à la curée, qui est possédée par la fièvre de l'argent, a besoin qu'on lui rappelle le souvenir de ceux qui ont vécu pour la justice et pour la bonté, qui ont lutté pour élever l'âme populaire vers un magnifique idéal de pureté morale et politique.

Eugène Pelletan qui a toujours été « au poste de l'idée », — comme il le disait fièrement, — qui a toujours professé et pratiqué le culte des sentiments les plus nobles

et les plus généreux, mérite d'être cité en exemple aux
générations qui montent. Il est nécessaire, il est urgent
qu'on entende à nouveau la parole de feu, le verbe
rayonnant de lumière, qu'aux jours de tristesse et d'orage,
l'apôtre inspiré du Féminisme et du Progrès, faisait reten-
tir sur la montagne. A en percevoir l'écho, même affaibli,
à se tourner vers les sommets où il résonna, « ceux de
demain » renaîtront peut-être à l'enthousiasme, proscri-
ront la haine, comprendront « la force de l'espérance. »

Eugène Pelletan qui n'a vécu que pour le devoir et
pour le droit, que pour la défense des humbles, qui a été
un vaillant et un sincère, allumera peut-être au cœur des
jeunes qui s'élancent vers un avenir de pensée et d'action,
l'étincelle d'amour et d'humaine bonté.

Il montrera aux débutants de la vie la voie à suivre
pour user l'existence utilement et noblement. Il leur en-
seignera la vertu du sacrifice et de l'aide fraternelle. Il les
instruira d'exemple, car il est un « excitateur » de fierté,
de courage, d'indomptable fidélité aux principes, de probité, de labeur, de haute et ferme indépendance. C'est une
conscience qui peut former des consciences.

Eugène Pelletan, dont on paraît oublier quelque peu, à
l'heure actuelle, l'austère figure de « doctrinaire républicain », a été l'idole de la jeunesse libérale qui, au milieu
du XIX<sup>e</sup> siècle, suivait ses précises directions ou bien se
laissait charmer à ses rêves. On peut le prendre encore,
avec confiance, comme conseiller et comme guide. L'homme est grand. L'écrivain, dont le romantisme s'inspira des
classiques, a laissé des pages reflétant toutes les idées,
toutes les passions de son temps, et qui valent par la
force vivante de la raison, par la grâce et l'éclat de l'imagination.

Nous effaçant le plus possible derrière celui dont nous avons essayé de retracer la biographie et de résumer les écrits, nous l'avons fait se révéler lui-même par sa prose de verve prestigieuse et de captivante harmonie. C'est lui qui, le plus souvent, conte son existence de lutte et de travail, expose sa doctrine, livre les secrets de son art. La gerbe est composée des fleurs qu'il a fournies. Nous nous sommes contenté de lier les tiges.

Nous avons emprunté des extraits, par dessein arrêté, aux livres et brochures les moins connus, qui sont dispersés et qu'on ne retrouve que malaisément. Nous avons pu publier des lettres et des documents inédits, grâce à l'obligeante intervention de M. Camille Pelletan qui, au fil des souvenirs, nous a narré traits et anecdotes, en d'éblouissantes causeries. Nous devons beaucoup à M$^{me}$ et M. G. Coulon, fille et gendre d'Eugène Pelletan, à MM. H. Monin, Barthe, Jean Mousnier, V. Billaud, qui ont bien voulu nous aider dans nos recherches, nous communiquer des papiers de famille, ou bien nous indiquer à quelle source nous pourrions puiser utilement. Nous nous faisons un devoir de leur témoigner notre sincère reconnaissance.

E. P.

# PREMIÈRE PARTIE

## L'ENFANCE --- LA JEUNESSE LES DÉBUTS

1813 — 1851

« Si vous possédez la vérité, donnez-la moi ; si je la possède au contraire, je vous l'offre ; n'est-ce pas le plus beau cadeau qu'on puisse faire à un ami ? »

EUGÈNE PELLETAN.

I

1813-1833.



Il est peu d'hommes qui, à l'égal d'Eugène Pelletan,
aient reçu et conservé au profond d'eux-mêmes l'empreinte du pays natal. On ne peut pas ne pas prendre contact avec la « petite patrie » qu'il a tant aimée, dont il a si souvent évoqué la vision, quand on aborde l'étude de sa vie, de son œuvre.

Jamais la théorie du milieu ne se justifia mieux, par un « exemple vivant ». Ne l'a-t-il pas dit lui-même ? « Il y a presque toujours dans le milieu atmosphérique qui a baigné nos premiers ans, une révélation cachée de toute notre existence (1). »

C'est par une mélancolique et capricieuse journée d'automne, tantôt brillante, tantôt attristée de brume, que j'ai visité l'originale contrée, « intermédiaire entre le nord et le midi », où Eugène Pelletan a fait ses premiers pas, où s'est fortifiée son imagination, où sa volonté s'est trempée, et où si souvent, et avec tant de joie, il venait se reposer et se ressaisir aux lendemains des batailles littéraires et politiques.

De Royan à Saint-Georges de Didonne, j'ai fait deux

(1) *La lampe éteinte*, p. 9.

fois la route, d'abord à la splendeur du soleil finissant qui
rasait de ses rayons le port de la ville coquette et riante
dont Eugène Pelletan dira la « Naissance » et qui lui a
élevé une statue, et la Grande Conche mollement inclinée,
« unie comme l'ambre, » et la mer « poésie vivante, toujours en action, tantôt recueillie et rêveuse, tantôt irritée
et terrible », qui déroule, sur la longue plaine de sable, ses
vagues longues, comme fera l'écrivain   sa phrase nombreuse, au rythme puissant.

J'ai salué au passage les sites si souvent décrits et célé-
brés, et la pointe de Vallières qui, « toujours fumeuse,
battue de la lame, trouée et fouillée en tous sens, représente en raccourci une falaise de Bretagne » (1), et la dune
odorante, et les ruisseaux bordés de saules. J'ai pu saisir
les aspects du paysage saintongeais qu'à distance la lecture de pages éloquemment descriptives m'avait  rendus
familiers : fleuve et Océan confondant leurs flots, falaises,
plages et rocs se succédant en pittoresque antithèse, se
combinant et se heurtant, plaines encadrées de forêts où
le pin maritime secoue au vent sa romantique chevelure,
« molles collines semées de blé, de  sainfoin,  d'ormeaux
et de moulins », ciel « d'une finesse et d'une délicatesse
vénitienne (2) ».

Puis j'ai eu la révélation charmante de Saint-Georges,
blottie au pli du rivage, oasis au bord de la mer, avec ses
toits de tuiles rouges, son église, ses jardinets, ses ter-
rasses, avec son changeant décor de fond. formé par les
bois et, en façade, devant le regard, la Gironde, l'Océan,
au loin la côte ourlant la plaine du Médoc, Cordouan et
son phare, l'infini des ondes. Et mis en présence de ce
panorama aux mouvantes oppositions, j'ai reçu le coup
au cœur qu'éprouva Michelet qui, sur ces mêmes bords,

(1) *La Naissance d'une ville*, p. 145.
(2) *Naissance d'une ville*, p. 146.

composa son hymne immortel, en l'honneur de la Mer (1).

Ces paysages, je les ai revus, le lendemain, enveloppant leurs contours de nuages et de pluie fine, invitant la pensée non plus à s'élancer vers les horizons lointains, largement ouverts, mais à se replier sur soi pour la méditation et le recueillement.

Pays aux contrastes nettement accusés, « transition et opposition entre la terre et la mer », au climat changeant, aux lignes comme métamorphosées par les saisons, par les caprices du flux et du reflux, pays divers et qui a son unité et sa physionomie propre, originale et attachante que les yeux ne peuvent oublier quand ils l'ont vue une fois.

Pays qu'habite une race dure à la fatigue, rude et fruste, de marins, de paysans, poussant la chaloupe aux flots, le soc de la charrue au sol, avec une courageuse et patiente énergie. Race jadis mauvaise de pêcheurs d'épaves, puis assagie, adoucie au cours des temps, puis passée, pour une bonne part, au calvinisme; tenace contre l'obstacle d'où qu'il vînt : homme ou bien nature. Peuple d'une fière probité que n'entama point la misère, enfoncé dans sa foi, résistant par la ruse, par la force, à l'endoctrinement détesté, se réfugiant aux bois, aux monts, aux grottes, pour écouter la voix de ses pasteurs.

Habitat, habitants se correspondent et se pénètrent. Qui a vécu le long de ces grèves, de Saint-Georges à la pointe de la Coubre, qui est né aux solitudes se déroulant aux bords de la Seudre, qui a connu ces libres espaces, qui a vu fleuve et mer, tantôt dormant sous un manteau d'azur, tantôt donnant l'assaut, par les nuits de tempête, à la côte battue du vent, aux vaisseaux que les riverains

(1) Michelet fut attiré à Saint-Georges par E. Pelletan, qui était un de ses plus ardents disciples. Il y a résidé en 1859 et il a décrit, dans des pages célèbres, la tempête d'octobre qui dura six jours et six nuits.

accourent défendre au péril de la vie, qui, à la veillée, a écouté le récit des anciens, rappelant les années d'oppression et de colère, aura reçu, et de la nature et des hommes, une ineffaçable leçon.

Il portera gravé au cœur l'amour de la liberté. Il aura contracté le pli de la fermeté opiniâtre, des convictions sincères s'exprimant en toute franchise, de la courageuse fidélité aux principes. Il se pliera malaisément aux conventions et aux préjugés. Il aura dans la moelle et dans le sang le besoin et l'appétit de l'idée libre où l'esprit se meut sans contrainte, comme se mouvait le corps dans les vastes solitudes parcourues aux années d'enfance. Par la vue de l'effort sans cesse recommencé, où il faut que les hommes tendent corps et tête pour lutter contre les éléments contraires, il acquerra foi dans le travail, foi dans le progrès, foi dans l'avenir et il nourrira dans son âme une indomptable espérance.

Pierre-Clément-Eugène Pelletan est né le 29 octobre 1813, à « la Barraque », métairie isolée, sise au hameau de Maine-Bertrand, à quelques kilomètres au nord de Royan, sur le territoire de Saint-Palais-sur-Mer. La ferme, appartenant à la famille paternelle, s'élevait et s'élève encore derrière le bourrelet de dunes qui défend le sol marécageux et plat contre l'Océan.

La maison, simple construction rustique, est entourée de marais, sur la lisière d'une forêt.

Là, surtout au temps des vacances, quand sa profession de notaire, puis de juge de paix, ne l'appelle pas à Royan, vit d'une existence à la fois recluse et active, Étienne-Achille Pelletan, avec sa femme Élisabeth-Jeanne Jarousseau, fille aînée de Jean Jarousseau, le

« pasteur du désert », qui résida à Saint-Georges de Didonne de 1760 à 1784.

Le grand-père paternel était médecin et d'origine catholique.

L'ascendance, dans la branche maternelle, depuis la Réforme, est huguenote et a cessé, à travers les guerres et les persécutions, de professer le protestantisme le plus sévère.

Dès l'enfance, Eugène sera nourri, par sa mère, aux lettres bibliques, affermi dans les sentiments religieux où l'incline de bonne heure un naturel méditatif et rêveur (1). Sans doute, plus tard, il brisera le cadre des pratiques systématiques et du dogme étroit où son esprit fut d'abord emprisonné. Mais, comme tant de politiques et de penseurs qui ont participé au mouvement de 1848, il se réclamera jusqu'au dernier jour d'un spiritualisme idéaliste où il trouvera inspiration et réconfort.

C'est surtout à la Barraque qu'il passe ses toutes premières années. « Il n'est peut-être pas contrée au monde, écrira-t-il, plus stérile, plus affreusement désolée » (2) au moins au commencement du XIX° siècle, que celle où il est né. Entre la Seudre et la mer, c'est le marais. « Du côté de la terre ferme, on ne trouve que des brandes, des ajoncs, des vignes maigres et rampantes, des bancs calcaires surmontés de moulins à vent, ou des touffes d'ormes qui sont des villages.

« Du côté de la mer, ce n'est plus qu'une grève incessamment battue, creusée, soulevée, déplacée par la vague. De loin en loin, on aperçoit un poste de douaniers, une tour où, la nuit, on allume des fanaux, lugubres clartés qui prédisent, mais qui n'empêchent pas les naufrages, et enfin le fort abandonné de la Coubre, une vigie

_______

(1) Voir plus loin, page 13, le récit de ses deux premières communions.
(2) *Elie Arvert*, p. 9.

inclinée par le vent, une carcasse de navire échoué, à
moitié ensevelie, — et au-delà le flot, le vide, l'inconnu,
le chemin que prend chaque jour le soleil couchant » (1).

« Le marais ne porte d'autre verdure que des  touffes
d'absinthe et de saules gris plantés sur la levée des ca-
naux. L'eau croupit au fond des salines abandonnées, et
la vase, pétrie par une quantité innombrable de reptiles
et de tortues, verse en s'échauffant au soleil, des germes
de fièvre dans un air lourd, agité seulement par des
nuées de moucherons (2). »

Les premières impressions de l'enfant sont tristes et
douloureuses. Il se rappellera toujours cette terre marâ-
tre qui a sa beauté prenante et tragique, les appels du canon d'alarme retentissant au loin pendant les
nuits ou souffle « la Mauvaise », les heures d'épouvante
quand, dans les ténèbres, hurlent les loups et que l'o-
rage fait craquer les murs de la ferme.

Son père, juriste féru de droit strict, propriétaire ter-
rien veillant jalousement sur son bien qu'il accroît par
un incessant labeur, est rude pour les siens comme pour
lui-même. Chasseur, laboureur, coureur de bois  et de
marais, en cette Thébaïde où il peut satisfaire sa passion pour le grand air et la solitude, il élève son fils à la
dure.

Sa mère vit dans le tremblement et la génuflexion devant son seigneur et maître qui n'admet pas la réplique
quand il donne un ordre. « C'était... une âme uniquement faite pour aimer. Son mari l'avait dévorée au
moral. Elle ne désirait, ne sentait, n'agissait que par lui
et pour lui plaire à fonds perdu. Il ne restait d'elle en
propre que sa bonne humeur et sa furieuse activité de
ménagère. Elle avait une telle fougue de main, en toute

(1) *Elie Arvert*, pp. 9 et 10.
(2) *Elie Arvert*, p. 9.

chose, qu'elle ne faisait pas, qu'elle foudroyait la besogne » (1).

Très bonne, très aimante, adorant son fils comme son mari, elle tempère auprès d'Eugène, par sa douceur, la sévérité paternelle. C'est elle qui, pendant les longs séjours à la Barraque, débrouillera pour la lecture et l'écriture son fils qui achèvera sa première instruction à Royan. Il y sera l'élève du mulâtre Bellamy à qui il consacrera une admirable page, pleine d'émotion reconnaissante : « Sa main a tenu notre main le jour où nous avons tracé pour la première fois sur la page blanche les caractères qui portent la pensée... Quelque chose de lui, par je ne sais quelle admirable solidarité du précepteur au disciple, est encore sur ce papier.

«... Toutes les fois que nous songeons que, si nous avons pu, entre tous nos frères d'école, penser de la pensée de tous les temps, c'est à lui que nous le devons, alors nous sommes tentés de nous écrier :

« Sois à jamais béni, toi à qui je dois tous ces biens de la pensée. Tu étais venu d'une autre race, d'un autre soleil, avec un sang d'esclave dans les veines ; et c'est toi que la mystérieuse complication du sort a choisi pour m'apprendre à crier aux hommes la parole de liberté » (2).

C'est entre Royan, résidence habituelle, officielle, du notaire, Saint-Georges, où est la vieille et pittoresque demeure des Jarousseau, pleine de cachettes mystérieuses, et la Barraque, que s'écoulent les années d'enfance.

Mais c'est tout d'abord, et surtout, aux environs de la ferme paternelle, qu'Eugène fera son apprentissage de la vie intellectuelle, en plein contact de la nature. Il y mène, comme ceux qui seront un jour ses amis : George Sand, Lamartine, Quinet, une existence purement rustique. Il joue avec les petits paysans du voisinage. Mais, de pré-

_____

(1) *Elisée*, pp. 16 et 17.
(2) *La Naissance d'une ville*, pp. 101 et 102.

férence, il se réfugie dans la solitude, dans la contemplation qui « élève l'âme à la rêverie ».

« J'aimais d'un amour triste le sol aride où je vivais, cette végétation maladive de bouleaux flétris, de jeunes arbres qui se refusaient, au bout de peu d'années, d'enfoncer plus avant leurs racines dans les tourbières, et qui, gardant jusqu'à l'automne, au sommet de leurs branches, quelques feuilles brûlées, mouraient en murmurant aux premières brises de novembre. »

« Souvent je me suis pris d'affection pour quelque petite fleur sauvage venue au pied de la dune. J'allais la visiter soir et matin ; je lui contais toutes mes peines, et quand une ruée de vent l'avait emportée, je la regrettais et je la pleurais, comme si elle eût été une personne vivante (1). »

Et il lit, il lit passionnément, sans ordre et sans méthode, car personne ne le guide en ses choix, et il lit surtout des auteurs exaltant, affinant sa sensibilité native. Il découvre des livres dont « les rats sont les bibliothécaires », dans un coffre à avoine hors de service. « Toutes les fois qu'il allait au marais, il emportait un volume dans sa gibecière, comme un morceau de pain. Il le lisait lentement à l'ombre d'un tamaris dans l'air chargé d'une odeur amère d'absinthe. »

Ce fut dans cette salle de lecture en plein vent qu'il fit connaissance avec *Robinson Crusoé*, avec *le Vicaire Savoyard*, avec *Paul et Virginie*, une biographie du Prince Edouard et enfin je ne sais plus quel roman de Chateaubriand, « ce hâbleur de la mélancolie qui passa toute sa vie à gémir pour avoir été l'homme le plus heureux de son siècle, ou tout au moins le plus cajolé par la fortune » (2).

(1) *Elie Arvert*, p. 21 et 22.
(2) *Elie Arvert*, p. 20.

Il a douze ans. Son père veut qu'il apprenne un métier. Il voudrait qu'il devînt, ou vétérinaire, ou agriculteur. Sur les instances éplorées de sa mère, on décide de lui « faire faire ses Humanités », selon la classique expression d'antan. Il part, en compagnie de sa mère, et, d'étape en étape, emporté en croupe sur la jument « la Grise », il se rend à Poitiers, au Collège Royal, où Mᵐᵉ Pelletan « dépose affectueusement son fils au guichet des enfants trouvés du grec et du latin. »

La claustration scolaire ne convient guère au caractère indépendant du petit campagnard, habitué aux longues courses à travers champs et subitement condamné « à végéter sur place dans la moisissure de la vie en commun ». La nostalgie le prend. Il refuse de manger. Il veut mourir. Le médecin du Collège, ami de la famille, s'apitoie sur le sort du farouche prisonnier, le prend en pension, l'envoie comme externe en classe, l'apprivoise et l'acclimate, et ne le rend que plus tard à l'internat. L'Enfant reste six ans dans la vieille maison universitaire. Il y fut un brillant élève « parce que, dira-t-il plus tard, dans un accès de verve un peu injuste, il savait piller une tournure dans Tite-Live et l'écouler dans une narration ».

Au vrai, de bonne heure, il se distingue par des dons d'imagination, d'enthousiasme, de passion, de vivante et pressante logique, par la richesse verbale puisée aux trésors des anciens et des modernes. Il pensait, il méditait, il rêvait. « Pendant que le professeur cherchait à inoculer à son auditoire toute la finesse d'une épithète, toute la délicatesse d'une périphrase, l'imagination du disciple prenait sa volée par dessus les murs du collège. Il écoutait avec volupté, par l'oreille du souvenir, la mer moutonner avec une sorte d'effarement au coup de fouet du vent d'Ouest sur la plage de Bonance » (1).

(1) *Elisée*, p. 34.

Aux vacances, qui alors avaient lieu en septembre et en octobre, « il pouvait revoir le coin de terre où il avait passé son enfance... Il errait à toute heure et en toute liberté, du marais à la dune et de la dune à la forêt. Il n'appartenait plus au coup de cloche ; il ne relevait que de lui-même, il reprenait, en quelque sorte, un abonnement à la vie et le courage de retourner au Collège (1). »

A partir de la rhétorique, c'est à Pau (2) qu'il se rend, et où il finit ses études, car le Collège de Poitiers est licencié à la suite d'une mutinerie.

Eugène Pelletan se plaisait à conter les détails de la révolte. Il y eut une véritable émeute. Les internes se réfugient dans les dortoirs, s'y barricadent, s'arment des traverses arrachées à leurs lits de fer, soutenant un siège en règle contre la troupe. C'étaient d'ailleurs accès et coups de rage, de fiévreuse indiscipline que provoquaient assez souvent naguère les rigueurs outrancières du régime scolaire. Depuis lors, les mœurs se sont adoucies comme on sait. La compression officielle a fait place à une douceur quasi paternelle...

L'on avait d'ailleurs de singulières façons de former des élèves dans le Collège Royal de Poitiers, — comme dans les autres Collèges —, aux dernières années de la Restauration. L'administration universitaire qui obéissait à la Congrégation exerçait sa tyranique autorité, même dans le domaine religieux. On ne respectait guère la liberté de conscience. L'on était conduit par ordre à la prière, aux exercices de piété, à la confession. Eugène Pelletan, le petit-fils du *Pasteur du Désert*, était entré protestant. Il sortit catholique. On lui avait fait faire sa première communion, à l'âge prescrit, par mesure d'uniformité.

Aux vacances qui suivirent la fin des études, sa

---

(1) *Elisée*, p. 36.
(2) C'est au Collège de Pau qu'il se lie d'une amitié qui ne se dérouera qu'à la mort, avec Laporte et Barthe.

mère qui l'interroge apprend le fait. Elle ramène, et sans grand effort, son fils au protestantisme. Elle le fait instruire dans la foi de son héroïque aïeul, passer par la première communion orthodoxe. La conviction raisonnée succéda à l'initiation forcée. Le jeune homme deviendra dans la suite « libéral », et même se détachera de toute confession, tout en demeurant spiritualiste et déiste convaincu.

Eugène Pelletan a conté ses successives conversions en les attribuant au héros d'un de ses romans. Les personnages mis en scène sont supposés. Le récit est réel. Il vaut d'être rappelé, car il caractérise les mœurs d'une époque qui fut particulièrement troublée.

M^{me} Jérémie a un entretien avec son fils Elisée sur le choix d'un état. Elle désire qu'il « entre au service du Seigneur ». Et le dialogue s'engage entre la mère et le fils.

— Mais il faudrait pour cela une première condition.
— Laquelle ?
— Etre protestant.
— Mais tu l'es depuis ta naissance.
— Je l'étais.
— Tu as donc changé de religion.
— Pas tout à fait ; on m'a changé de religion sans que je m'en sois douté. Une fois incarcéré au collège, ma classe allait à la messe, j'y suis allé avec la classe. Elle alla ensuite au catéchisme. Je la suivis encore là. Elle fit depuis la première communion. J'étais de la famille. L'aumônier coula délicatement une hostie dans la bouche de mon voisin, j'en reçus une autre à mon tour.
— Alors tu es catholique.

Et la mère Jérémie leva les bras au ciel avec désespoir (1). »

_________

(1) *Elisée*, p. 43.

Les huit années d'initiation classique sont écoulées. Quand le jeune homme dressera le bilan des connaissances acquises, certes, il pourra se livrer, non sans raison, à la critique des méthodes éducatives, dire plaisamment que « la France comptait un bachelier de plus et un inutile », mais il fera aussi, en descendant au fond de lui-même, d'autres découvertes et d'autres aveux moins décourageants et moins amers.

Il pourra écrire: « Lorsque je revins du Collège, ma vie était changée, l'idée avait pénétré dans mon intelligence, l'avait réchauffée, l'avait remuée et lui avait ouvert sur un monde jusqu'alors obscur, de lumineuses avenues. Un vague instinct de poésie s'éveillait au fond de mon âme ». Il pourra écrire encore que sur ses rêves, il a appris, aux années d'adolescence, à jeter « la toilette de la poésie », surtout qu'il a lu, beaucoup lu et que « la lecture fait l'homme » (1).

C'est le 1ᵉʳ septembre 1832 qu'il est sorti du Collège.

Que va-t-il faire ? Vers quelle carrière classée, officielle, va-t-il s'élancer ?

Il ne se fera pas pasteur, comme le voudrait sa mère, médecin, voire vétérinaire, comme le voudrait son père qui se rabat sur l'espérance de voir son fils devenir notaire ou bien avoué.

Eugène Pelletan, donnant un semblant de satisfaction à la volonté paternelle, commence ses études de droit à Poitiers, tout en nourrissant le secret dessein de tenter le hasardeux métier des lettres.

Déjà, tout en se penchant sur le Code, il taquine la Muse.

Il plie sa pensée au mètre de la poésie, soumet le choix des mots à la cadence de la strophe, et, par cet heureux apprentissage du verbe et de l'harmonie, prépare cette

(1) *Elie Arvert*, p. 23 et 24.

prose riche, pleine, sonore, dont se revêtira sa vigoureuse dialectique.

Dès sa première année de droit, en 1833, on le voit tendant l'oreille aux bruits du dehors. Il suit de près les événements qui, au lendemain de la Révolution de Juillet, se déroulent à Paris. Déjà ses sympathies vont aux chefs du mouvement républicain.

A peine la nouvelle parvient-elle à Poitiers qu'Armand Carrel a été blessé dans un des duels (1) qui précédèrent la rencontre fatale avec Emile de Girardin, aussitôt Eugène Pelletan prend l'initiative d'adresser au fougueux polémiste l'adresse suivante, signée par soixante étudiants :

« A M. ARMAND CARREL,
    « Rédacteur en chef du *National*.

    « Monsieur,

« Au milieu des marques d'estime et d'intérêt qu'a soulevées de toute part votre noble conduite, les soussignés, élèves de l'école de droit de Poitiers, s'empressent de venir déposer sur votre lit de douleur, leur tribut d'admiration pour votre beau caractère, d'affliction pour le coup qui vous a été porté, de mépris pour la lâcheté de *nos ennemis* et d'indignation pour le pouvoir qui leur a laissé relever la tête !... »

Les lettres, la politique, occupent l'étudiant plus que le droit. Il s'adonne aussi, comme il fera toute sa vie, aux exercices du corps, au jeu de barres dont il inculquera plus tard la pratique à ses deux fils, à la marche, aux sports les plus divers. L'on peut dire qu'avant Paschal Grousset, avant Hugues Le Roux, avant Pierre de Coubertin, il a préconisé et pratiqué la culture physique. Tout l'hiver, il fréquente avec assiduité, en amateur qui

(1) Il s'agit de la rencontre avec M. Roux-Laborie, au sujet de la naissance du duc de Bordeaux. Armand Carrel atteignit son adversaire au bras. Il fut blessé au ventre.

acquiert vite la force d'un professionnel, le fameux cirque Auriol qui s'installe à Poitiers. Il ne quitte pas la troupe dont les exercices le passionnent. Il s'exerce à la lutte. Il apprend le secret d'un extraordinaire croc-en-jambe dont l'effet est irrésistible. Et, un jour, à Royan, aux vacances, il provoque bravement un matamore vantard, une manière de colosse, à qui il applique son procédé, victorieusement.

Mais le jeune étudiant regarde de plus en plus vers Paris. Il a le pressentiment que sa destinée l'y appelle. Il fait valoir auprès des siens la supériorité de l'enseignement donné par des maîtres réputés. Il obtient, à la fin de l'année scolaire, le consentement longtemps et ardemment sollicité.

Il s'éloigne, les vacances finies, du pays natal, avec une joie qui pourtant ne va pas sans émotion. Il s'écriera, au moment de laisser Saint-Georges derrière lui : « Je me retournai une dernière fois vers la plaine que j'allais quitter. Je regardai les cinq moulins de Didonne, l'aile tendue au vent, les hautes futaies de Belmont, et, sous la faible illumination du soleil levant, la mer infinie qui se perdait dans les dernières profondeurs de l'horizon. Le givre couvrait les guérets, et les villages blancs étincelaient dans les teintes brunes de l'automne. Cette matinée avait l'air d'une matinée de printemps.

« Alors je m'écriai avec amertume : Malheur à ma pauvreté ! Pourquoi suis-je obligé d'aller chercher au loin l'éducation qui fait vivre ! O mes frères ! ô pasteurs des prés de Saint-Georges, pourquoi le vent de Dieu, qui mûrit nos moissons, qui berce au fond de nos garennes les bluets et la lavande à fleurs, n'emporte-t-il de nos chaumières que des cris de détresse et de misère ? Pourquoi faut-il nous exiler pour acheter notre existence, lorsque tant d'autres la reçoivent si heureuse et si abondante, sans déserter la tombe de leurs ancêtres? »

# II

## 1833-1838



Le voyage, puis les débuts du séjour à Paris, sont relatés d'une façon fort amusante dans un manuscrit inédit d'Eugène Pelletan, retrouvé, après sa mort, et qui est intitulé : *Un regard en arrière.*

Ce sont pages de souvenirs qui font saisir sur le vif l'existence de la jeunesse intellectuelle, à l'heure où le romantisme prend son plein essor.

Ce que pensait, ce que voulait un étudiant au temps où retentissaient les voix de Lamartine, de Hugo, de George Sand, où tous les grands problèmes sociaux étaient posés devant l'opinion par des réformateurs se drapant dans l'attitude de prophètes, on le peut voir en ces « Notes » empreintes de sincérité familière, rédigées après que le recul des temps a fait entrer une apaisante clarté dans l'esprit d'abord ébloui et aveuglé.

Voici d'abord le curieux croquis de route crayonné par le spirituel conteur :

« J'arrivai à Paris, le 29 octobre 1833, date anniversaire de ma naissance. Il m'avait fallu trois jours pleins pour franchir la distance de mon chef-lieu de canton à la capitale.

« La dureté des temps m'avait condamné à prendre à

Rochefort la diligence Laffitte et Caillard, monumentale
patache, attelée de cinq chevaux, trois de bricole et deux
au timon. J'avais dû accomplir le long trajet sous la
bâche de l'impériale, en compagnie de trois pêcheurs
de morue, fraîchement débarqués de Terre-Neuve. Ils
exhalaient sous leur pelisse de veau marin une telle
odeur professionnelle, que l'homme le plus sourd du
nez en eût été asphyxié.

« Une pluie féroce qu'un vent du Nord-Ouest nous
fouettait au visage, nous accompagna impitoyablement
du premier au dernier relai du voyage. »

L'arrivée modeste du futur « vainqueur » est narrée
avec une comique exactitude :

« Jamais ciel de mauvaise humeur n'avait fait une
pareille conduite à un honnête émigrant de la Charente-
Inférieure. Mais que m'importait le mauvais temps et le
diabolique fumet de mes voisins : J'allais à Paris ! Chaque tour de roue, chaque claquement de fouet du postil-
lon m'en rapprochaient. Aussi, lorsque j'y entrai à la
tombée de la nuit et que je vis flamboyer sur les bords
de la Seine la double rangée des réverbères qui faisaient
scintiller de leurs reflets les eaux du fleuve, je ressentis
cette sorte d'éblouissement que la chrysalide doit éprouver
quand elle prend son vol vers la lumière. »

A peine débarqué, l'autobiographe se pose une question à laquelle il n'ose donner une réponse précise car
il se fie à son étoile pour le guider.

Il écrit :

« Après avoir longtemps rêvé de Paris, je touchais
de l'œil et du doigt cette fabrique d'hommes, mais que
venais-je y faire ? Me chercher moi-même et avant tout
chercher un état.

« Lequel ? La sybille intérieure n'avait pas encore parlé.
Je ne me sentais aucune vocation. Mon père, il est vrai,
avait jugé à propos d'en avoir une pour moi. Il élevait

du bétail dans le marais de Bréjat; il me trouvait toute l'aptitude voulue pour soigner une vache malade. Ce n'était pas le compte de ma mère.

« La sainte femme avait la fierté de son fils, parce qu'il avait remporté au collège de Pau le prix de discours latin. La maternité dans cette occasion l'emporta sur la paternité. Il fut décidé que je serais avocat. Ma mère voulut faire elle-même ma valise. Après y avoir glissé un écu de six livres pour les cas pressants, elle la boucla soigneusement avec une chaîne de cuivre fermée par un cadenas ».

Où ira-t-il? Où prendra-t-il gîte? Il rejoint des camarades du Collège de Pau dont l'amitié l'attend et qui lui font fête. Quelques-uns d'entre eux, par leurs relations, faciliteront ses débuts dans les lettres :

« Ce fut, dit-il, dans ce modeste équipage, que je débarquai rue Saint-Jacques, à l'hôtel de Beauvais. J'y trouvai une colonie de Béarnais, mes anciens camarades de collège, Laporte, Boutilhe, Marcel Barthe, etc., etc., esprits fureteurs, toujours à la poursuite d'une idée ou d'une extravagance. Nous vivions entre nous dans une espèce de communauté. Nous déjeunions le matin d'une botte de radis et nous allions le soir manger chez Flicoteau une tranche problématique de bœuf qui avait dû servir dans la cavalerie ».

Eugène Pelletan ne fonde du reste pas longtemps sa cuisine sur des menus hippophagiques. Il s'exerce dans l'art de Brillat Savarin, mais avec une économique ingéniosité. Il s'installe, avec son ami Laporte, dans une chambre, vraie mansarde, sise dans « un de ces petits hôtels mystérieux du siècle dernier, délicatement dissimulés au fond d'un jardin », près du Marché aux chevaux. Il y confectionne des plats qui lui rappellent la nourriture du pays et qui le soutiennent solidement, lui

_______________

(1) *Elisée*, p. 51.

et son commensal, dont le talent culinaire s'affirme aussi.

Le domicile est singulier. Il vaut les greniers que décrira plus tard la verve, attristée et amusée à la fois, d'Henry Mürger. Pour gagner leur gîte, les deux amis, grimpaient à un arbre et, se balançant aux branches, atteignaient la lucarne.

Eugène Pelletan tombe à Paris en plein bouillonnement d'idées nouvelles.

L'impression produite sur lui par la Renaissance à laquelle le hasard le fait assister est vive et profonde. Il la traduit avec force. Il écrit dans ses impressions de jeunesse:

« La Révolution de Juillet avait été non seulement politique, mais intellectuelle. Elle était passée dans le domaine de l'esprit, et on peut dire, sans exagération, que la force révolutionnaire qui consistait à changer un Bourbon par un autre fut cependant la date d'une magnifique explosion du génie français.

« Une nouvelle littérature nettoya le style de la rouille de l'Académie; le peintre retrouva le secret perdu de la couleur. La poésie monta si haut que, depuis, elle n'a fait que descendre. Le drame chasse de la scène la tragédie, cette duègne vénérable abandonnée même de ceux qui avaient besoin de bailler.

« L'histoire soufflait sur les toiles d'araignées des siècles enterrés et les morts sortaient de leur tombe pour revivre.

« Mais une révolution, et surtout une révolution à la minute, est une prime d'encouragement à l'esprit d'innovation, pour ne pas dire d'utopie. De toutes les cartouches brûlées dans les trois jours et encore fumantes sur le pavé, il sortait je ne sais quelle vapeur chaude qui porta au cerveau de la jeunesse. On vit poindre de toute part systèmes sur systèmes qui distribuaient tous la béatitude à chacun, comme la soupe au guichet d'un couvent.»

Il trace, à grands traits, en mêlant l'éloge à la satire, un résumé des doctrines qui se disputent l'adhésion des foules.

Mais comme synthèse aux spéciales analyses, voici un tableau d'ensemble largement brossé et qu'il insèrera dans le premier roman sorti de sa plume :

« Paris présentait alors, au lendemain de la chute d'un trône, un spectacle étrange, inouï peut-être, dans l'histoire des idées.

« Il semblait que tout allait disparaître et se renouveler. On entendit alors, une seconde fois dans le monde, comme le grand et suprême soupir du Christ mourant.

« Jamais peut-être l'homme ne se sentit plus de foi en lui-même, et ne s'aventura avec plus de présomption et d'ignorance sur un océan sans fin, à la recherche de l'inconnu. Il posait et résolvait du jour au lendemain tous les problèmes de sa destinée. Chacun pensait, agissait, parlait en sens contraire.... On eût dit que la France voulait prendre au pas de course, avec des théories et des paroles, le monde entier. Lois de société, lois de famille, devoirs et affections consacrées, révélations antérieures et prescriptions d'en haut, elle jeta tout cela dans son brasier ardent et mugissant, pour le fondre d'après des types nouveaux inventés au hasard.

« On entendit crier sur l'enclume, dans cette longue nuit de fièvre et de génération d'idées, tout ce que nos pères avaient adopté ou rejeté.

« Des dogmes naissaient, et après avoir agité un instant leurs mains au-dessus de la multitude, allaient s'y épuiser et s'y engloutir, sans plus élever la voix.

« Les dogmes anciens essayaient, à l'aide de formules plus jeunes, de ressaisir leur initiative sur le monde ainsi que la direction des intelligences, et à toutes ces voix confuses, à tout ce débat de choses, allaient se mêler des cris de volupté, de faim, d'ambition effrénée et d'émancipation absolue ; et tout cela ressemblait aux criailleries confuses d'oiseaux qui s'abattent, le soleil couché, dans les grands arbres et se disputent les ténèbres des feuillages. »

Dans « *Un regard en arrière* », Eugène Pelletan passe en revue, sur un ton d'amusante raillerie, les doctrines qui s'aheurtent : « La secte Saint-Simonienne.... prêchait le culte du bien-être et la réhabilitation de la matière. Celle-ci avait assez souffert du Moyen Age pour avoir le droit de prendre sa revanche.

« L'église de Saint-Simon avait compris la grandeur du travail, mais elle voulait lui donner l'amour pour compagnon. Elle fit du monde un boudoir dans un atelier.

« Enfantin avait inventé un Dieu mâle et femelle, dont il était le Pape. Mais pour faire honneur à un Dieu marié, il fallait une papesse. On ne la trouvait pas en France. On alla la chercher sur le Bosphore.

« Or, un matin, un peu avant l'aube, douze apôtres en veston bleu, en gilet blanc avec leur nom brodé sur la poitrine, tombèrent à genoux devant la porte du sérail. Sitôt que la première rougeur du soleil vint frapper le minaret de la mosquée voisine, ils entonnèrent un hymne brûlant comme l'appel de la Sulamite.

« La porte de bronze devait tomber d'elle-même à la dernière strophe et les Douze allaient voir apparaître, dans l'auréole dorée du matin, l'odalisque éblouissante prédestinée à la papauté.

« La porte resta fermée. Le grand Turc n'aimait pas à rire. On chassait sur ses domaines. On venait lever son gibier. Il fit jeter les braconniers à fond de cale pour les écouler en Egypte.

« Le Saint-Simonisme expira comme un rêve d'Orient dans le désert de Memphis. Il n'en reste plus que la symphonie de Félicien David. Les Saint-Simoniens seuls ont survécu. Ils étaient rêveurs. Ils devinrent millionnaires ».

Après les Saint-Simoniens, Eugène Pelletan porte un jugement railleur sur les partisans outranciers de Fourier : « Petit commis de marchand drapier qui, à Besançon, tout en aunant de la futaine du matin au soir, songeait à la réorganisation de l'humanité », et qui, « le soir, seul avec sa pensée, à la lueur de sa lampe, griffonnait d'une main fiévreuse la théorie du Phalanstère » :

« Le Phalanstère était un château agricole, industriel, qui tenait à la fois du Palais-Royal et de l'Opéra. Il devait contenir dix-huit cents locataires, ni plus ni moins, parce que le chiffre de dix-huit cents correspondait à des passions avec autant d'extraits de passions qui gravitaient les unes autour des autres et constituaient par leur pondération l'harmonie planétaire de l'humanité.

« Fourier ne pouvait mettre la main à son front qu'il ne sentît palpiter sous ses doigts un monde en train d'éclore. Aussi, devait-il exister quelque part un financier de bonne volonté qui viendrait un jour ou l'autre lui apporter trois ou quatre millions pour réaliser le phalanstère et chaque jour, régulièrement, courageusement, il remontait dans sa mansarde, sur le coup de midi, pour recevoir la visite du bailleur de fond qui devait racheter le travailleur de la misère ».

C'est là le ton de l'homme assagi par la vie. Mais, en 1833, Eugène Pelletan, qui a vingt ans, croit à toutes les illusions, à toutes les chimères qui, d'ailleurs, contiennent si souvent une part de vérité.

Il écrira, faisant un retour sur le passé et rendant justice aux novateurs qui influèrent tant sur l'orientation de sa pensée :

« Les utopistes ont cela de bon qu'ils enseignent à rêver. Cette vie n'est pas si agréable que le rêve ne puisse tenir la gageure de la réalité. C'est en perdant des batailles, dit Turenne, que j'ai appris à les gagner. Il faut avoir beaucoup divagué pour savoir penser. Qui n'a pas été un peu fou dans sa jeunesse est un homme manqué. »

La jeunesse de 1830, éprise de nouveauté, erre de doctrine en doctrine, « les confondant toutes dans une sympathie ardente ». Elle ne fera que plus tard une revision attentive des systèmes.

« La jeunesse de 1830, dit Pelletan dans ses *Notes inédites*, n'était ni raide, ni gourmée, ni coiffée à la chien, ni dressée à saluer de la tête comme un poussah chinois. Elle était exaltée, enthousiaste, exubérante, ridicule, mais ridicule à force d'esprit et par trop d'admiration pour l'aristocratie de la pensée.

« Je me suis toujours vanté d'avoir été un des imbéciles qui dételèrent un jour la voiture de Chateaubriand pour le traîner au triomphe de la rue d'Enfer et pourtant.... mais le pourtant n'avait pas alors voix au chapitre.

« J'assistais un autre jour à une première de Victor-Hugo, je crois bien de *Marie Tudor*; je ne puis pénétrer dans la salle de la porte Saint-Martin qu'après une effroyable bagarre. J'y étais entré avec une redingote, j'en sortis avec une veste de jockey.

« Un soir, au café Procope, l'éditeur Renduel monta sur la table de marbre où Jean-Jacques avait joué aux échecs avec Diderot. Il fit le signe de croix d'un air inspiré. « Au nom du Père, du Fils et du Saint-Esprit ». « Amen », répondit l'assistance et il nous lut les premières épreuves des *Paroles d'un croyant*. La salle trépignait d'enthousiasme à faire crouler le plafond. Il y avait dans un coin une extravagante du bal de la Chaumière qui sanglotait dans son mouchoir.

— Qu'avez-vous à pleurer ? lui dis-je.

— J'ai gâché ma jeunesse! Que n'ai-je mieux vécu?

J'aurais le droit de porter un bouquet à ce brave homme d'abbé.

« L'hôtel Beauvais était vorace en fait d'idées. Plus il en avait dévoré, plus il avait besoin d'en engloutir. Nous alternions continuellement de la Sorbonne au Collège de France et du Collège de France à l'Ecole de médecine. Nous ne faisions qu'évoluer de Michelet à Jouffroy et de Jouffroy à Broussais qui me posa un jour sa large main sur mon crâne et cria d'un ton inspiré : « L'homme est là tout entier. La case vide, il n'y a plus personne » (1).

Eugène Pelletan donne des détails curieux sur les maîtres dont il suit les leçons. Il le fait sur un ton mi-sérieux, mi-railleur.

De Michelet il dira : « Le professeur était un petit homme qui avait trente ans à peine, et qui avait les cheveux blancs comme s'il portait sur la tête tous les temps passés. C'était moins un historien que le nécromancien de l'histoire ; il ne la racontait pas, il l'évoquait, il soufflait sur un siècle, et voilà ce siècle debout, à croire qu'il était encore vivant. Le professeur parlait dans sa chaire comme sur un trépied; sa parole avait quelque chose de haletant, d'entrecoupé; le vent qui passait à sa face lui arrachait la phrase de la lèvre par interjections » (2).

Ailleurs il complètera le portrait du professeur historien dont il est le fervent admirateur : « Pensée rêveuse et tendre ; fleur de solitude qui exhale au ciel de l'art une suave odeur de poésie ; intelligence prophétique toujours sur le trépied, toujours inspirée et frémissante des secousses de l'inspiration ; âme ardente, prédestinée, éperdue en Dieu, qui éclate en paroles brèves, sybillines, entrecoupées, arrachées et emportées de ses lèvres, en lambeaux,

_______

(1) *Un regard en arrière.* (Manuscrit inédit).
(2) *Elisée*, p. 54.

par le vent qui souffle à sa face ; homme de tendresse,
Saint-Jean de la Révolution » (1).

Il suivait aussi le cours de Jouffroy : « Celui-là était
un philosophe: Cousin ne fut qu'un virtuose. C'était un
montagnard du Jura, haut de taille, pâle de figure, avec
de longs cheveux blonds et des yeux vagues qui semblaient regarder en dedans. Il y avait dans sa physionomie on ne sait quoi de triste et de grave; il baissait la
tête en parlant, comme pour écouter la sybille; il ne lançait pas sa parole, il la laissait tomber. Il avait eu dans
sa jeunesse la foi du charbonnier. Mais, Pascal en sens
inverse, il l'avait congédiée pour donner raison à la raison » (2).

Dans sa soif d'apprendre, Eugène Pelletan s'assimile
les sciences comme les lettres. Il est assidu aux leçons
de botanique données au Jardin des Plantes. Comme il a
aimé les fleurs dès l'enfance, il veut les connaître dans
leur nature, dans leur composition, et le savoir qu'il acquiert donnera un support solide aux poétiques descriptions de plantes qu'il insérera dans ses écrits.

« Il se permettait même de passer le Pont-Neuf deux fois
par semaine pour entendre au Conservatoire des arts et
métiers le cours d'économie politique professé par Auguste Blanqui. Il est vrai que le brillant économiste avait
épousé sur les bords de la Charente une Saint-Savinienne de toute beauté. Elle assistait régulièrement aux
leçons de on mari, assise au pied de la chaire, la
tête penchée, le doigt sur la joue, comme la muse
rêveuse de la doctrine du laisser faire et du laisser passer » (3).

Et il s'initie, en outre, aux mystères de la chimie. Il va
« d'enthousiasmes en enthousiasmes, dévorant tout, en-

(1) *Histoire des Trois journées de Février* 1848, p. 25.
(2) *Elisée*, p. 55.
(3) *Un Regard en arrière.*

gloutissant tout... dans le gouffre de l'esprit toujours
béant et toujours insatiable ».

Il ne quitte guère le Quartier Latin où, des salles de
conférences il passe aux bibliothèques, lisant avec une
extraordinaire avidité le meilleur de ce qu'ont produit
les lettres anciennes et modernes. Il entasse au jour le
jour tout un trésor de connaissances où il puisera largement aux années de production. La forte préparation,
la culture générale qu'il devra à ses veillées laborieuses
lui permettront d'aborder les genres les plus divers et
surtout d'apporter dans le journalisme l'érudition d'un
lettré.

Le travail passionné auquel il se livre ne l'empêche
pourtant pas, par bonheur, de se livrer à son sport fa-
vori : la marche. Sans doute, il s'abandonne, comme il
le dira plus tard à la « dionysiaque intellectuelle » (1),
mais, en mesure d'équilibre et d'harmonie, il fait, avec
son fidèle compagnon, Laporte, de longues promenades
à la campagne. Le dimanche, ils s'échappaient tous deux,
dès que revenaient les beaux jours, vers les prés, vers
les bois. Ils entreprenaient d'interminables courses, fati-
guant le corps, reposant l'esprit.

C'est au cours d'un de ces congés qu'ils donnent tous
deux à l'étude, qu'a lieu le « voyage à Chartres », dont
Eugène Pelletan se montra toujours très fier et qu'il
avait accoutumé de narrer comme un de ses plus fameux
exploits, réalisé grâce à son entraînement et à ses qualités d'endurance.

Or donc, un jour, les deux amis résolurent d'aller à
Chartres. C'était au temps où le romantisme célébrait la
gloire des cathédrales et les avait mises en honneur. Pelletan et Laporte se devaient à eux-mêmes, en sincères
adeptes de Victor Hugo, de sacrifier au goût du jour.
Ils partent de Paris dès l'aube et, en un jour, franchi-

(1) *Elisée*, p. 54.

ront d'un pas alerte les 88 kilomètres qui séparent les
deux Notre-Dame. Ils admirent le chef-d'œuvre de l'art
ogival dû à l'initiative de l'évêque Fulbert : pyramides octogones des clochers, portails, vitraux, crypte.
Ils s'affalent, harassés, dans une auberge. Ils parlent
bien de revenir à pied. Mais la fatigue l'emporte sur le
courage. Il fallut qu'une vigoureuse servante les portât
presque jusqu'à leur chambre où « ils s'occupèrent au
sommeil » copieusement.

Le voyage pédestre à Chartres avait son pendant, dans
les souvenirs d'Eugène Pelletan, avec le voyage en diligence de Paris en Saintonge. Il part, rappelé par sa
mère, en août 1835. Il va passer les vacances à Saint-
Georges. Il s'est réservé un bon coin dans l'impériale
Il va ainsi, haut juché, contemplant le paysage jusqu'aux
environs de Poitiers. A quelques kilomètres de la ville
où il a été élevé, il croise sur la route une femme qui,
pour d'impérieuses raisons de famille, est obligée de
gagner sa demeure au plus vite, et qui supplie les voya-
geurs de lui accorder une place. Nul ne bouge, car la voiture est comble de monde. Eugène Pelletan a pitié de la
malheureuse qu'on va laisser en peine. Il descend, cède son
poste d'observation. Il fera joyeusement le chemin à
pied. Le conducteur enveloppe de son fouet les chevaux
qui repartent, faisant sonner leurs grelots. Quelques heures après, Eugène Pelletan arrive au relais. Il trouve une
foule en rumeur. Au haut de la côte qu'il faut gravir
pour atteindre la Place d'armes, l'attelage a pris peur,
s'est emporté. La diligence a versé. Et la femme que le
jeune étudiant a, par pitié, fait recueillir, a été précipitée
sur le sol et s'est tuée net. Eugène Pelletan se souvint
toujours du lamentable accident et, quand il contait l'anecdote, dissertait sur l'ironie du destin qui avait sacrifié une
vie, peut-être pour épargner la sienne.

Ce ne sont là que simples intermèdes à la fureur de

recherches, de lecture, dont il est pris, « dans l'éruption d'idées » qui, de toutes parts, éclate : « Son esprit, dira-t-il, longtemps refoulé sur lui-même, aspirait à la dilatation dans l'espace; plus une doctrine avait le mérite de l'étrangeté, plus elle l'attirait; il voyait en elle une revanche. Il n'y a pas eu... une idée échevelée, une bacchante de l'esprit en train de battre le vent de son thyrse, qu'il n'ait saluée ou embrassée au passage. Partout où l'on délirait, pourvu que ce fût dans un franc style, il accourait au rendez-vous. »

Comme les étudiants, il s'efforce, par enthousiasme, par admiration, d'approcher des maîtres, surtout de Victor Hugo, pour qui il professe un véritable culte.

La première visite chez le poète, il l'a contée plus tard, non sans nuance d'ironie :

« Le poète habitait alors, à la place Royale, le second étage d'une de ces massives maisons de briques, coiffées de combles plus hauts que leur façade. Lorsqu'on entrait dans l'appartement, on avait devant soi trois pièces d'enfilade : une antichambre, la salle à manger et le salon.

L'antichambre initiait, du premier coup d'œil, à la symbolique du romantisme. Les murs étaient couverts de diptyques, de triptyques, de bas-reliefs plus ou moins intacts, extraits du chœur ou du porche d'une église. Une table du XV° siècle servait de lieu d'ébats à toutes les œuvres démoniaques, goules et vampires, des artistes de notre temps qui savaient le mieux donner à l'argile des attaques d'épilepsie. Une armure surmontée d'un casque gardait gravement ce pandémonium tumultueux d'anges et de diables.

De l'antichambre, on passait dans la chambre à manger. La pièce était ornée de stalles en bois sculpté, arrachées du chapitre ou du réfectoire d'une abbaye. Bahut, dressoir, buffet, l'orthodoxie la plus irréprochable régnait

(1) *Elisée*, p. 54.

dans ce concile de meubles du moyen âge. Des pots de Chine graves et majestueux étaient les seuls hérétiques admis dans l'intimité des brocs de Flandre et des hanaps de Bohême.

Mais, quand on avait soulevé la portière de tapisserie qui séparait la salle à manger du salon, on rentrait dans le xix° siècle; il n'y avait que la cheminée démesurée avec ses chenets cyclopéens et ses pincettes colossales, faites pour remuer des brasiers, qui rappelât le temps passé; le reste de l'ameublement était moderne; c'était là que le poète tenait la cour plénière de la jeunesse.

En passant devant lui, il s'inclina : *L'altissime poète!* murmura-t-il.

Victor Hugo sourit et, tendant la main à Élisée avec cette simplicité qui est la politesse du génie:

— Jeune homme, dit-il, je pourrai peut-être dans quelques années vous rendre le compliment.

Élisée s'inclina de nouveau; la réponse ne lui vint qu'au bas de l'escalier.

— Comment avez-vous trouvé le poète? lui dit son compagnon au sortir de l'entrevue.

— Semblable à mon phare de Cordouan.

— Qu'est-ce que ce phare a de particulier?

— Il sort du fond de l'Océan pour planer dans le ciel et tourner aux quatre vents sa face éclairée. Seulement, le poète a tiré sur moi une lettre de change à terme, et je crains bien à l'échéance de lui faire banqueroute. »

L'étudiant vit pendant trois ans dans cette sorte d'ivresse intellectuelle. Mais il était venu à Paris pour conquérir une profession, un gagne-pain. Or, dit-il :

« Il n'y avait au milieu de cette orgie d'études qu'une seule que je négligeais : celle-là même qui m'avait conduite à Paris. Je ne me sentais pas le feu sacré de la chicane et je n'appris de droit que juste ce qu'il fallait pour passer un examen.

« L'heure approchait où je devais retourner au pays pour procédurer dans une étude d'avoué » (1).

Que faire ? Un hasard inespéré lui vient en aide. Comment il devint journaliste, comment l'histoire naturelle lui servit, comment il plaça son premier article, Eugène Pelletan le conte avec entrain dans les dernières lignes d'*Un Regard en arrière* : « La Providence avait créé M. Liénard à mon intention. C'était un filateur de Saint-Remy ; il avait trouvé le moyen de tisser le phormium, un semblant d'aloès qui poussait à la Nouvelle-Zélande. Il avait un neveu de ma connaissance qui lui persuada que j'étais l'homme le mieux doué pour démontrer le mérite d'une plante qui avait sur le chanvre l'avantage de n'avoir pas besoin de rouir.

« M. Liénard avait pratiqué dans le temps Benjamin Sarrans, rédacteur en chef de la *Minerve*, impérialiste forcené, non moins républicain, mais très obligeant pour la jeunesse. Il voulut bien m'ouvrir les portes de sa revue et publier un article de ma fabrique sur la Nouvelle-Zélande.

« Le baron Théry avait acheté l'île à un grand gaillard tatoué qui prenait le titre de souverain. Il l'avait payée une bouteille de rhum et une livre de tabac, mais il se gardait bien de prendre livraison de son emplette, car au premier mot du baron, le vendeur lui eût cassé la tête d'un coup de trique et l'eût grillé dans un four pour régaler sa tribu.

« Personne, bien entendu, ne lut mon article (août 1836) mais Sarrans l'avait trouvé passable et il m'embrigada dans la rédaction de la *Nouvelle Minerve*, au traitement d'un garçon de bureau. C'était pour moi plus que la richesse, c'était l'indépendance: Il m'était permis de rester à Paris.

« J'allai demeurer au quai Napoléon, en face du pont

(1) *Un Regard en arrière.*

d'Arcole. C'était là surtout qu'au 29 juillet, la bataille
avait chauffé. La façade de la maison était criblée de
cicatrices. Une balle tirée de l'Hôtel-de-Ville avait pénétré par la fenêtre dans ma chambre à coucher et avait
creusé un trou dans la corniche du plafond.

« Une souris y avait élu domicile. Voilà tout ce qui
restait de la dernière Révolution ».

Eugène Pelletan se fait remarquer d'emblée à la *Nouvelle Minerve*, où écrivent Laffite et l'historien Sis-
mondi. Il affirme déjà les qualités de vigueur, de passion, de logique, qui caractériseront son talent.

C'est au même moment qu'il fait la connaissance de
George Sand, à qui il a adressé une lettre empreinte
d'enthousiaste admiration. Séduite par les dons d'imagination, par le savoir du jeune débutant, par l'énergie
qu'elle sentait en lui, par tout ce que sa conversation avait
de fougueux et de réfléchi, de sérieux et de charmant,
George Sand, au mois de janvier 1837, lui demande de
venir à Nohant pour y être le précepteur de Maurice
Sand.

L'illustre écrivain s'était réfugiée dans son calme domaine du Berry, où elle traversait une période de lassitude et de découragement, après la rupture avec Alfred
de Musset, puis avec Michel de Bourges, et pendant que
se plaidait un procès en séparation avec Dudevant, son
mari. Elle reçoit beaucoup de visites et le jeune précepteur peut entendre la parole de Liszt, de Marie d'Agoult
(Daniel Stern), avec qui, plus tard, il échangera une correspondance suivie. Il voit Gustave Planche, Adolphe
Guéroult. Il vit dans une atmosphère d'art qui affine son
goût. Il apprend à écouter, à intervenir avec à propos
dans la conversation. Il se forme au jeu fin et serré de la
causerie où sa parole chaude et colorée, qui abonde en
trouvailles d'expressions, en formules incisives, vivement improvisées, lui vaudra une incomparable maîtrise.

Naturellement, comme tous les hôtes de Nohant, il ne manque pas d'être mystifié par la « bonne dame », qui se distrait et détend son esprit en imaginant les farces les plus drôlatiques, et quelquefois les plus bizarres.

Il est, dès son arrivée, la victime d'une plaisanterie plutôt macabre. Le soir, quand il parle de se retirer dans sa chambre, George Sand lui dit: « Vous y trouverez une bougie et des allumettes. L'escalier est éclairé. Bonne nuit ». Le jeune précepteur gagne son lit dans l'obscurité, car il ne trouve rien pour sortir des ténèbres qui l'environnent. Comme il est timide, il n'ose redescendre au salon. Il se déshabille. Il se glisse entre les draps. Il se heurte à un squelette que, par désir de faire une farce d'atelier, l'écrivain de *Mauprat* a introduit dans le lit. Il pousse un cri d'horreur. Et il entend d'en bas monter une explosion de rires, d'éclats de voix joyeuses. Les invités s'amusaient.

Eugène Pelletan fut aussi, et souvent, mystifié au jeu, parfois moqueur et cruel, des charades où se plaisait la verve inventive de George Sand. Mais au vrai, il sut attirer l'attention de l'écrivain par son talent qui fut parfois utilisé, et aussi, par l'originalité de sa personne, il sut fixer un instant l'attention de la femme (1).

Il plut, il plut beaucoup. Mais il sut déplaire aussi, au moins par son enseignement: « Il avait ses idées, ses préventions, ses enthousiasmes, ses haines dignes d'un Alceste jeune. Il les faisait partager à Maurice Sand. La mère en fut jalouse. Elle eut un moment de révolte devant l'influence que le jeune homme prenait sur son fils. Il y eut explication, choc, rupture. Et il fut décidé que le précepteur quitterait Nohant » (2).

Il en ressentit une amère tristesse. Il était attaché

----

(1) Lire dans *Mauprat*, la description du Jardin qui, dit-on, est due à Eugène Pelletan.
(2) *La vie à Paris*, par Jules Claretie (*Le Temps*, 16 avril 1900).

à Maurice Sand (1). Avant de partir, il rédige une
lettre qui est un cri de désespoir et de colère poussé
par l'amour-propre blessé. Il y dit, à l'ami auquel il
adresse sa plainte : Je comprendrai désormais l'indépendance... ; des trous aux bas valent mieux que le servage,
quel qu'il soit... Ne vous liez avec personne... Si vous
vous humanisez..., si vous recherchez la vanité des amitiés
littéraires, adieu, vous êtes perdu ».

Il s'en prend à l'univers de la déception et de la ran-
cœur qu'il éprouve. Il forme le dessein de se venger sur
autrui du mal qu'on lui a fait. Il ne se tiendra pas parole
absolument, mais le projet de résolution est à connaître,
car il montre la violence du sentiment qu'avait éprouvé
l'honnête et candide précepteur :

« Pour moi, mon parti est pris là-dessus, je serai sans
pitié, je frapperai comme le maillet des foulons, uniquement parce que je dois frapper. Hors les vrais amis, la
bonté est une utopie, c'est une lâcheté, c'est une insulte
pour un homme. Je travaillerai parce que je dois valoir
ceux que je veux écraser. Je travaillerai par mépris des
autres » (1).

Eugène Pelletan avait remis sa lettre à une servante.
George Sand, curieuse d'en connaître la teneur, la dérobe
rageusement. Elle lit l'épître exaspérée et, par une con-
tre-lettre, se disculpe aux yeux du correspondant à qui
s'adresse l'appel enflammé. Elle oppose à la théorie de
la vengeance implacablement soutenue par celui qui la
quitte et qu'elle quitte, la thèse du dévouement à l'humanité, chère à l'école Saint-Simonienne dont elle se réclame alors. Elle écrit : « Je crois rêver en lisant au fond
de sa pensée... Malheur à celui que la douleur porte à la
haine! Il y a une sainte colère contre l'injustice et l'ini-

(1) Nous ne donnons que des fragments de la lettre citée *in extenso*
par M. Jules Claretie et adressée à Alfred Michiels. Cf : *George
Sand* par Wladimir Karénine. *Tome* II. Chap. XII : Nohant en 1837.

quité qui élève l'homme et le fortifie pour lui faire comprendre ensuite la miséricorde, le pardon et le calme! Il y a une colère lâche et méchante contre ce qui *nous* blesse personnellement, qui rabaisse l'homme pour le conduire peu à peu à l'amour immodéré de soi-même, au « mépris des autres », à la pratique du mal.

« En songeant que l'élite des jeunes intelligences a bu à cette coupe empoisonnée, en voyant que les cœurs se resserrent, que les cerveaux se développent, en me disant que je parle d'un enfant méchant à un enfant méchant peut-être aussi, et que dans l'un il y a l'étoffe d'un homme de talent, dans l'autre peut-être l'étoffe d'un homme de génie, une étrange tristesse me saisit, mon cœur se brise, je me sens prête à crier : « Frères, frères, arrêtez! » Et il me semble qu'une voix me répond de tous les points de l'horizon : « Il n'y a plus de frères, il n'y en a pas, il n'y en a jamais eu! La raison apprend à l'homme que la charité est une erreur des temps passés! Il n'y a plus de frères!...

« Ne faites pas le mal; ne haïssez personne, n'écrasez personne, car après vingt ans de souffrance il se trouvera que vous aurez écrasé votre propre cœur...

« Je ne lis pas les œuvres qui *frappent pour frapper*. Quand une page est écrite avec du fiel, je la quitte à la troisième ligne. Que m'apprendrait-elle ? qu'il y a sujet de haïr ? Je le sais trop, je veux l'oublier.

« O mes enfants, écrivez avec votre sang, non avec votre bile !

« Si P... veut que je me souvienne de lui et que je retire son nom de la cendre, s'il veut qu'un jour je m'écrie avec bonheur : « Dieu merci, je m'étais trompée! » qu'il cherche dans ses entrailles l'étincelle sacrée. De son cerveau il ne sortira jamais qu'une flamme sans chaleur. C'est en vain que cette flamme aura de l'éclat et qu'en la voyant on mettra *chapeau bas* (grand triomphe et grande joie en vérité!), il ne sera point heureux, il ne sera point aimé.

« Jeunes gens! vous voulez être grands par les idées? Vous ne le serez jamais ainsi que pour les autres. Soyez-le par les sentiments afin de l'être *pour vous et pour tous* ».

Les deux lettres, écrites dans l'emportement d'une querelle, pourraient s'intituler : la double méprise. George Sand, irritée, se trompe sur Eugène Pelletan, irrité, qui se trompe sur lui-même. Par une heureuse contradiction, le polémiste, loin de donner dans l'orgueil et l'égoïsme où le jette un excès passager d'exaspération, sera un champion fidèle de l'idéal, défendra toute sa vie la cause de ceux qui peinent et qui sont courbés sous les préjugés et les forces d'oppression. Il ne cessera de dépenser toute sa générosité intellectuelle et morale, pour la justice et pour le bien.

C'est ainsi que se termine, au mois de mai 1837, le court roman, à la fois pédagogique et sentimental, vécu par Eugène Pelletan, à Nohant. Il avait commencé par la poésie la plus lyrique, la plus enthousiaste et admirative, — car le journaliste-poète avait adressé nombre de strophes enflammées à l'auteur de *Mauprat*. Il s'est terminé sur un débat en prose attristée et déchirante.

De nombreuses lettres avaient été échangées, au cours de 1836 et 1837, entre George Sand et Eugène Pelletan qui est appelé familièrement : « Le cher Pélican ».

Elles n'offrent du reste point d'intérêt spécial au point de vue de l'histoire littéraire (1).

_______

(1) Il est probable qu'elles ne seront jamais publiées. — Voir dans la *Correspondance* de George Sand, des lettres d'ailleurs sans grande importance, adressées à Eugène Pelletan ou bien ayant trait à lui. (Tomes I et II). — Voir également dans *Heures de Travail*, une étude quelque peu sévère, sur la *Lucrezia Floriani* de George Sand, par Eugène Pelletan. Il ne se doutait pas, il ne sut jamais, — d'après ce qu'affirme M. Jules Claretie, toujours si minutieusement renseigné, — que George Sand, dont il parla parfois avec amertume, s'était intéressée à lui, malgré la rupture. Elle écrivait à un ami : « Veillez

Eugène Pelletan sort de Nohant meurtri, désemparé. Il a besoin, pour revenir en état de santé morale, d'aller au loin, de voyager, d'assister à des spectacles dont la nouveauté fera secousse sur son esprit et diversion à sa douleur. Il part pour l'Italie.

Excellent marcheur, — et qui, plus tard même, passé l'âge mûr, pourra épuiser de fatigue son fils Camille, quand, ensemble, ils feront des courses à travers champs, — il s'en va, sac au dos, bâton en main, à la manière de Jean-Jacques. Parfois, il emprunte la diligence, mais le plus souvent, pour mieux étudier mœurs et paysages, il franchit l'étape de son pied.

Il passe par le centre de la France pour gagner le Midi. Il franchit les montagnes d'Auvergne d'où « la France, géographie et histoire, tient tout entière dans le cercle du regard ». Il visite Avignon, la Provence dont il dit poétiquement : « Plus un pays est âgé, plus il est séduisant ; c'est là le charme de la Provence ; elle est vieille comme l'histoire, on n'y voyage pas seulement au milieu des champs, on y marche encore à travers les âges. Les siècles sont les paysages du temps ; ils répandent une poésie de plus sur la nature ».

Arles exerce sur lui son ordinaire séduction. « Il y arrive après avoir fait la connaissance de l'olivier. Et voici comment il décrit et l'arbre et la ville (1) :

« En lui-même et par lui-même, c'est un arbre médiocre. Il ne brille ni par la fleur, ni par le fruit qui n'a de mérite qu'au pressoir. Il a une feuille grêle, la mine grise, mais il est l'olivier, mais il est un vers d'Homère, mais il est l'arbre sacré d'Athènes. Minerve a dormi à

sur lui, qu'il échappe à Girardin, et qu'il ne sache pas, qu'il ne sache jamais que c'est moi qui vous ai dit de le consoler et de l'aider. » (*Temps*, du 16 déc. 1884).

(1) *Élisée*, p. 152 et 153.

son ombre, un bras sous la tête et Platon a profité de la circonstance pour déposer sur le front de la déesse l'austère baiser de la philosophie.

« De toutes les villes assises au bord du Rhône, Arles est la plus poétique, parce qu'elle est la plus morte ou bien la mieux conservée ; elle a su rester antique quand même. Le Goth, le Visigoth, le Maure, le Moyen Age tout entier ont pu passer sur elle, elle est encore ce qu'elle était quatre siècles avant Notre-Seigneur, une ville agricole comme au temps d'Homère : on y loue les laboureurs à la journée sur la place du Forum. Il n'y a pas de jeune Arlésienne qui n'ait deux ou trois mille ans par son type et peut-être par son costume; le bandeau qu'elle porte sur ses cheveux a dû flotter au souffle de l'Ionie.

Cette ville du souvenir possède une délicieuse promenade; c'est l'allée des Aliscamps, bordée de sarcophages et ombragée de micocouliers ou de platanes. Il faut y aller la nuit, et autant que possible au clair de lune. La mort a je ne sais quoi de voluptueux comme un rendez-vous; le murmure de la brise dans les fleurs du cimetière a la douceur d'une confidence à l'oreille ».

Il tombe à Marseille en plein choléra et ne trouve que des « rues désertes et des boutiques fermées ». Il n'y reste que quelques heures, part pour Livourne, où l'épidémie sévit et où on l'enferme au lazaret.

A peine délivré, il passe par Pise, se « jette en pleine Italie ». Pise l'enveloppe de sa mélancolie : « La ville est silencieuse comme l'étude, comme la réflexion... elle se souvient d'avoir été, et construit, dans ses longues heures de solitude, l'histoire de ses monuments » (1).

Il remonte le val d'Arno, suit la route de Pise à Florence, « promenade dans un verger ». Il caractérise en un vivant raccourci, la noble et fière ville d'art où il réside,

(1) *Tribaldo*, p. 24.

dans l'enivrement de l'admiration, pendant quelques se-
maines (1) :

« L'aspect de Florence est sévère, menaçant; au milieu
de ces campagnes semées de villas, de ces collines où la
brise irrise dans la rosée l'yeuse et l'arbousier, où l'en-
cens des fleurs monte, avec la chanson du feuillage, vers
la première étoile qui se lève dans la pourpre de l'occident, la forte et turbulente république a gardé l'empreinte solennelle de ses luttes, de ses énergiques résis-
tances au pouvoir féodal.

« Chaque maison était garnie de créneaux. Sur le
palais ducal, le beffroi sonnait le tocsin et appelait la révolte ; aux vieilles tours pendent encore de
lourds anneaux, des bouts de chaînes brisées flottent et
bruissent, dans le vent de la nuit, sur la tête des prome-
neurs. On dirait les derniers échos d'une histoire terrible
et mystérieuse qui n'a pas été racontée. Dans chacune
de ces rues, le sang a coulé ; rivalité de porte à porte, de
famille à famille. Guelfes ou Gibelins, noirs ou blancs, ils
descendaient sur le pavé, combattaient jusqu'à la nuit,
emportaient leurs morts et, le lendemain, en se prome-
nant, se félicitaient sur leur courage réciproque.

« Cette vie dure, cette âpreté native a passé tout entière
dans l'art florentin. Après avoir franchi avec Dante tous
les cycles de l'expiation, après avoir soulevé de la croix
le Christ meurtri de Cimabué, il se fixe et se repose dans
la mélancolique sérénité de Massaccio. Ce n'est pas sur
les lèvres de la Madone florentine d'André del Sarto que
flotte un divin sourire. L'artiste craint et adore, il con-
temple d'en bas la Reine des cieux sur le trône où les
anges l'ont couronnée. La race elle-même porte sur la
face le sceau de fer d'une pensée inflexible. Quand il n'est
pas trivial comme chez le vieux Buonarrotti, le type est

(1) *Tribaldo*, p. 44 et 45.

amer ou dur, comme celui de Dante ou de Machiavel.
Voyez le dernier surtout : front étroit, coupé de rides
profondes, sourcils épais, plissés, yeux petits et enfouis
dans leur orbite, bouche serrée et lèvres pendantes; ce visage est tout un sombre poème ».

De Florence, il fait le classique pélerinage à Rome où il
arrive à pied après avoir traversé les hautes herbes de la
Maremme. Il y étudie et les monuments d'autrefois, et
les mœurs actuelles. Il assiste à une fête de Noël à Saint-
Pierre, à une exécution capitale, sur la place Bocca della
Vérita. Il s'initie au mécanisme des institutions politiques
et religieuses.

Quand son voyage de repos et d'étude est terminé, il
peut dire, en manière de conclusion : « J'ai marché, j'ai
regardé, j'ai écouté. J'ai plus appris en six mois de route
qu'en trois ans d'études. Le voyage est un cours de philosophie pratique, le bâton à la main, ce qui est encore
la meilleure manière de philosopher » (1).

Il a beaucoup médité. Il s'est ressaisi. Un travail de
rénovation s'est fait dans sa pensée. Il repart pour Paris
avec la volonté d'agir.

(1) *Elisée*, p. 336.

Eugène Pelletan.
*(D'après l'original de Papety)*
**(1843).**

# III

« Un Inconnu ». — La Doctrine d'un journaliste. — Rapports avec Lamartine. — Les premiers succès.

Il est prêt pour l'action. Par la parole des maîtres, par les livres, il a fortifié son instruction. Il a souffert, il a vu et su voir. Il a pris contact avec la nature et l'art. Sa pensée affermie, élargie par l'étude et par l'expérience, a de l'espace et de la profondeur. Dans la mêlée des idées, on apprendra bientôt qu'elle a chaleur et rayonnement.

Eugène Pelletan, dès son retour à Paris, en mai 1838, entre à la *Presse* (1), journal d'Emile de Girardin. Il signe tout d'abord au journal de la rue Saint-Georges les articles, de son nom, à côté de Peyrat, de Paul de Saint-Victor. Il se fait remarquer par la netteté, par la franchise de ses jugements, par la vivacité, la mordante ironie de son style.

Mais la tournure combative de son esprit ne plaît que médiocrement à M^me de Girardin et à son entourage. Le jeune rédacteur qui, en outre, ne salue pas avec élégance et dont les manières sont un peu roides, doit quitter le journal. Mais son rédacteur en chef le regrette. Il le fait bientôt rentrer secrètement, sous le pseudonyme d'*Un Inconnu*.

L'énigmatique écrivain rend bientôt célèbre l'anonymat que lui imposent de jalouses susceptibilités. Il se fait remarquer entre tous les polémistes par la solidité de son

(1) La *Presse* avait été fondée le 1^er juillet 1836, le même jour que le *Siècle*.

savoir, l'allure vivante de sa prose, par la maîtrise avec laquelle il domine un sujet, soumet le détail des faits, la poussée de la dialectique à des vues générales. Il a l'art d'animer la phrase. Il excelle dans les comparaisons, dans les images, qui frappent l'attention. Il a le don de l'improvisation et de la vie. Il a le trait qui porte et qui entre. Ce jeune homme de vingt-cinq ans est né pour le journalisme.

« Eugène Pelletan, dira plus tard Jules Simon (1), peut avoir des égaux dans le livre ou à la tribune; c'est à peine s'il en a dans l'article du journal qui, pour un écrivain de cette trempe, est à la fois un acte politique et un objet d'art. Tantôt, il est aimable, bienveillant, souriant ; tout à coup, l'indignation le prenait et il devenait implacable. Puis il avait des envolées superbes vers l'idéal. Il ne lui manquait qu'un peu de science; il avait le temps de penser, il n'avait pas le temps de chercher. Que sont devenus ces petits chefs-d'œuvre, si émouvants, si puissants et si charmants ? Il en faisait des in-8° quand il avait besoin, suivant son expression, de sauver le quart d'heure ».

On a dit encore d'Eugène Pelletan, journaliste : « Pour lui, écrire c'était agir, et le journal était, pour sa main vigoureuse, l'arme la plus rapide et la plus sûre. Mais une forte pensée reliait ces pages éparses, et dans chacune d'elles éclataient la science de l'historien, la profondeur du philosophe : « J'ai fait, disait-il, mon éducation, la plume à la main » (2).

Le succès des articles dus à « Un Inconnu » va grandissant. Tout le monde croit le connaître ou le reconnaître. On parle de Charles Nodier, de Ballanche. Des noms d'écrivains célèbres circulent. On prête même cer-

(1) *Le Temps*, oct. 1892.
(2) *Léon Bourgeois*. Discours prononcé à l'inauguration du monument, à Royan (4 sept. 1892).

taines des pages, tant elles brillent par l'éclat des images, par la noblesse et l'élévation de la pensée, à Lamartine : « Parmi les articles de Pelletan qu'on attribuait à Lamartine, il y en a plus d'un dont l'illustre poète aurait eu raison de s'enorgueillir. Pelletan les jetait à profusion, même sans les signer » (1).

La comédie forcée dure quatre ans. Puis le secret étant connu de tout le monde, et M<sup>me</sup> de Girardin faisant, elle-même, l'éloge de son collaborateur masqué, Eugène Pelletan écrit de nouveau sous son véritable nom (2).

Au moment où Eugène Pelletan commence à arriver à la notoriété, il a vingt-cinq ans. Il existe de lui un portrait qui date précisément de 1838, et qui permet de fixer les traits de son originale physionomie (3). La chevelure noire, abondante, plantée violemment, s'envole en mèches rebelles. Le front est vaste ; les yeux, largement fendus, enfoncés sous l'arc de sourcils très fournis et très rapprochés. Ils brillent parfois d'un feu sombre, quand ils sont traversés par l'éclair de la pensée. Le regard vif, expressif, direct, scrutateur, livre la passion intérieure, sollicite la confiance chez autrui. On sent dans le haut du visage que fronce un pli volontaire, une tendance à l'énergie combative.

Les traits, dans leur ensemble, donnent une impression, sinon de dureté, du moins de mélancolie, de force résignée, et aussi de tension, d'effort. Le nez est aquilin, mince, de lignes nettement arrêtées. La barbe est longue et pousse sans apprêt. Les lèvres sont mobiles, fines, spirituelles. Lèvres d'orateur, de conteur, qui prononcera les mots d'enthousiasme, et même de colère. Lèvres faites pour l'envol des paroles qui, tumultueuses, dé-

_________

(1) Jules Simon.

(2) La plupart des articles signés : « Un Inconnu » n'ont pas été publiés en volume. On en trouvera pourtant quelques-uns dans les : *Heures de Travail*.

(3) C'est un crayon du peintre Papety.

bordantes, se pressent, se précipitent au dehors et qui, de boutades, d'épigrammes vivement improvisées, de traits décochés avec verve, enveloppent la vigueur de la pensée.

Le visage est comme le reflet de l'œuvre qui est d'un lutteur et d'un contemplateur. Il dit la véhémence, l'obstination courageuse, l'entrain et l'élan, et il dit aussi l'inspiration réfléchie, la méditation profonde, le rêve mystique.

Lamartine, dans la Préface des « *Confidences* », trace d'Eugène Pelletan un portrait qui est d'un charme prenant et où le poète, en une prose immortelle, évoque dans un décor de douceur virgilienne, l'originale physionomie du polémiste philosophe.

C'est à Ischia, dans l'été de 1843, le long du golfe de Gaëte, que se déroule la scène où le prestigieux magicien placera le visiteur dont il a peint et les traits et l'âme à toujours :

« J'écrivais sur mon genou l'histoire de « *Graziella* », ce triste et charmant pressentiment d'amour que j'avais rencontré autrefois dans ce même golfe, et je l'écrivais en face de l'île de « *Procida* », en vue de la ruine de la petite maison dans les vignes et du jardin sur la côte, que son ombre semblait me montrer encore du doigt. Je voyais sur la mer s'approcher une barque à pleine voile, dans des flots d'écume, sous un soleil ardent.

« La porte de la terrasse s'ouvrit. Un petit garçon d'Ischia, servant de guide aux nouveaux débarqués dans l'île, entra et m'annonça inopinément un étranger.

« Je vis s'approcher un jeune homme de haute et souple stature, d'une démarche lente et mesurée comme celle de quelqu'un qui porte une pensée et qui craint de la répandre ; d'un visage mâle et doux, encadré d'une barbe noire ; d'un profil qui se découpait sur le ciel bleu en deux pures lignes grecques, comme ces physionomies des jeunes disciples de Platon qu'on retrouve dans le sable du Pirée, sur des médailles ou sur des pierres taillées d'un blanc bistré. Je reconnus la démarche, le profil et la voix timbrée d'Eugène Pelletan, un de mes amis du second âge. Tu connais ce nom comme celui d'un des écrivains qui ont le plus de lueur matinale de notre gloire future sur leurs premières pages, pressentiments vivants des idées qui vont éclore, précurseurs du siècle où nous ne serons présents que par nos vœux. J'aime Pelletan de cet attrait qu'on a pour l'avenir. Je le reçois comme une bonne nouvelle et comme un ami. Il est de ces hommes qui n'importunent jamais, mais qui vous aident à penser comme à sentir. »

Eugène Pelletan, journaliste, aborde les sujets les plus divers. Critique d'art, critique littéraire, commentaires des faits, comptes rendus : il emploie tous les genres pour jeter une vivante variété sur la variété des hommes et des événements qu'il juge avec une pénétrante sûreté de vision.

Mais ce polémiste qui est « divers », n'est pas « ondoyant ». C'est un journaliste d'une espèce rare et qui semble bien oubliée. Il a des vues d'ensemble. Il sait au nom de quels principes il agit. Il a foi dans la mission de l'écrivain. Il entend exercer un apostolat. Il ne croit pas à l'art pour l'art, mais à l'art pour la vie. Il n'est pas de ceux qui enferment le penseur dans la tour d'ivoire. Il écrit, au moment même où il commence à tenir la plume (1) :

« Tous ceux qui, parmi les écrivains, n'effleurent que la superficie des âmes, tous ceux qui battent monnaie de phrases banales et courantes, qui s'adressent aux vices et aux passions pour les flatter, n'ont pas plus d'importance

(1) *La Lampe éteinte*. Elie Arvert. Préface iij.

à nos yeux que d'habiles faiseurs de tours. Sans doute, ils sont gentils, amusants à ravir, travestis avec un goût merveilleux; l'un passe une toque, l'autre une souquenille, l'autre une plume de coq, l'autre une épée; ils dansent, ils tournent, ils sautent, ils grimpent, ils saluent, ils font la grimace; et, la séance terminée à la plus grande satisfaction de tous, ils tendent le gobelet.

« Bien que grassement rétribués pour la plupart, ils se plaignent des minces bénéfices que le métier rapporte, et, comme d'autres comédiens, ils voudraient être ni plus ni moins richement hébergés aux frais de l'Etat. Pour notre compte, sans contester en rien leur utilité, ni leur public, nous avons peu de sympathie pour leurs œuvres...

« Disciple fervent de certains maîtres, nous croirions manquer de vénération envers ces divins génies, lampes splendides suspendues à la nuit de notre ciel, si nous ne protestions hautement et dès l'abord, de la religion qu'ils nous ont enseignée, c'est-à-dire, le culte de l'idéal avant tout, de la rêverie, de la poésie, de la souffrance, de ce qui fait la grandeur et la misère de l'homme. Il se peut que nous n'ayons rempli aucune des conditions que nous nous étions posées; mais, toutefois, nous les avons posées; et, dans le siècle où nous vivons, c'est beaucoup encore ».

Près d'un demi-siècle après, quand il combattra dans l'opposition contre l'Empire, il pourra s'écrier, avec une juste fierté : « Le hasard de la vie m'a placé au poste de l'idée. Homme d'étude, je monte en paix ma faction... j'ai vécu la vie des meilleurs » (1).

Et plus tard, presque à la fin de sa carrière : « La vérité, une fois qu'elle nous tient, ne nous reconnaît pas le droit au silence; ce n'est pas la volupté intime d'un

_________

(1) Profession de foi du xix° siècle (1852). Epilogue.

moine en extase devant la madone. Quand on la possède, on est encore plus possédé par elle; il faut arrêter les passants par la boutonnière, il faut leur souffler à l'oreille cette chose-là, et la jeter sans cesse au vent comme la feuille de la sibylle... Qui pense croit, qui pense agit. Le monde appartient à l'action dirigée par la pensée ».

Eugène Pelletan, à partir surtout de 1840, et jusqu'en 1848, traverse une période de travail fiévreux, de production féconde.

La littérature, l'étude des mœurs, ce que l'on est convenu d'appeler la grande critique, l'attirent et le retiennent. Son action est surtout intellectuelle. Il ne se tournera vers l'action politique, sous l'influence de Lamartine, qu'à la veille de la Révolution de février.

Son action sera offensive et destructive de 1852 à 1870, puis, après la proclamation de la troisième République, sagement et fortement constructive.

Au début, Eugène Pelletan ne veut être qu'homme de lettres. Ecrivant, dès 1836, à un de ses parents, il s'excuse presque d'entrer dans le journalisme qui va le forcer à côtoyer la politique : « Ne vous trompez pas sur ma nouvelle carrière. Je ne prends au journalisme qu'une part purement littéraire et artistique. La lassitude des choses politiques m'a gagné de bonne heure et j'en remercie le ciel ». Il est vrai qu'il ajoute, en homme prévoyant et avisé, redoutant un démenti de l'avenir : « Quand j'aurai atteint l'âge d'homme, c'est-à-dire trente ans passés, ce sera autre chose » (1).

On ne saurait croire à quelle besogne Eugène Pelletan parvient à faire face pendant les années qu'il consacre au journalisme. La collection de ses articles quotidiens remplirait plusieurs volumes. Il collabore à *l'Artiste*, où il donne des Essais de critique d'art. Il publie des Nou-

_______________

(1) Lettre inédite.

velles dans la *Revue de Paris*, que Buloz venait de fonder. Il est à la *Nouvelle Minerve*, et aussi à la *France Littéraire*, et encore au *Siècle*, et au *Courrier de Paris*.

C'est à la fin de 1838, qu'Eugène Pelletan épouse sa cousine germaine Adélie Ardouin. L'union qui paraît avoir été très heureuse est de courte durée. La jeune femme est de santé délicate. Elle meurt, en 1841, à la sous-préfecture de Loches, chez les Laporte, amis de la famille. Elle laisse une petite fille de quelques mois qui sera la filleule de Lamartine (1).

Les rapports du polémiste et de l'illustre poète viennent déjà de commencer. Eugène Pelletan, qui est très recherché dans les cénacles littéraires, fréquente chez le chantre d'Elvire, comme on disait alors, dans son hôtel de la rue de l'Université, où se rend tout ce que Paris compte d'illustrations. Il s'y distingue, et sans recherche de l'effet, par la virtuosité de son langage, par sa brusque et nerveuse sincérité, par l'imprévu de ses saillies, le tour paradoxal qu'il sait donner à ses soudaines inventions.

Un témoin, Charles Alexandre, le secrétaire intime de Lamartine, a consigné jour par jour dans ses *Souvenirs*, les notes prises sur le poète et sur ses visiteurs. Parmi les familiers qui ont produit sur lui l'impression la plus profonde, se détache en vif relief Eugène Pelletan. Il le remarque dès la première rencontre chez un ami commun, Dargaud. Il cite les sculpteurs Préault et Brian et « Eugène Pelletan, le « poète de la critique », qui se voilait alors sous l'anonyme d'*Un Inconnu*, dans le journal *La Presse*, et dont j'admirais, dit-il, la belle figure inclinée sous les pensées et les rêves du XIXᵉ siècle » (2).

Il nous montre Eugène Pelletan en pleine verve de conversation. Dans la même soirée, le journaliste attaque l'intolérance, l'orthodoxie étroite du jury de peinture et

(1) La fille aînée d'Eugène Pelletan est devenue Mᵐᵉ Mocqueris.
(2) *Souvenirs sur Lamartine*, p. 11.

de sculpture, qui proscrivaient Préault, L. Boulanger,
Flandrin, du Salon. Puis « au grand poète (1) Eugène
Pelletan parla d'un poète nouveau qui se levait à l'horizon, un ami des forêts, comme les Druides, V. de Laprade. Il dit avec un accent d'admiration, une strophe
de « La Mort d'un Chêne », recueillie par *La Revue
Indépendante* :

> « Car j'ai pour les forêts des amours fraternelles,
> « Poète vêtu d'ombre et dans la paix rêvant,
> « Je vis avec lenteur, triste et calme, et comme elles
> « Je porte haut la tête et chante au moindre vent ».

Lamartine applaudit la grande strophe harmonieuse.
Pelletan parlait debout, sa belle tête à la longue barbe,
aux longs cheveux noirs, aux yeux doux, sous l'arc de
ses sourcils noirs, était inclinée dans l'attitude d'un disciple. Il semblait une figure d'apôtre descendue d'une
fresque de Flandrin. Il parla avec un tel accent, une telle
éloquence, un tel lyrisme d'amitié, de Laprade, qu'il
lui conquit un groupe d'amis. Puis, quand cette brise de
poésie eut passé, la philosophie eut son tour. Pelletan exposa le système de P. Leroux, la royauté du pro-
létaire, et la métempsycose. Lamartine entra dans la critique du système. « Comme les peuples meurent et re-
vivent sans être les mêmes corps, dit-il, ainsi les idées
se succèdent, se transmettent sous la filière de l'esprit; il
y a des générations d'esprits. Ainsi de Fénelon on peut
remonter à des esprits qui ont de la parenté avec lui ».

(1) *Souvenirs sur Lamartine*, p. 13-14.

# IV

Débuts dans le Roman. — *La Lampe éteinte.* — *L'idée directrice.* —
Des Lettres à la Politique.

La vie de famille, la vie de salon, ne détournent pas Eugène Pelletan de son travail. Il remplit sa tâche d'écrivain qui s'accroît de jour en jour davantage, avec une ardeur que stimule le succès.

En 1839, tout en continuant sa collaboration à *La Presse*, il entre au Journal l'*Europe*, sous le nom de Sirius. Il est le camarade de son ami Michiels, à la feuille que dirige M. de la Guéronnière.

En 1840, il publie son premier livre : *La Lampe éteinte* (1), qui se compose de deux parties : *Elie Arvert* et *Tribaldo*, et qui, en nombre de pages, est une manière d'autobiographie.

La *Lampe éteinte* est toute proche, pour l'inspiration, de René, de Werther et d'Obéron. Les deux héros imaginés par l'écrivain, ont le mal du siècle.

Après des aventures romanesques combinées en systématique antithèse, pour les besoins de la conclusion qui est ou le suicide, ou le renoncement à l'action, les protagonistes fournissent à l'auteur le moyen d'exalter la vigueur morale, de critiquer « les inutiles mélancolies ».

La *Lampe éteinte*, comme tous les écrits d'Eugène Pelletan, était un livre à thèse. Le jeune romancier disait dans la préface de l'œuvre où il peignait les dangereux

(1) Librairie de Charles Gosselin.

effets d'une « magnifique tristesse » : « Frappé du mal
moral qui atteint toute la jeunesse de notre siècle, nous
en voulons montrer les déplorables résultats.... Elie Arvert et Tribaldo ne représentent l'un et l'autre, sous deux
noms différents, qu'une même chose, une même idée : ils
se complètent... (1).

« De qui s'agit-il sous ce nom de Tribaldo ? d'un caractère bien connu, bien multiplié au moment où nous
écrivons, d'une âme heureusement née, facilement acces-
sible aux émotions poétiques, aux idées même, mais sans
travail, sans parti-pris, sans croyance. Tribaldo va de
porte en porte, d'étude en étude; mais il n'a pas la force
d'approfondir quoi que ce soit. Son esprit a des facultés,
mais jamais d'emploi; alors il se prend à railler le monde,
la science et lui-même. Il sent bien en lui une certaine supériorité intellectuelle qui l'empêche de descendre à un
métier quelconque, mais dans cette organisation toute
d'élan, toute de caprice, il y a quelque chose de brisé qui
l'empêche de rien embrasser, de rien féconder.

« Comme il a ses jours de vanité, il se relève de son
inertie, il appelle à son secours une inspiration, une dé-
termination soudaine. Il s'éloigne, il marche, il prend le
chemin des anciens peuples et des anciennes croyances...
Mais comme il ne trouve partout qu'un passé mort, qu'un
art mort, qu'une foi morte, comme il n'a pas d'idée assez
puissante, religieuse ou philosophique, pour s'expliquer
l'éternelle vicissitude par une fin providentielle de progrès, alors il s'attriste, il s'épouvante ou reprend sa raillerie pour y reposer sa vanité. Car soyez sûr que partout
où vous rencontrerez la raillerie des grandes intelligences
ou des grands pressentiments d'un siècle, vous trouverez
ou une stupidité parfaite, ou, sous beaucoup d'esprit souvent, une vanité blessée de sa propre ignorance. Il ne

_______________

(1) *Tribaldo*, p. 269.

faut pas d'études pour rire, il en faut pour connaître...
Tel est Tribaldo : une déperdition d'immenses facultés
poétiques en plaintes, en stérile amour de la nature, faute
de direction suivie ».

La *Lampe éteinte*, qui était conçue dans le goût du
temps, plut beaucoup par la peinture des sentiments
exaltés, par le lyrisme du ton qui, à l'heure actuelle n'ont
plus guère cours. Mais ce qui restera de cette œuvre de
jeunesse, c'est la sincérité des discussions artistiques se
déroulant au Camposanto de Pise, aux Musées de Florence, aux ruines de Rome, c'est la beauté de certaines
descriptions qui peuvent se comparer aux modèles laissés
par Chateaubriand et Lamartine. Eugène Pelletan aban-
donnera pendant plus de dix ans la forme du roman mais,
par un premier esai, il avait montré quelle poétique pa-
rure il pouvait donner aux paysages, aux scènes, aux caractères évoqués par sa brillante imagination.

Le journalisme l'absorbe tout entier. En 1841, il est
enrôlé par Lamartine à la *Démocratie pacifique*. Dès lors,
là et au *Courrier de Paris*, sans renoncer à la critique littéraire et artistique, il donne à sa pensée une allure plus
combative. Les problèmes politiques l'attirent. Il partage
les idées libérales, puis républicaines, de Lamartine pré-
parant son *Histoire des Girondins*, qui fut un acte autant
qu'un livre (1). Il commence une campagne qu'il poursui-
vra toute sa vie contre l'influence de la Papauté, contre
ce que l'on appelait alors « l'obscurantisme ».

Il partage, comme lorsqu'il avait vingt ans, les ardeurs,
les enthousiasmes de la Jeunesse des Ecoles presque tout
entière gagnée aux idées libérales, et, comme aux années
studieuses, il se remet à suivre des cours. Il va entendre
la parole de Michelet et de Quinet au Collège de France.

(1) Eugène Pelletan a fourni une large contribution à la préparation documentaire de l'ouvrage.

Il recueille précieusement, ainsi que ses cahiers de notes en font foi, les leçons professées en 1844 par Quinet et d'où devait sortir, en 1845, ce livre de vigoureuse audace : *Le Christianisme et la Révolution française*, cause de la suspension du cours. Avec les professeurs, il recherche les documents originaux, remonte aux sources.

Entre les feuillets des résumés qu'il conservera pieusement, j'ai pu lire combien de billets remis par Michelet à son auditeur fidèle et qui contiennent l'indication de volumes à consulter, de textes à étudier, pour que le journaliste puisse avec exactitude rendre la pensée du professeur ! Jusqu'en 1847, Pelletan reçoit et transmet l'enseignement du Maître, dont la parole, comme celle d'Edgar Quinet, sera étouffée sous la pression de l'Eglise.

Epoque curieuse et point banale que celle où l'écrivain redevenait étudiant assidu pour propager au jour le jour, en ses articles et avec un soin jaloux, la doctrine historique et politique dont il était épris. Epoque de foi ardente, de convictions sérieuses, où l'on poussait la probité professionnelle jusqu'au scrupule, où la solidarité dans l'action était préparée par la solidarité dans la pensée.

En 1843, Eugène Pelletan s'est remarie. Il épouse la sœur du peintre paysagiste Gourlier, dont il avait été le compagnon de route en Italie, l'admirable femme qui sera pendant quarante ans le bon génie des moments heureux et des heures difficiles : « Je mettrai avec une joie et une dévotion confiantes ma main dans la sienne, écrivait-il à un de ses futurs beaux-frères, pour suivre ses nobles inspirations vers le bien et vers le beau ».

Il fait de nouveau, avec sa femme, le voyage d'Italie et il est l'hôte de Lamartine à Ischia (1).

Les charges de famille augmentent. A sa première fille viennent s'ajouter quatre enfants (2). Il faut que le jour-

---

(1) Voir page 44.
(2) Camille Pelletan est né le 23 juin 1846 ; André Pelletan, le 15

naliste, qui est sans fortune, peine durement pour nourrir la maisonnée.

Il continue son apostolat. Il écrit à la *Revue Indépendante*, au *XIX° Siècle*.

C'est à la *Démocratie Pacifique*, où il demeurera quatre ans, qu'il publie une série d'articles retentissants réunis en brochure sous la rubrique :

« *Comment les dogmes se régénèrent* (1), en réponse au célèbre écrit de Jouffroy : *Comment les dogmes périssent* ».

L'étude est à connaître, car elle contient en germe la doctrine large et humaine que s'attachera à vulgariser, avec passion, le futur apôtre du progrès. Il passe en revue les dogmes catholiques et protestants, puis il exalte le Christ ressuscité, glorieux, vivant, dernier terme du progrès. Il s'écrie : « Dieu étant la vie universelle, l'homme, en progressant, se rapproche de Dieu... A mesure que l'humanité se développe, une plus grande somme de vie universelle, autrement dite de Dieu, entre dans l'humanité ». Il dit aux partisans des dogmes que séparent des cloisons étanches : « Abolissez les systèmes, rapprochez-vous. Evoluez comme tout évolue dans l'humanité. » Il prophétise que le christianisme régénéré sera le précepteur du monde et l'initiateur des œuvres de l'avenir.

Comme à la doctrine républicaine à laquelle il est venu, aux approches de 1848, de même à sa doctrine philosophique et religieuse, Eugène Pelletan, jusqu'à la dernière heure, restera fidèle obstinément. En dehors des cultes re-

décembre 1848 : M^lle Denize Pelletan, le 9 octobre 1849, M^lle Geneviève Pelletan (M^me Coulon), le 6 janvier 1852. Du mariage de M. Coulon, vice-président du Conseil d'Etat, décédé le 20 février 1912, et de M^me Coulon sont nés six fils : Jean-Paul Coulon, avocat ; — Jean-Pierre, garde général des Eaux et Forêts ; — Jean-Louis, lieutenant d'artillerie ; — Jean-Jacques, ingénieur des Arts et Manufactures ; Jean-Claude, étudiant en droit ; — Jean-René, élève à Grignon.

(1) *Les Dogmes, le Clergé et l'Etat*, par MM. E. Pelletan, A Colin, H. Morvonnaco, et V. Hennequin. (Librairie Sociétaire), 1844.

connus, il affirmera sa foi dans ce qu'il appelle le Dieu vivant, dans une justice supérieure à la justice humaine. Il croira, comme son ami Jean Raynaud, comme Leroux, à la loi de l'évolution. « Dans la grande hiérarchie de la nature, nous mettons, au bas de l'échelle, les êtres les plus inertes et nous les élevons à mesure qu'ils paraissent contenir plus de facultés, exercer plus de fonctions. C'est ainsi que nous montons du rocher à l'arbre et de l'arbre à l'animal, comme les degrés d'un temple sur le péristyle duquel nous trouvons Dieu » (1).

C'est l'idée directrice qui dominera son œuvre : romans, critique, histoire, philosophie.

Mais l'heure est bientôt aux actes plus qu'aux théories. Les événements se précipitent. Le mécontentement croît contre le gouvernement de Louis-Philippe. L'opposition réclame la double réforme électorale et parlementaire. Une campagne de presse, ardente et serrée, précède la « Campagne des Banquets ». En 1847, Eugène Pelletan qui, de plus en plus, épouse les idées nouvelles, se mêle aux manifestations des étudiants et des ouvriers, fonde le *Bien Public* avec Lamartine. Sa prose vaillante, alerte, exerce une profonde action sur les masses populaires. Il combat. Il instruit. Il enflamme les courages.

La Révolution de 1848 éclate. Lamartine devient Ministre des affaires étrangères. Il offre aussitôt un poste à son collaborateur littéraire et à son ami qui le refuse en ces termes : « Je ne veux pas entrer dans la politique par la porte d'une fonction ». La réponse peint le caractère de ce convaincu et de ce vaillant qui vraiment était « frappé à l'antique marque ».

Mais si l'administration ne lui agrée point, il se tourne vers la politique active.

Il se présente aux élections, dans la Charente-Inférieure,

(1) Brochure précitée, p. 19.

comme candidat à la Constituante. Il le fait sous les auspices de Lamartine, qui lui écrit :

« Mon cher Pelletan,

« Vous ne pouvez douter de mon vif désir de vous
« voir appelé à l'Assemblée Nationale. N'est-ce pas vous
« dont je disais, il y a deux mois : j'aime Pelletan de
« l'amour que j'ai pour l'avenir.
« Cet avenir, c'était la République. Il était plus près
« que je ne l'espérais. Venez le fortifier et le diriger dans
« le sein de Dieu et du Peuple : c'est un même mot pour
« nous, et sachez que vous retrouverez en moi non un
« ministre, mais un ami.

« LAMARTINE ».

Pelletan ajoutait pour toute profession de foi:

« Je n'ai d'autre titre que celui-ci : humble soldat de
« la pensée, j'ai toujours combattu à la droite de Lamar-
« tine, sous son inspiration et dans son amitié, pour les
« grands principes de la démocratie ;
« D'autre mérite que celui-ci : j'ai vécu depuis quinze
« ans par l'étude, par la réflexion, par la publicité, dans
« l'intimité de ces idées d'expansion de toutes les desti-
« nées, du respect de tous les droits acquis, d'harmonie
« sociale, de paix européenne, de charité évangélique, qui
« vont maintenant s'incarner, vivre et se développer dans
« nos institutions ».

*L'Echo Rochelais*, qui soutenait la candidature d'Eugène Pelletan, écrit au lendemain d'une réunion publique
qui révéla les qualités de l'orateur :

« Des vues profondes, admirablement exprimées, de
« nobles sentiments, des inspirations généreuses en faveur

« de la classe ouvrière ont rempli le discours de M. Eu-
« gène Pelletan.

« Ajoutez à cela l'éclat de la forme, la chaleur d'âme,
« la poésie unie à la logique, une éloquence persuasive,
« entraînante, qui jaillissait de l'âme de l'orateur, à flots
« abondants, et vous aurez une idée de cette magnifique
« improvisation que les applaudissements de l'assemblée
« toute entière ont fréquemment interrompue.

« Le succès de M. Eugène Pelletan a été complet,
« comme à Marennes, à Saintes et à Rochefort, il a con-
« quis à La Rochelle, de nombreuses adhésions... »

Eugène Pelletan, néanmoins, ne recueillit que 11.765
voix et fut battu par Baroche, le futur complice de Napoléon III, au 2 décembre 1851, — et qu'on trouva, pa-
rait-il, d'un libéralisme meilleur teint que le sien.

Eugène Pelletan ne réussira pas davantage en 1849,
et il renoncera à solliciter les suffrages de ses concitoyens.
Il prendra sa revanche plus tard, à Paris et dans les
Bouches-du-Rhône.

Eugène Pelletan, tout en menant avec entrain ses
campagnes électorales, ne néglige pas le journalisme. Il
continue à batailler dans le *Bien Public.*

Il se hausse bientôt au rôle d'historien. Dans une
étude vibrante, incisive, pleine d'aperçus lumineux et
aussi d'entrevisions prophétiques, avec une nerveuse vigueur, il conte : « l'*Histoire des Trois Journées de Février* 1848 (1).

Il n'exagère pas l'importance de son action personnelle. Il dit avec modestie, dans l'introduction : « Nous
essayons de raconter ces trois journées parce que, mêlé
aux scènes et aux acteurs de ce grand drame, nous avons
pu en connaître toutes les péripéties. Nous ne venons cependant pas exagérer notre rôle, ni glisser subrepticement

(1) Louis Colas (1848).

notre nom sous un rayon de la gloire du peuple. Notre
part dans ce mouvement n'a été que de l'admiration. Nous
ne demandons qu'à l'exprimer avec toute la sérénité,
toute la sincérité, qui conviennent à la majesté de l'événement. »

Le livre où les portraits de Louis-Philipppe, de Guizot,
de Lamartine, sont tracés avec une force singulière, où la
phrase, peignant les mouvements des foules, semble sonner
la charge et donner l'assaut, où le récit prend un ton
d'épopée, eut un succès retentissant. Il reste encore le
document le plus précis et le plus vivant qu'un témoin
nous ait légué sur ces heures de généreux et fiévreux enthousiasme.

Mais que d'illusions dans les conclusions du narrateur !
Que de réformes, quelle rénovation il attend de cette République dont il salue l'avènement dans un élan d'amour
mystique et en qui il voit la grande réconciliation nationale dans la démocratie :

« Les vaincus ! nous n'en connaissons même plus....
Les balles de février ont brisé tous les anciens partis,
toutes les anciennes querelles, toutes les anciennes dissi-
dences. Nous tombons tous du haut de nos rêves, de nos
inquiétudes, ou de nos préjugés, dans les bras de la
Nation... Marchez avec la République et comme elle, la
joie dans le cœur, son hymne sur la lèvre, à la conquête
de ses grandes destinées...

« Nous nous sentons, quant à nous, humble serviteur
de l'idée, ému d'un religieux tressaillement, en contemplant ce merveilleux spectacle de rédemption. Rédemption
de doctrine, rédemption de souffrance, rédemption de
misère ».

« Qui donc oserait dire qu'une immense lumière ne
vient pas d'éclater dans l'intelligence ? Cette République
a un caractère inconnu... Aux peuples elle dit : « Paix »,
aux hommes elle dit : « Amour »... Disons bien haut,

montrons plus haut encore par nos actes, que la République n'est pas exclusion, substitution, interversion de prépondérance, mais qu'elle est fraternité, union, harmonie... Il n'y aura bientôt plus, d'ici à quelques années, ni haines, ni défiances, ni discordes. On n'entendra plus que comme une plainte à voix basse, parmi les feuilles sèches des roseaux ; ce sera l'ombre des vieux partis qui s'évanouira... »

Il concluait que la République « était dans les veines du peuple, qu'elle n'en sortirait plus qu'avec le sang du peuple ».

Il avait compté sans les émeutes, sans l'insurrection de Juin, sans le « neveu du Grand Empereur », sans l'énigmatique Président, embrassant la République, pour mieux l'étouffer, sans le Coup d'Etat, sans les commissions mixtes, sans les déportations, sans l'expulsion et l'exil de ses amis pour qui le peuple terrorisé ne versa pas son sang.

Eugène Pelletan, qui n'a cessé de se dépenser, de prodiguer conseils, appels désespérés, pendant les trois années où le pays, encore ignorant, manie avec inconscience le droit de suffrage et fait une expérience prématurée de la République, éprouve une indicible souffrance.

Mais il est de ceux qui aiment les « choses tombées ». Il a lutté pour la République. Il luttera avec une farouche énergie contre l'Empire. Par la parole, par la plume, il fera une guerre incessante à l'usurpateur. Il saura souffrir et prouver sa fidélité à la cause de la Liberté.

# DEUXIÈME PARTIE

## L'ÉCRIVAIN
## LE THÉORICIEN DU PROGRÈS

1852 — 1870

« L'homme n'est pas exclusivement un être pensant, il est aussi un être sentant ; l'âme humaine a deux ailes, le sentiment et la raison, pour monter à la vérité. »

EUGÈNE PELLETAN.

La théorie du Progrès. — Eugène Pelletan romancier, historien, philosophe. — *La Préface du Système : La Profession de Foi du XIX⁰ siècle.*

On peut s'étonner qu'Eugène Pelletan, qui n'avait pas ménagé le Président Louis-Napoléon, n'ait pas été proscrit comme Quinet, Victor Hugo, Charras, par l'Empereur.

Il avait été oublié sur la première liste. Il fut placé en tête de la seconde. Mais elle ne parut pas, car la publication de la première avait produit dans le pays une impression de mécontentement et de douleur qu'on ne voulut pas renouveler. C'est Madeleine Brohant qui, par une lettre, renseigna l'écrivain.

Eugène Pelletan, au lendemain du 2 décembre, se remet à l'ouvrage.

Mais de sa vie tout entière donnée à la propagande, il fait deux parts : celle de l'écrivain, celle de l'homme politique.

L'homme de lettres élargit son champ d'action. Il continue à donner d'importants articles de revue mais, aux études de critiques, ou littéraires ou artistiques, il ajoute la publication de livres qui tous ont une portée ou philosophique ou sociale et qui consacrent définitivement sa réputation.

De 1852 à 1870, se succède une série de grands ouvrages qui sont, dans l'ordre chronologique : *Profession de Foi du XIX⁰ Siècle,* en 1852 ; *Heures de Travail,* en

1854; *Les morts inconnus; Le Pasteur du désert, en* 1855;
*Le Monde Marche,* en 1857 ; *Les Droits de l'Homme,*
puis, *Les Rois philosophes, le Grand Frédéric,* en 1858 ;
*Décadence de la Monarchie française,* en 1860; *La nais-*
*sance d'une ville,* en 1861 ; *La Nouvelle Babylone,* en
1862 ; *La Mère,* en 1865 ; *Nouvelles Heures de Travail,*
en 1870.

Eugène Pelletan, dont le talent est en pleine maturité,
se maintient toujours, qu'il soit historien, romancier, so-
ciologue, philosophe, « au poste de l'idée », comme il l'a
dit dans une page célèbre, et de l'idée pour l'action. Il
fait, avec une patience inlassable, œuvre d'éducateur. Il
veut enseigner le peuple, l'éveiller à la vie de la pensée,
et, par une voie qui semble indirecte mais qui, au vrai,
est la plus droite et la plus sûre, l'arracher à la servitude
en l'arrachant à l'ignorance, aux préjugés, à l'erreur. Il
lance des thèses qui, toutes, ont des fins pratiques, d'humaine utilité. Il illustre, il appuie la théorie d'exemples.
Il flétrit le mal, il exalte le bien. Il espère, en faisant la
lumière dans les intelligences, mettre un peu de justice et
de bonté dans les cœurs.

Il accomplit sa tâche au milieu des luttes, des attaques,
des calomnies, avec une admirable sérénité. Il imprime
unité et harmonie à son œuvre qui est immense et qui
implique un prodigieux effort en un temps où, journaliste, puis député, il vit des jours de surmenage
intense, de fiévreux emportement. En pleine tempête,
il maintiendra sa route, et contre vent et marée, il
dirigera la barre vers la clarté qu'il veut montrer aux
générations nouvelles.

*La Profession de Foi du XIX* Siècle* (1), peut servir
de préface à l'ensemble des volumes qui vont s'échelonner

_______________

(1) *Pagnerre,* 1 vol. in-octavo (1852).

d'année en année. C'est là qu'est le *leit-motiv* dominant le verbe harmonieux du grand poète en prose qu'est Eugène Pelletan.

Il y reprend, en l'amplifiant, l'idée de progrès, qu'il avait ébauchée dans la brochure : « *Comment les dogmes se régénèrent* ».

Il y expose que le progrès a toujours été, qu'il n'a ni commencement ni fin. La nature, par une série de transformations, du minéral au végétal, du végétal à l'animal et à l'homme, a d'abord été l'agent du progrès. La vie est progressive. L'homme, l'humanité, continuent indéfiniment le progrès.

« J'ai essayé, dit Eugène Pelletan, de prouver que le progrès chez l'homme était accroissement de vie :

« De vie physique, par plus de force, de vie morale, par plus de sympathie, de vie intellectuelle, par plus de connaissance. »

« Cette définition défie la critique : On pourra la combattre, on ne saurait la réfuter; plus d'une parole de ce temps passera, mais cette formule ne passera pas ; car elle repose sous la double protection de la nature et de l'histoire. »

La *Profession de Foi* fut très admirée. On y goûta les chapitres, les hymnes plutôt, consacrés à Vénus Uranie, à Chronos, à Cosmos, à Tellus, à Athénée, à Roma, les descriptions de la terre primitive, des animaux, des ruines, qui faisaient songer, par la splendeur des images, à Bernardin de Saint-Pierre.

On se reprit à espérer en se retrempant à cette philosophie qui attestait les droits de la raison, qui bannissait le doute et la négation, qui proclamait la foi dans l'amour humain et divin, et qui apparaissait comme une consolation et un réconfort.

On s'enflammait à la parole de ce passionné qui exaltait l'idéal humain, qui lançait une invocation à la vie :

« La vie! la vie! enivrons-nous de cette parole, car c'est l'ivresse sacrée; la vie est l'espérance; la vie est la médiation du fini à l'infini. Vivons donc amplement pour obéir à la loi de notre nature. Achevons la création inachevée sur notre planète. Aimons la poésie, qui est la fleur de la création; aimons la science, qui est la confidence du monde à notre esprit; aimons le travail, qui est notre droit de commandement sur la matière; admirons la beauté sur la face auguste de la création : l'admiration n'est que l'amour porté à sa plus haute puissance, le son même de l'âme au contre-coup de la beauté.

« Développons le moi humain dans l'harmonieuse diversité de sa vocation, mais en conservant l'ordre de hiérarchie entre sa nature sensuelle et sa nature morale, et en réservant toujours la préséance à l'âme, car si la sensation donne le plaisir, l'âme seule donne le bonheur.

« Le progrès consiste donc à dégager sans cesse de la matière humaine, humanisée par le travail, une plus grande quantité de pensée.

C'est en poëte qu'il terminait son apologie du progrès, dont il ne cessera d'être l'ardent apôtre :

« J'ai écrit ces choses au bord des flots, au lendemain, et peut-être à la veille des révolutions, au bruit des gémissements étouffés de la nature et de l'humanité. D'autres diront un jour si j'ai montré l'intention du temps sur l'homme; mais, quelle que soit la fortune de ce livre, j'éprouve, au moment d'en prendre congé, cette sérénité de l'âme que la faiblesse humaine appelle la vérité. Et, ne serait-ce pas la vérité, j'aime à croire d'ailleurs que certaines idées, les idées de rédemption de la misère et de l'ignorance, portent avec elles une bénédiction, et je ne sais quelle vertu secrète d'apaisement et de contentement;

qu'elles parfument le cœur dans ce rude passage de la vie, comme les plaines de Galaad parfumaient le pied du voyageur. J'aurai retiré du moins de ce travail cette volupté intime de la croyance au bien, de la confiance au mieux; et cette récompense suffit à l'ambition du serviteur modeste de la pensée ».

**II**

*Les Heures de Travail* (1854) sont un recueil en deux volumes d'essais, d'articles, dispersés dans des Revues et qu'Eugène Pelletan a voulu sauver de l'oubli. Dans un développement très brillant de la Préface, il célèbre le travail, puis il justifie l'idée qu'il se fait de la critique et il montre quelle unité il met, de dessein arrêté, dans sa doctrine même quand il l'applique au jugement d'autres idées (1) :

« Pendant plusieurs années nous avons tenu, d'abord dans un journal, et ensuite dans un autre, l'état civil de la littérature en France et de la philosophie, et l'oreille inclinée au vent, nous avons soigneusement enregistré jour par jour tout ce que Paris, génie vivant de l'Europe, a dit ou pensé. On a reproché souvent à notre critique de n'être pas une critique, c'est-à-dire une analyse plus ou moins exacte d'un ouvrage et une appréciation plus ou moins raisonnée de son mérite. Nous avouons franchement notre tort à cet égard. Serviteur avant tout de l'idée de démocratie, nous ne voyons dans un livre, quel qu'il soit, qu'une nouvelle occasion de justifier cette idée et de traiter à notre tour, au point de vue de notre croyance, la question que l'auteur avait traitée. Nous avons cru mieux servir par là la cause sacrée du progrès ».

(1) *Heures de Travail,* p. 9.

Louis Ulbach, dans une étude sur Eugène Pelletan, écrit, au sujet de sa critique (1) :

« M. Pelletan ouvre un livre comme s'il ouvrait un cœur, et les hiéroglyphes de l'imprimerie s'animent à ses yeux et s'échauffent comme des artères; il veut sentir palpiter l'âme de son siècle dans les manifestations de la pensée contemporaine, et cette prédisposition ne l'initie que plus facilement et plus promptement aux aspirations, aux désirs, aux rêves qu'il veut juger. En général, à moins d'y être un peu forcément amené, il parle plutôt des livres qui profitent à ses tendances que de ceux qui y sont contraires; il est plus fait pour la propagande que pour la polémique. Ne s'arrêtant à la forme que le temps nécessaire pour prouver qu'il n'est jamais insensible au parfum du style, et qu'il est un écrivain trop sérieux, lui-même, pour ne pas savoir gré à un auteur d'un langage correct, élevé, harmonieux, coloré, M. Pelletan va droit au fond de l'œuvre. Ne lui demandez pas un compte minutieux des périodes mal sonnantes, des expressions mal avisées; ne le forcez pas non plus à vous expliquer les procédés particuliers de travail de l'auteur qu'il juge. Il laisse la rhétorique aux rhéteurs, et ne discute qu'au point de vue de sa foi. Cette façon peut sans doute causer quelque désappointement aux amateurs d'orfèvrerie littéraire, à ceux qui estiment la bimbeloterie du style à l'égal des idées; mais tout homme qui lit pour apprendre, et qui apprend pour devenir meilleur, en aidant au perfectionnement des autres, sera touché comme nous de cette préoccupation et y trouvera le secret de l'originalité précieuse et de l'élévation constante de sentiments qui distinguent M. Pelletan. »

On trouvera dans *Les Heures de Travail*, plus d'une

(1) *Écrivains et Hommes de lettres*, par L. Ulbach, 1 vol. — A. Delahays, p. 193-194.

étude que l'on peut relire avec plaisir et profit, notamment
sur *La Démocratie en Amérique*, de Tocqueville, sur
*Sainte-Elisabeth*, de Montalembert. L'exécution de la
pieuse apologie est faite en règles et donne une idée de
la façon dont le spirituel écrivain manie l'ironie (1) :

« Nous avons achevé l'analyse de ce roman. La prin-
cesse Elisabeth est trépassée. « A ses funérailles, dit
« M. de Montalembert, on se jeta sur sa bière; les uns ar-
« rachèrent des morceaux de sa robe, les autres lui cou-
« pèrent les cheveux et les ongles; quelques femmes allè-
« rent même jusqu'à lui couper le bout des oreilles et des
« seins. »

« Voyons maintenant la moralité de cette littérature
mystagogique, inventée à l'usage des jeunes filles de couvent.

« Ce roman, saupoudré de pieuses gravelures, a eu cinq
éditions. Nous ne voulons pas littérairement le juger.
Nous laissons de côté toutes ces momeries de style qui
grimacent les formes du moyen âge, toutes ces oraisons
jaculatoires, tous ces chapitres écrits en lettres gothiques,
qui commencent invariablement ainsi : *Comment la chère
sainte par ci, comment la chère sainte par là, comment la
chère sainte prit naissance, comment les petits oiseaux
célébraient les obsèques;* nous voulons simplement juger
l'influence de cette littérature derrière certaines murailles.

« A notre avis, ce roman est profondément immoral.
Semé à profusion, à l'ombre des cloîtres, il ne peut donner à des petites pensionnaires, à des marionnettes exta-
tiques, au sortir de leur première communion, que les plus
fausses, que les plus monstrueuses idées sur leur vie fu-

(1) *Heures de Travail*, tome I, p. 70-71. On remarquera que la critique vise l'œuvre, jamais l'homme. Pelletan attaque les idées dans
les livres de Veuillot, de Montalembert, jamais les personnes à qui,
souvent, son estime était acquise. Voir page 156 et suiv. ses rapports
avec Montalembert.

ture de mère de famille, sur leurs devoirs. Elle n'y trouveront qu'une grammaire de sorcellerie béate qui leur apprend à mépriser les vertus austères du foyer pour l'hystérie mystique des visions.

« Ce siècle a fait une trop rude éducation à la jeunesse, pour que nous puissions nous payer de mots désormais. M. de Montalembert n'est pas pour nous un homme religieux. L'homme religieux est bon, sympathique, charitable, indulgent; il n'a jamais dans le cœur une haine et sur la lèvre une injure. M. de Montalembert ne voit au contraire, dans la religion, qu'une manière plus piquante d'assaisonner l'épigramme; quand j'écarte le patelinage officiel de dévotion, je ne trouve qu'un orateur bilieux qui vient négligemment jeter du haut de la tribune, avec une main couvertes de bagues, de sinistres provocations à notre temps, couvées quinze jours à l'avance dans la volupté du cabinet. »

Les pages consacrées à Veuillot, à propos de sa diatribe contre les Libres-Penseurs, est un modèle de fine raillerie. Le polémiste qui a des lettres tient le langage du bon sens, du bon ton et du bon goût. Il entremêle dans son article, épigrammes finement aiguisées, formules et définitions de saisissante netteté, anecdotes contées, à la manière du XVIII° siècle, avec un art qui sait ménager les effets et préparer la détente brusque du trait final. Il persifle, sans les prendre trop au sérieux, et sur un air de badinage, les incartades de plume commises par « l'écrivain facétieux du parti », pour qui l'esprit est « impie », le génie « un monstre », Molière « un moineau lascif », M^me de Staël « un dragon », Lord Byron « un bouc », « un singe », « un serpent » (1).

« Il y a des gens, dit-il, nous le savons, qui ne peuvent s'habituer à ces façons de parler. Nous ne partageons pas leur sévérité. Les paroles ne sont pas toujours les pen-

______

(1) *Heures de Travail*, p. 89.

sées. Elles simulent l'emportement peut-être, mais c'est
un emportement de convention.

« Nous autres, écrivains d'une époque troublée, qui
cherchons humblement, péniblement la vérité, en passant, hélas! sur des ponts d'erreurs, nous recevons, chaque jour, de notre conscience, de trop cruelles leçons de
modestie, pour jeter dédaigneusement du haut de notre
infaillibilité la pierre à nos voisins. Nous avons au contraire, pour eux, une secrète indulgence. Nous payons
cette dette à notre passé. La colère n'est jamais bien
réelle dans les écrits. Comment voulez-vous qu'un homme
d'esprit, et M. Veuillot est spirituel à l'occasion, un
homme pieux, et M. Veuillot est, à l'entendre, uniquement occupé de son salut, puisse trouver, sur ses exercices
de piété, le temps de se mettre en colère ?

« Nous pouvons vous dire le secret de ces intempérances
de style, qui ne révoltent nullement notre pruderie. Les
écrivains sont nombreux. L'oreille du public est dure à
leurs paroles. Il faut donc rudoyer l'attention de ce public pour obtenir son regard. Je ne sais plus à la suite de
quelle naissance ou de quelle victoire il y eut, sous le
règne de Louis XIV, baise-main général à Versailles.
Tous les courtisans furent admis à cette faveur. Ils arrivaient à la file, mettaient le genou en terre, baisaient et
passaient, pendant que le roi continuait négligemment
sa conversation. Son regard distrait n'en remarquait
aucun. Mais lorsque ce fut le tour de l'ambassadeur
d'Espagne, celui-ci saisit le pouce du monarque et le mor-
dit jusqu'au sang. Le roi poussa un cri. — Que voulez-
vous, sire, dit le courtisan en inclinant le front jusqu'au
parquet, si je n'avais pas un peu appuyé la dent, Votre
Majesté ne m'eût pas remarqué. Le Gascon de Madrid
n'avait mordu que pour flatter.

« C'est ainsi que je m'explique le style de M. Veuillot:
il mord le doigt de Sa Majesté. Il n'insulte ici que pour

EUGÈNE PELLETAN, d'après Nadar.

— le premier des critiques français. Trouvez-nous donc un critique qui soit à la fois un poète, un homme de style et un
homme de cœur ; et croyez bien cette fois à cette phrase toute
faite. M. Eugène Pelletan est tout autant sérieux pour le moins
que G. Planche, cette belle ruine, et il a de plus que l'ogre des
*Deux Mondes* le sentiment du christianisme nouveau. J'ai lu des
articles critiques de M. Pelletan (les manufactures, Proudhon, etc.),
qui m'ont ému comme l'eût fait une page de Sand, et intéressé
comme un roman de Balzac. (*Texte de Nadar.*)

(*D'après Le Journal pour Rire, du 19 Juin 1852*).

aduler ailleurs. Mais j'écarte la morsure et je vais droit à l'intention. Je me dis : Ce style est le scandale de l'épithète, corrigé par un bon motif. Il ne faut pas s'arrêter à l'étalage. L'étalage surfait un peu la marchandise. Les prix sont légèrement enflés. Mais on peut honnêtement marchander avec la critique et avoir son opinion à meilleur marché. C'est au lecteur à faire lui-même la défalcation ».

Dans une étude sur Jules Janin, on peut noter des conseils pleins de sens à l'usage des improvisateurs qui sacrifient l'expression à ce qu'ils croient être la pensée :

« M. Janin est un écrivain, et c'est là pour moi le plus grand éloge; car combien pourrait-on, en conscience, nommer d'écrivains à notre époque ? Cinq, six, peut-être; mettons-en dix pour faire bonne mesure, et après cela il faut tirer l'échelle.

« J'entends dire souvent : Cet homme a du style, mais il n'a que cela. Cherchez-lui une idée, bonsoir ! Comme si le style n'était pas lui-même une idée ! Comme si on pouvait trouver une beauté de style par une autre recette que par une idée ! Mais pour préférer ce mot à un autre mot, malheureux que vous êtes ! il a fallu une idée; car qu'est-ce donc qu'une préférence, si ce n'est une idée ? Allez, mes amis, il y a plus d'idées dans la moindre bluette proprement écrite que dans toute la collection, je suis forcé de le dire, du *Journal des Savants.*

« Sauvons le style des mains des barbares, et jetons-nous au feu, s'il le faut, pour cela, car le style sauvé, tout est sauvé. On a toujours la pensée, mais on n'a pas toujours le style pour l'exprimer. Or, qu'est-ce qu'une œuvre sans style ? Une jeune fille sans dot, qui danse tout l'hiver sans trouver un mari. Il y a dans ce monde assez de jeunes filles à marier, il n'y a que la dot qui a toujours manqué.

« M. Janin aura été parmi nous, peut-être, le plus pieux, le plus infatigable servant de la forme élégante, au pli harmonieux et à la marche rhythmée. A chaque minute, en le lisant, je crois entendre le bruit du pas de la muse attique, qui fuit au bord de l'Ilyssus, derrière un rideau de lauriers. »

En résumé, comme le dit Louis Ulbach : « Tous les livres qui ont provoqué un bon mouvement..., où tous les défis jetés à l'idée de sympathie, à la liberté de conscience, au progrès, ont été tour à tour examinés, discutés et jugés par Eugène Pelletan dans *Les Heures de Travail* qui sont l'histoire attendrie de la civilisation.

« M. Thiers, M. Guizot, le P. Ventura, M<sup>me</sup> Stowe, M. Lamartine, M. de Laforge, M. Girardin, M. Michelet, M. Troplong, M. Victor Hugo, M. Eugène Sue, M. Legouvé, M. Lamennais, M. Reynaud, M. Castille, d'autres encore, tous les défenseurs, tous les détracteurs de l'avenir défilent dans cette galerie, sous un jour limpide et éclatant qui ne laisse dans l'ombre aucune beauté, aucun défaut, et qui fait germer la rêverie et la mélancolie du bien dans le cœur de l'homme de bonne foi... Poète et philosophe, il exerce la critique littéraire au point de vue de l'amour et de la foi, et non pas pour satisfaire une esthétique mesquine et brutale... Il nous semble que jamais nous n'avons rencontré parmi nos contemporains plus de raison et plus d'enthousiasme, plus d'intelligence, unie à plus de juste fierté, plus de conscience et de convenance jointe à plus de talent. Il est trop rare de sentir dans la cohue littéraire, une probité de cette hauteur d'esprit, une main de cette délicatesse et de cette fermeté pour qu'on n'abandonne pas avec effusion, à l'homme qui vous fait cette joie, ses deux mains et tout son cœur » (1).

_______

(1) *Ecrivains et Hommes de lettres*, p. 202-203.

*Le Pasteur du Désert* (1855), sous-titre des *Morts Inconnus*, est resté l'œuvre la plus populaire d'Eugène Pelletan. C'est l'histoire de Jarousseau, son grand-père maternel, dont il conte l'humble « odyssés », à la recherche de la liberté de conscience.

Par piété filiale, et toujours aussi par désir, par besoin de défendre les idées de tolérance, il tire de l'oubli un inconnu qui a lutté, qui a souffert pour une noble cause. Il fouille « les archives de la famille et de la commune, ces deux patries élémentaires de la Grande Patrie ». Il interroge la vieille maison où vécut Jarousseau, et où se retrouve la cachette où son grand-père, pardonnant au moine Labole ses poursuites contre les protestants, avait généreusement donné asile au Récollet poursuivi à son tour sous la Terreur. Mêlant le roman à l'histoire, le récit exact à l'épisode transporté, il reconstitue la physionomie de l'ancêtre, et il reconstruit toute une époque.

Eugène Pelletan nous dit les souffrances qu'endurèrent ses pères dans ce coin de Saintonge où, traqués par les soldats du roi, ils sont obligés de tenir leurs assemblées « au désert, dans la forêt profonde, ou bien sur des barques, en mer ». Il conte, en situant son récit dans le milieu pittoresque où il a si longtemps vécu, l'héroïsme de Jarousseau sauvant les naufragés du navire : *la Grâce de Dieu*. Il nous initie à sa vie austère, toute de sacrifice et d'aumônes. Il nous attendrit aux aventures de la jument Misère.

Puis, sous l'effet d'une soudaine inspiration, c'est le départ de Jarousseau pour Versailles, son entrevue avec Franklin, sa visite à Malesherbes et au roi Louis XVI, qui le reçoit après avoir quitté à regret l'atelier du serrurier Gamin, et auprès de qui il plaide la cause de ses coreligionnaires persécutés. Il nous montre le pasteur Jarousseau s'éteignant le 18 juin 1819, dans sa

quatre-vingt-dixième année, au milieu de ses enfants et
de ses petits-enfants :

« Pourquoi ne le dirais-je pas, s'écrie-t-il, à la fin du
livre : « Je suis un de ceux-là ; c'est mon titre de noblesse. D'autres ont leurs aïeux et les nomment avec orgueil : orgueil pour orgueil, nous avons nos aïeux aussi:
les vôtres vous ont légué des parchemins, les nôtres nous
ont transmis des vertus. Nous ne changerions pas d'héritage ni de blason...

« Fils du siècle, nous avons pu quelquefois rompre avec la tradition de notre aïeul, mais toutes les
fois que nous voulons, remonter notre pensée et retrouver la confiance, nous allons demander force et
patience à la tombe de cet homme de bien, et toujours
nous sommes sorti de cette mystique entrevue avec cette
mémoire sacrée, plus courageux au travail, et plus ras-
suré sur l'avenir. Après ce que nos pères ont souffert
pour la liberté, nous aurions mauvaise grâce à compter
les pierres du chemin et à vouloir attendrir l'histoire sur
nos blessures; ils ont lutté : luttons ; mais rappelons-
nous qu'ils nous ont rendu la lutte si facile, qu'elle est
déjà la victoire ».

*Le Pasteur du Désert* obtint, dès son apparition, un
succès des plus flatteurs. La biographie plut par la simplicité sincère du ton, par la vérité des descriptions, par
tout ce qu'il y avait d'héroïque et de touchant dans une vie
ignorée, mise tout à coup, pieusement et discrètement, en
lumière. On sut gré à Eugène Pelletan d'avoir éprouvé
« le besoin religieux de rouler la pierre de commémoration
sur la tombe d'un héros inédit », dont la vie était un
exemple de grandeur morale et de noble vertu.

Le livre fut couronné par l'Académie française. « Quelques amis de l'auteur, dit Jules Simon, pensaient qu'elle
pourrait aller plus loin; mais il n'y a rien de plus singulier

que le rôle de la politique à l'Académie : tantôt elle empêcherait un homme de génie de passer, et, le moment d'après, elle ferait entrer une bête. » « C'est drôle, disait un jour un académicien qui a de l'esprit, si l'on votait sur moi aujourd'hui, tous ceux qui ont voté pour moi voteraient contre, et ceux qui ont voté contre voteraient pour. Cependant, je n'ai pas changé, ni l'Académie non plus. C'est le vent qui a tourné ».

Eugène Pelletan ne fut pas des quarante. Mais son *Jarousseau* demeure un petit chef-d'œuvre et qui restera tel, de quelque côté que tourne le vent.

*Le Monde Marche* (1857), dédié à Jean Reynaud, se compose d'une série de lettres à Lamartine, en réponse à une attaque formulée par le poète, dans son *Troisième Entretien de Littérature*, contre la théorie du progrès. Eugène Pelletan prit avec une ardeur passionnée, la défense de l'idée dont il avait fait comme sa moelle et son sang. Il explique, dans un avant-propos, la genèse de l'œuvre nouvelle (1) :

« Il arriva un jour à Lamartine de nier le progrès; il souffrait à ce moment-là, et il regardait le monde à travers sa douleur.

« La nuit du 2 Décembre venait d'envahir son âme, et il ne voyait plus clair dans sa destinée ni dans la destinée de l'humanité ; il descendait les dernières pentes de la montagne, et il sentait le froid de l'ombre le gagner.

« Il doutait de tout effort humain, il dit : A quoi bon ? et il ramena son manteau sur sa tête, comme un vaincu qui n'a plus qu'à mourir.

« Un tel cri de découragement tombé de la lèvre d'un tel homme devait être relevé. Il le fut par quelqu'un qui avait peut-être le droit de prendre la parole dans cette

_______________

(1) *Le Monde marche*, p. 3.

question, car il en avait fait l'étude de toute sa vie, et
peut-être avait-il réussi à donner dans la *Profession de foi
du dix-neuvième siècle* la formule du progrès.

« Lamartine répondit à son contradicteur avec l'emportement d'éloquence d'un esprit inquiet qui pourrait
bien douter de son doute, et qui chercherait plutôt à
être converti qu'à convertir ; ce volume sortit de cette polémique. L'auteur l'avait dédié à Jean Reynaud : il le
dépose aujourd'hui sur sa tombe comme un dernier hommage ».

Dans son plaidoyer, Eugène Pelletan pose la question
avec une vigoureuse éloquence :

« Le monde marche ». Voilà le mot de la création depuis le brin d'herbe jusqu'à l'étoile ; il n'y a pas un être
qui ne le dise sur cette terre, à commencer par la terre
elle-même, car elle marche sous notre pied pendant que
nous marchons.

« Pourquoi faut-il qu'au moment où de toutes parts
notre siècle proclame ce dogme de nature, il vous trouve
sur son chemin, vous Lamartine, vous un de ses élus,
pour l'accuser d'erreur, et mieux encore d'ineptie...

Souvenez-vous donc de vous-même ; qui êtes-vous
si vous n'êtes le démenti vivant de votre propre doctrine
et permettez-moi d'ajouter le progrès personnifié puisque, depuis l'âge de raison, vous n'avez fait que pro-
gresser en dépit de toutes vos traditions de famille (1) ?

« Quand vous naissiez à la vie de la pensée, l'empire
allait finir ; mais il ne s'en doutait pas, et vous ne vous
en doutiez pas non plus, car l'empereur avait persuadé à
la nation française qu'il avait pris l'éternité à son service. On tuait et on mourait gaiement sous son règne,
pour mettre un nom de victoire de plus sur de la pierre
et pour pendre une guenille de plus à la voûte d'une
église.

(1) *Le Monde marche*, p. 54-55.

« Le maître avait levé le doigt et dit à la nation : Silence ! et la France obéissait ; elle voulait bien obéir ; quand le Bulletin avait parlé, qui donc aurait osé même soupirer ? La guerre et toujours la guerre, du sang et toujours du sang, le deuil partout, la pensée nulle part, pas plus que l'industrie, pas plus que le commerce ; on ne pouvait rencontrer un passant, à cette époque de mort, sans voir un crêpe à son chapeau.

« Il y avait encore une littérature en France, non plus la littérature de Chateaubriand, il avait dû aller relire Tacite dans la solitude ; non plus de Benjamin Constant, il avait dû chercher un refuge en Allemagne ; non plus de Mᵐᵉ de Staël, elle avait dû gagner l'Angleterre par la route de Moscou, mais une littérature de corps de garde ou de caveau, la seule autorisée, et peut-être même encouragée par la police.

« Cela exhalait on ne sait quelle odeur lubrique ou fade de cantine, de chair échauffée par l'eau-de-vie. C'était le temps de la gloire et de toute chose à bref délai. On avait du nerf, on endossait le sac et on partait. On revenait quelquefois avec une jambe de moins, et alors homme au rebut, invalide ou mendiant ; mais quand on revenait dans toute l'intégrité de sa personne, on pouvait rapporter de la bagarre européenne un ruban ou une épaulette.

« Certes, à ce moment-là vous pouviez, que dis-je ? vous deviez, vous, né d'une race d'épée, vous dire à vous-même qu'il n'y avait d'occasion de gloire que sur le champ de bataille, et suivre le vent de feu déchaîné à travers l'Europe, sous les plis du drapeau fouetté par la mitraille. Et pourtant non, au milieu de tous ces abatis d'hommes par feux de peloton, vous portez le regard plus haut, et vous allez chercher sur votre colline le Dieu de la paix et de la poésie.

« Vous plongez votre âme dans l'infini. L'infini pénètre en vous, il prend sur votre lèvre une forme que notre langue ne connaissait pas encore ; la France a enfin une poésie : la poésie du lyrisme, la première poésie, car elle est à tout prendre l'héroïsme de la pensée.

« C'était à coup sûr un progrès sur la poésie avinée du caveau ; si le vin porte à la chanson, l'idéal rend peut-être un meilleur témoignage de l'homme, aussi long-temps du moins que l'homme lèvera le front au ciel, et qu'il reconnaîtra que la poésie, comme la science, a son astronomie ».

Eugène Pelletan, résumant la pensée et la vie de Lamartine, le supplie de ne pas se mettre en contradiction avec lui-même. Son objurgation a des accents émouvants :

« Quoi ! vous frappez deux fois votre poitrine devant le monde ; la première fois il en sort la poésie, une seconde fois la république, et quand, après avoir eu les deux grandes occasions du siècle, vous n'avez plus ici-bas qu'à faire honneur à tous vos coups de fortune, qu'à nous verser, à nous vos témoins, le cordial de votre foi, vous jetez dans le silence de cette trêve forcée de la pensée un tel cri de désespoir, un tel anathème au pro-grès, que les meilleurs et les plus fermes sur eux-mêmes pourraient en être troublés !

« Vous niez le progrès ! mais vous n'en avez pas le droit. Pour avoir ce droit il faut avoir vécu là-bas, bien loin, dans quelque tourelle au fond de l'Auvergne ou du Quercy, sous la protection du pont-levis et de la poterne illustrée de pattes de loup et de têtes de sanglier ; il faut, le soir, dans une grande salle fermée, voûtée, sombre, silencieuse, tapissée de grandes tapisseries flottantes, au bruit des rafales engouffrées dans la cheminée et au battement d'ailes de chauves-souris, avoir récité son chapelet ou devisé de Gabrielle d'Estrées, en compagnie des vieilles fées, des vieilles douairières qui filent encore leur quenouille et dorment à moitié pendant que le fuseau, par une sorte de mouvement mécanique, échappe de leurs doigts et tombe en cadence sur le parquet.

« Mais vous, depuis votre transfiguration de gentilhomme en républicain, vous avez toujours vécu en plein siècle, en plein soleil, avec les jeunes, avec les forts, avec les ouvriers de la première heure, les éclaireurs de la civilisation. Du jour où vous avez pensé par vous-même, votre âme n'a été qu'un hymne au progrès, votre vie qu'un acte de progrès.

« Nier le progrès, c'est vous nier vous-même. Je vous rappelle à votre gloire. Avez-vous peur d'être trop grand ? Mais tournez donc la tête, et voyez derrière vous toutes vos actions, toutes vos œuvres, filles de votre génie, laisser tomber leur front dans leur main et gémir en silence ».

Eugène Pelletan ne peut pas admettre que Lamartine soit « l'athée du progrès ». Lamartine ne l'était pas, d'ailleurs. Mais, dans son impatience de poète, il voulait que l'échéance du bonheur humain fût plus prompte. Pelletan, plus philosophe, en reculait le terme, à la fois saisissable et fuyant, dans l'infini.

Comme le dit Louis Ulbach, qu'il faut encore citer, car il est entré profondément dans la pensée des deux contradicteurs : « M. Pelletan a su discuter avec M. de Lamartine, dans des termes empreints d'une admiration sincère et d'une sympathie virile, qui enlèvent toute amertume aux répliques, toute ironie aux reproches. Ce colloque de deux esprits, dont l'un essaye de douter, en faisant croire, dont l'autre atteste la foi, avec une énergie invincible ; cet entretien fraternel de deux penseurs parmi les plus élevés, parmi les plus dignes d'être écoutés ; cette interrogation respectueuse et tendre du disciple au maître, est un noble et émouvant spectacle... M. de Lamartine et M. Pelletan s'inspirent à des foyers qui excluent tout dépit, toute haine... Quand on manie des rayons, il reste des étincelles aux doigts ».

Eugène Pelletan montre partout, depuis l'origine, le constant accroissement de la vie physique, morale, intellectuelle. Il reprend, mais de façon encore plus vivante et plus pressante, la démonstration qui se déroule dans la *Profession de foi du* XIX° *siècle*. Il nous fait assister aux émouvantes péripéties des conquêtes réalisées par l'être humain jeté faible et nu sur la terre. Puis, résumant son exposé, il interroge son antagoniste :

« Si la nudité est la loi de l'homme, pourquoi a-t-il pris le vêtement ? Si le lit de bruyère est le dernier mot de la destinée, pourquoi a-t-il bâti la muraille ? Si son corps, tel qu'il est dans la nature, telle quelle est autour de lui, est son arrêt de vie sans appel, pourquoi a-t-il arraché le feu au ciel, labouré, forgé, accumulé découvertes sur découvertes et fui sans cesse d'un mode à un autre mode d'existence ? »

« Quels sens, réplique Lamartine, ont été ajoutés à l'homme d'aujourd'hui? « Y a-t-il un nerf, une fibre, un ongle, un muscle, une articulation de différence entre l'homme d'hier et l'homme de quatre mille ans en arrière ? »

« Non, sans doute, répond Pelletan. A chacun selon son œuvre. Est-ce que le progrès a jamais eu la prétention de glisser dans le corps des sens imprévus? Non, mais d'apporter aux sens existants plus de sensations.

« De superposer à la machine des rouages supplémentaires ? Non, mais de communiquer aux rouages actuels plus de puissance d'action.

« D'introduire dans l'intelligence des variétés inconnues de facultés ? Non, mais d'illuminer les facultés consacrées de plus de connaissances. Poser autrement la question, c'est la déplacer. »

Il accumule les preuves. Il établit que les sens se perfectionnent. La vue fouille le ciel avec le télescope ; l'ouïe s'affine ; la voix, d'abord parole, devient poésie et chant. Le progrès est partout, dans les sciences, l'industrie, l'art, la politique.

Lamartine a nié le progrès politique, car il est tout entier à ses déceptions et à ses désillusions : « Nous flottons, avait dit le poète, comme l'antiquité, entre cinq ou six formes de gouvernement qui se combattent et se succèdent, avec une égale impuissance de durée et de stabilité... Où est la perfectibilité visible en tribus, en nations, en domination sur ce globe? Quelle est donc la race qui n'ait pas suivi le cours régulier de naissance, de croissance, de décadence ou de mort? L'histoire est le registre de naissance ou de mort des civilisations.

« Oui, s'écrie Pelletan, « toutes les civilisations sont mortes. Le fait est vrai, j'en conviens. Mais la civilisation elle-même a survécu ; elle a survécu précisément parce qu'elle était la raison commune de toutes les métamorphoses de l'histoire ».

Et, dans une admirable page, il établit l'éternelle survivance des bienfaits dus aux civilisations successives se passant le flambeau du progrès (1) :

« Toutes les civilisations sont mortes, dites-vous. Le fait est vrai, j'en conviens. Mais la civilisation elle-même a survécu, et elle a survécu précisément parce qu'elle était la raison commune de toutes les métamorphoses de l'histoire.

« L'Inde sans doute, a tenu la place d'honneur à l'origine ; de l'Inde, la suprématie a passé à l'Egypte, de l'Egypte à la Phénicie, de la Phénicie à la Grèce, de la

(1) *Le Monde marche*, p. 305. 306.

Grèce à l'Italie, et de l'Italie au reste de l'Europe. Toutefois, dans toutes ces migrations, le flambeau de la perfectibilité passant d'une main à l'autre, l'humanité a-t-elle perdu en route le blé, la charrue, la forge, la truelle, la hache, la scie, la navette, la lampe, la vigne, l'amphore, le mouton, le bœuf, le cheval, le navire, le char, le moulin, la grue, la vis d'Archimède, la monnaie, l'écriture, la science, l'horloge, l'arithmétique, la géométrie, l'astronomie, toute la richesse acquise, en un mot, et toute la force motrice du progrès ?

« Si chaque civilisation effectivement, en disparaissant de la scène, a emporté avec elle dans son tombeau toutes ces découvertes, comme ce roi d'Orient emporta un jour dans les flammes de son bûcher tous les trésors de son palais, vous avez raison, le progrès devant l'histoire a perdu son procès. Mais loin de là, chaque civilisation, au moment de son abdication, a reversé religieusement son contingent d'idées dans la civilisation suivante, qui a amplifié de son travail le patrimoine reçu, et l'a transmis à son tour, avec l'accroissement nouveau, à une nouvelle héritière, et ainsi de suite, jusqu'à ce qu'enfin, de soleil en soleil, et de l'est à l'ouest, le viatique sacré de l'humanité, toujours grossissant sur son chemin, ait afflué un jour tout entier de l'orient à l'occident de l'Europe : à tel point que la France, aujourd'hui, expression suprême pour sa part de la civilisation, n'a pas une industrie, une science, depuis la pioche jusqu'à l'alphabet, depuis le compas jusqu'au chiffre, qu'elle n'ait reçue en germe ou en totalité, par une longue circonvolution, de l'Inde ou de l'Egypte, de la Grèce ou de l'Italie. »

Eugène Pelletan conclut dans sa réfutation, ou plutôt dans sa discussion, savante et poétique, qu'il faut entendre par progrès continu, non pas un progrès continuel d'un jour à l'autre, d'un siècle à l'autre, sans heurt et sans soubresaut, sans passagère régression, mais d'une civilisation à l'autre, d'une transfiguration à l'autre, de l'humanité. Le progrès compte par civilisations, comme nous comptons par années. Le réduire à notre cadran, c'est le rapetisser à notre nature.

La publication du *Monde marche*, qui accentuait la divergence d'idées existant entre Lamartine et Eugène Pelletan, aurait, dit-on, amené un refroidissement dans les rapports du Maître et du disciple.

Ce n'est là qu'une légende. La correspondance échangée entre eux témoigne de l'affectueuse intimité qui ne cessa de les unir.

J'en détache trois lettres inédites qui sont nettement probantes. L'une est antérieure à l'apparition du volume, les deux autres ont été adressées par Lamartine à son contradicteur, après la controverse.

« MON CHER AMI,

« On voudrait sortir de son sépulcre pour lire et pour entendre cet admirable portrait de sa mémoire tracé par la main d'une telle amitié et d'autant plus beau qu'il est plus partial. Jamais vous n'avez écrit rien de plus suave, de plus beau et de plus courageux. L'âme d'un pays, qui conserve de telles voix, n'est pas morte. Heureux ceux qui la comprennent en l'entendant !

« J'irai dans peu de jours vous voir et vous remercier à Paris. Mais en attendant, sachez quelles pulsations fortes et douces jusqu'aux larmes, vous avez, d'un trait de plume, données aux cœurs nombreux qui vous aiment, à Monceau.

« Adieu et plus qu'amitiés. Attachement posthume de ma mémoire à votre nom.

« LAMARTINE. »

14 Novembre 1852,

La lettre de 1852 avait trait à un des nombreux articles
de critique, justement élogieux, consacrés par le journaliste au poète.

En 1857, *Le Monde Marche* paraît. Sans doute Lamartine eût préféré que son fougueux ami ne mît pas,
en sous-titre, des dissertations composées sous la forme
épistolaire : *Lettres à un homme tombé.* Car il était des-
cendu volontairement du pouvoir.

Mais, il n'en témoigne aucun mécontentement à l'auteur de ce qui pouvait être une épigramme aux yeux des
profanes, mais de ce qui était un hommage dans la pensée de son disciple.

Le 13 mars 1857, il lui écrit de Paris, au lendemain de
l'admirable polémique qu'ils viennent d'échanger.

« Mon Cher Pelletan,

« Je vous remercie cordialement de la lettre et du livre. Vous faites une trop magnifique place à l'ancienne
amitié dans la préface. Mais vous ne me faites pas ma
juste part de bon sens dans le livre.

Vous savez bien que je ne suis incrédule qu'au progrès
*indéfini et continu* (1), mais que je suis un très fervent et
très dévoué sectateur du progrès humain et relatif.

Dieu, la vie, la mort, l'infirmité de la nature, les vi-
cissitudes éternelles et historiques des choses et des êtres
me défendent d'adopter votre système. Inscrivez-vous en
faux contre le sépulcre qui a englouti jusqu'ici tous les
hommes, tous les peuples, toutes les civilisations, je
ne m'y oppose pas.

Mais je me sens trop fragile pour croire à mon apo-
théose en ce monde et trop homme pour m'imaginer que
je me change en Dieu.

(1) Les mots sont soulignés dans l'original.

« Aimons-nous, c'est ce qu'il y a de plus sûr, et humilions-nous, c'est ce qu'il y a de plus vrai ».

A la veille d'un voyage, il lui dit encore :

« Je ne veux pas partir, mon cher Pelletan, avec un poids de reconnaissance sur le cœur. Votre article d'hier est un chef-d'œuvre non seulement de style et de tactique, de critique et de logique, mais d'affection. Je l'emporte dans la mémoire.

« Je pars cette nuit, fort triste, sans avoir pu trouver l'anneau auquel rattacher ma barque de fortune, en Asie, mais plein de confiance dans la Providence qui veille sur les idées et qui leur donne des organes comme vous. Aimez-moi à travers les flots ».

« LAMARTINE. »

# III



*Les Droits de l'Homme* (1858) (1), sont, sous le couvert d'une étude historique et philosophique, une protestation contre les atteintes portées à l'exercice de la liberté, sous toutes ses formes, par le Gouvernement Impérial.

C'est peut-être le livre qui, dans l'œuvre de Pelletan, se rapproche le plus du Pamphlet et c'est un de ceux où, tout en portant les plus rudes coups au pouvoir, il montre le plus d'habileté, pour voiler, pour adoucir la véhémence de sa pensée.

*Les Droits de l'Homme* semblent, au début, inspirés par *Les Paroles d'un Croyant*.

Eugène Pelletan imagine une manière de Parabole, comme a fait si souvent Lamennais. Il suppose qu'un promeneur solitaire rêve en évoquant le passé, au cours d'une visite faite au jardin des Tuileries. On dirait d'une vision, d'une revue fantastique. C'est devant lui qu'elle a lieu — car, bien qu'il parle de son héros, à la troisième personne, c'est bien lui qu'il met en scène, tout en ayant l'air, fort adroitement, de se dissimuler.

Eugène Pelletan prend le ton d'un inspiré qui, méditant, vaticinant, révélera la vérité.

(1) Pagnerre, inédit.

« J'ai mis la main sur le cœur de la France, je l'ai senti battre et j'ai écrit ce livre.

« A quel titre, dira-t-on peut-être, et de quel droit, viens-tu te porter fort pour la France, et prendre en son nom la parole ?

« A aucun titre, si, par titre, on entend un grade acquis à l'attention, mais du droit de tout homme à dire quand même sa pensée.

« Autrefois, du temps de la Bible, on voyait, à certains jours, un inconnu, la tête au vent, couverte de cendre, passer sur le rempart.

« Qui était-il ? D'où venait-il ? Nul ne le savait ; seulement, on sentait à son aspect qu'il portait le deuil d'une idée.

« Il levait la main, il disait ce qu'il avait sur le cœur, pour rappeler Jérusalem à la dignité de son passé.

« Si la foule l'écoutait, et après l'avoir écouté rentrait en elle-même, il avait prouvé sa mission. L'inconnu avait fait ce qu'il avait à faire; il pouvait ensuite retourner au désert.

« On appelait cet homme un envoyé; un envoyé en effet, mais du dieu intérieur de la conviction.

« Le temps où nous vivons nous oblige tous à trop de modestie, pour permettre à qui que ce soit de jouer l'inspiré en public.

« Mais il y en a plus d'un, parmi nous, qui porte un poids sur la poitrine, peut-être même d'une nation; et pour ce poids qui l'étouffe, il demande lui aussi à parler.

« Il a tant souffert de voir la liberté traitée comme une fille de la borne, que l'injure à la mère de tout cœur bien né retentit là, toujours là...

« La paix même de la nuit ne pouvait verser le calme à sa pensée : les autres dormaient, il veillait... et il songeait en veillant à venger l'honneur de la Révolution » (1).

(1) *Les Droits de l'Homme*, p. 2.

Pourquoi le fait-il ? Par devoir. Dans « le jardin historique, sacré comme le sol du Forum », il juge nécessaire, urgent, de « demander aux morts une recrudescence de conviction et la tentation de l'avenir ».

Eugène Pelletan, laissant de côté son porte-parole, s'exalte en une vibrante profession de foi :

« Toutes les fois, écrit-il, que nous songeons à la Révolution, à ce que nos prédécesseurs ont fait, à ce qu'ils nous ont laissé à faire, nous vivons de deux vies, nous touchons de la main le ciel des nôtres, et il nous semble que nous en rapportons parfois comme un talisman pour nous protéger à l'avenir contre la perfidie de la destinée.

« Nous allons donc souvent questionner leur mémoire: la vie est trompeuse sans doute, et tel croit tenir la vérité qui n'en tient que l'apparence ; mais lorsque nous avons mangé le pain des forts, nous sentons notre esprit en repos. Si nous nous trompons, nous nous trompons du moins en bonne compagnie.

« Quelle que soit la chance de ce livre, qu'il aille ou non, une fois de plus, au vent de l'oubli, qu'importe ! à défaut d'une œuvre, on aura fait un acte ; on aura protesté.

« Il ne sera pas dit du moins que toute une école d'écrivains trompés de patrie, et faits pour vivre à Constantinople, aura nié la liberté en France, sans qu'un passant ait témoigné en sa faveur : celui-là, quel qu'il soit, aura rédigé la pétition d'un peuple ; viendra y mettre qui voudra sa signature.

« Comme au temps de la Bible », un passant attardé a « l'œil fixé sur le château sombre ». Il en relit « la chronique de mémoire, comme pour interroger l'oracle du passé ».

« Le Palais tragique, le Palais héroïque » lui redit les

drames et les fastes de l'épopée révolutionnaire : « C'est
là..., derrière cette fenêtre, que de nobles cœurs, que
de puissants esprits, les prophètes de 89, trop tôt reniés,
hélas ! par leurs successeurs, proclamèrent, au milieu
des coups de foudre de la Révolution, les droits de
l'homme comme les tables de la loi du peuple français ».

Eugène Pelletan les rappelle au peuple qui, par moments, semble les avoir oubliés.

Et il les commente, mais non par une explication
littérale, et terre à terre. Il brosse, à fresque, à grands
traits, un Tableau des Droits.

Il sent bien qu'on le moquera. Mais qu'importe ?
« La raillerie n'est pas une force, elle est au contraire
une faiblesse... Le monde n'appartient qu'aux idées. Il
n'y a que les convictions fortes et les mots fiers qui donnent aux peuples de grands moments ».

*Les Droits de l'Homme* comprennent dix-sept chapitres et un épilogue — qui fait revenir le lecteur au
Jardin dés Tuileries.

Tour à tour, Eugène Pelletan fait passer devant les
regards les divers gouvernements qui se disputent la
maîtrise des nations.

C'est le despotisme, puis le Salut Public, qui aboutit
au terrorisme, au crime politique, sous prétexte de sauver le peuple par l'arbitraire et à l'anéantissement de sa
propre force par l'abus de la force : « De coup de hache
en coup de hache, la dictature verra bientôt jusqu'à son
propre parti se voiler la figure de douleur et s'éloigner
d'elle en gémissant, car la justice est le lien de l'homme
avec l'homme et la violence en est la rupture ». « La
Terreur, ajoute-t-il, a décapité la Révolution de son
auréole ».

Vient ensuite la Raison d'Etat, qui est personnifiée
par Bonaparte, « général fait exprès pour débarrasser

le peuple du poids de sa propre souveraineté. A voir sa longue figure osseuse coulée dans le moule florentin de Dante ou de Machiavel, son teint bronzé, son regard à l'intérieur, on sent en lui une âme de feu, une volonté à tout rompre et la vocation du commandement sans réplique ».

Le principe d'autorité succède à la Raison d'Etat, suscitée par l'anarchie jacobine :

« Le principe d'autorité représente un gouvernement, à la fois personnel et démocratique, qui reconnaît sans doute la souveraineté du peuple, mais qui l'exerce à sa place, par la raison qu'il regarde l'autorité comme la condition première de l'existence d'une nation ».

Enfin, le peuple devient le Souverain — et il est salué, à son avènement, d'après Eugène Pelletan, par la voix de la justice, par les voix du cœur, par la voix du dévouement.

Mais le suffrage universel exige, comme préparation et comme soutien, l'étude, la science, l'intelligence, condition de la liberté.

La liberté revêt des modalités nombreuses qu'analyse l'écrivain : liberté de la presse, liberté de conscience, liberté de culte, liberté d'examen, liberté individuelle, liberté d'éducation, liberté du commerce, droit de propriété, droit du travail, droit de grève — et toutes les libertés, tous les droits ont été conquis par « la pensée militante » — ce qui fait dire au vaillant semeur d'idées :

« Egalité civile, justice distributive, hiérarchie selon le mérite, souveraineté nationale, cherchez aujourd'hui une idée vivante, incarnée, passée en application, qui n'ait été d'abord prêchée, développée, démontrée, vulgarisée, dans un livre écrit au siècle dernier, condamné pour crime de rébellion contre l'Etat, et lacéré ignominieusement par autorité de justice. Vos œuvres sont nos œuvres, les filles de notre sang et de notre esprit. Ecrivains de toutes les dates et de toutes les échelles, petits ou grands, célèbres ou obscurs, nous seuls avons dans le monde la responsabilité du progrès, car seuls nous portons pour lui la parole.

« Si le progrès est un crime, comme le crient encore du fond de leurs ténèbres les spectres du passé, nous sommes les vrais coupables. A nous le châtiment ! et à vrai dire les pouvoirs de la terre ne l'ont pas épargné à nos ancêtres. Que de fers rouges ont passé autrefois sur les langues pour avoir osé murmurer une parole de vérité ! Que de tenailles ont arraché les chairs de nos martyrs pour les jeter à ces dogues de couvent appelés, dans le temps, des inquisiteurs !

« Ayons l'orgueil de ces morts illustres tombés souvent, comme à Venise, sous là colère de la sûreté générale ou de la raison d'Etat. Gardons-nous d'égarer la gloire de la victime sur la tête du bourreau. A chacun son point d'honneur ! Que les soldats gagnent des victoires, que les hommes d'Etat règnent, le doigt sur la bouche : nous, nous parlons; et d'un mot nous poussons le monde en avant » (1).

L'épilogue est un chant en l'honneur de la Révolution.

La vision continue, ou plutôt le rêve. Et le poète s'exalte. Et il s'écrie en nous initiant aux sentiments qu'il prête à son « double », à son ombre :

« Or, ce soir-là même, après sa muette entrevue avec l'âme errante de la Révolution, il revenait le long des quais, à l'heure où la nuit répand, sur les derniers bruits de la ville, l'éclat paisible des étoiles, il regardait les hautes sphères avec l'âpre satisfaction d'échapper au contact des âmes inférieures.

« Ceux qui lèvent le front vers vous, ô chastes images

_______________

(1) *Droits de l'Homme*, p. 269-270.

de la vérité éternelle, ne disent pas : mon grain de poussière me suffit, et je me suffis à moi-même; ils savent bien que le repos n'est pas sur cette terre, qu'il est en vous seulement, qu'il est le prix de notre travail, que pour gagner ce prix l'homme doit sa vie à l'homme autant qu'à lui-même, parce que l'homme, sympathique par nature, vit d'une vie d'échange, de ce qu'il reçoit, de ce qu'il donne, et vit d'autant plus qu'il donne et qu'il reçoit davantage, qu'il porte secours au faible, encouragement au tiède, espérance au blessé, au blessé du corps comme au blessé de l'esprit.

« Allons ! mes amis et mes maîtres dans cet ordre d'idées, tant qu'il y aura un ciel sur notre tête, il y aura aussi des âmes qui prendront, sous l'œil de Dieu, de telles résolutions et auront à les prendre de telles joies, que ni les épreuves du moment ni les éponges de fiel ne pourront les détourner de leur chemin ».

« La Révolution, qu'on la maudisse ou qu'on la bénisse, qu'on la comprenne ou qu'on la calomnie, est désormais notre âme, notre chair, notre nature. Voulût-on mettre la France au pressoir, la passer à la flamme de l'alambic, qu'on ne trouverait pas en elle une particule, une molécule, une substance de molécule, qui, en fin de compte, et jusqu'à l'épuisement de cette opération d'alchimie, ne fût encore et quand même la Révolution ».

Qui le lui affirme ? L'histoire. Et qui interprète le passé ? Camille Desmoulins, dont l'ombre apparaît au promeneur des Tuileries et lui annonce l'union de tous les Français dans la liberté :

« Marat pleurait de honte, Saint-Just de repentir, Vergniaud d'enthousiasme, et, tous en chœur, nous avons entonné la *Marseillaise* pacifique de la fraternité. »

« Robespierre seul restait à l'écart et jetait de temps à autre un regard farouche sur cette scène de réconciliation ; mais bientôt, comme vaincu par une force irrésistible, il alla serrer en silence la main de Danton. « Puis, l'air frémit, le fantôme disparut. C'était le 14 juillet ; j'avais reconnu Camille Desmoulins ».

*Les Rois Philosophes* (1858), sont dédiés à Laurent Pichat. Eugène Pelletan avertit dans sa dédicace, qu'il ne fera pas de l'histoire officielle. Il veut présenter le Grand Frédéric en ne cachant pas « l'homme sous le costume de l'acteur ». Il veut, au contraire, montrer « l'homme en déshabillé du matin ». Il usa du procédé qu'il a employé dans son *Jarousseau*. Il a avoué même que si on lui demande : « ce livre est-il un roman ? est-il une histoire ? », il aurait quelque peine à répondre. Et il ajoute ce trait amusant et inattendu : « Seulement, je puis vous assurer qu'il ne contient pas un fait, pas un épisode, qui ne soit vrai, mais vrai, entendez-vous bien, de la plus entière vérité.

« C'est pour cette raison, que toute réflexion faite, je vous prie de l'appeler un roman ».

C'est bien, en effet, un roman historique, présenté à la manière d'Alexandre Dumas. Les situations sont dramatisées, les personnages, campés en vivantes antithèses, les dialogues, enlevés avec une prenante virtuosité. Mais, sous la broderie et sous le caprice de la forme, le fond est solide, s'étayant sur les documents, sur les écrits du roi, sur les lettres de Voltaire.

Eugène Pelletan a tracé une inoubliable silhouette du roi Guillaume « fou, lugubre et quiétiste », qui « a régné pour amasser un trésor et pour organiser, à l'aide de ce trésor, la meilleure infanterie de l'Europe... uniquement pour avoir une grosse épargne à mettre en sécurité au fond de sa cave et une grosse armée à passer en revue une fois par semaine... Le roi Guillaume était un de ces hommes ajournés, qui n'ont de raison d'existence qu'après coup, dans la personne de leur successeur. Il brassa d'avance la grosse besogne de son fils, et à la mort de ce trésorier donné par la nature, Frédéric n'eut plus qu'à être un grand homme ».

La lutte entre le roi, avare et dévot, brutal, violent, et son fils Frédéric qu'il détestait et dont il disait : « Ce garçon a de l'esprit, il perdra mon royaume », est émouvante. On assiste au supplice du lieutenant Katt, l'ami du prince héritier, aux beuveries du fou couronné, puis à sa mort, délivrance pour toute la cour, et qui est contée sur un ton de tragique évocation.

Le séjour de Voltaire, de Platon plutôt, au palais du Roi-Philosophe, ou plutôt de « Salomon », fournit à l'auteur l'occasion d'exercer sa verve endiablée. Ils sont d'un comique irrésistible, les chapitres intitulés : « Une leçon d'étiquette », Platon chambellan », « La journée d'un roi », « Le souper de Potsdam ». Frédéric se révèle dans toute la vérité de son caractère aux multiples aspects. Puis Salomon devient Hérode. Il oublie Platon et il se souvient qu'il a vécu dans la pensée de Machiavel. Il congédie Voltaire. Il fait de façon pratique et sanglante son métier de roi.

Certes il laissa vendre jusqu'à la porte de son palais, le « pamphlet foudroyant de gaîté », paru après la mort de Voltaire et qui stigmatisait sa conduite publique et privée. Il demeurait en apparence philosophe. Mais sa philosophie n'était pas inactive. « Il avait fait son œuvre lui aussi : il avait brûlé, saccagé, pillé, tué, fabriqué de la fausse monnaie pour acquitter la dépense du métier, pris la Silésie à l'Autriche, le duché de Posen à la Pologne, arrondi la Prusse et donné, comme il disait, un tour à la roue des événements » (1).

La fin du « Grand Frédéric, » vaut les plus belles pages de *Cinq Mars*, tant est poignant le récit satirique de la maladie contre laquelle lutte le roi de Prusse.

(1) *Les Rois philosophes*, p. 358.

Eugène Pelletan égale Alfred de Vigny par le don d'évocation. Le roman historique *Les Rois Philosophes*, mériterait, tant il est dramatiquement composé, d'être tiré de l'oubli. C'est un modèle du genre.

Avec la *Décadence de la Monarchie française* (1860), Eugène Pelletan revient à l'histoire contée de façon moins romanesque. Mais il n'emploie pas même rigueur de méthode, même souci de l'exactitude, en parlant des règnes de Louis XIV, Louis XV, et Louis XVI, qu'en relatant les *Trois Journées de Février*.

L'historien a toujours chez lui comme voisin le romancier et aussi le polémiste. Il entrevoit hommes et faits à travers les événements auxquels il est mêlé. La vue du présent influe sur le regard qu'il jette sur le passé. Toujours inspiré par l'idée et le sentiment du progrès, il écrit « pour inspirer à son siècle meilleure opinion de lui-même et une foi immortelle à sa destinée ».

*La Décadence de la Monarchie française*, n'est pas un traité, un Précis où l'auteur s'astreint à l'ordre chronologique. Il groupe faits et idées et les présente, d'un coup de pinceau fougueux et hardi, à grandes fresques largement brossées.

C'est surtout le tableau des mœurs qu'il s'applique à dérouler.

Tour à tour, il nous introduit à Versailles. Ils nous initie aux mystères de la cour. On assiste à une séance de jeu. On passe en revue l'armée, la police, la magistrature, le clergé. Comment vit Jacques-Bonhomme, on le constate douloureusement par le rapprochement de menus détails sur l'existence du « peuple maigre » opposée à celle du « peuple gras » : le noble, le magistrat, le prêtre.

Eugène Pelletan poursuit son étude en faisant défiler le Commerce, le Travail, la Société, la Politique. Il met

êtres et choses sous un jour cru, implacablement lumineux. Après avoir exposé, par catégories, en groupant les manifestations économiques et sociales, en usant d'un classement original, les différentes phases du règne de Louis XIV, il arrive au dénouement, il dresse le bilan de l'œuvre (1).

Il juge les résultats avec sévérité. C'est à Louis XIV qu'il attribue la responsabilité de la décadence monarchique. « Son ombre, dit-il, plane sur le dix-huitième siècle. Le dix-huitième siècle, c'est encore Louis XIV, sa décadence, toujours Louis XIV; c'est lui qui a préparé cette décadence ; c'est lui qui l'a imposée en héritage à sa descendance. Pourquoi toujours en jeter le reproche au Régent ou à Louis XV ? Le Régent, comme Louis XV, ne sont que ses victimes, condamnées à subir une situation qu'il avait faite seul... Il a imaginé une forme de gouvernement toute personnelle, combinée et ajustée sur le caractère particulier de son tempérament et de son esprit, à la fois absorbant et méticuleux, remuant et infatué, curieux et jaloux; il a voulu gouverner la France comme le Dieu du catéchisme gouverne le monde, homme par homme : tout voir, tout savoir, intervenir en tout, pénétrer partout jusque dans le domaine réservé de la famille et de la conscience. En un mot, il a créé un instrument de musique à sa main, dont il avait seul la clef et le doigté, si bien que le virtuose, une fois mort, aucune autre main ne pouvait arracher une note au clavier. Pour que cette monstruosité historique eût quelque raison d'être auprès de lui, il aurait fallu qu'il succédât, en quelque sorte à lui-même, de règne en règne, et qu'un Louis XIV perpétuel tronât sans relâche à Versailles.

(1) Michelet a écrit, au sujet de la *Décadence* : « Livre populaire très piquant et très véridique, qui, grâce à Dieu, ira partout et restera... » Louis XIV, note 2.

« Et l'ironie de l'histoire jeta sur le trône, après lui, sa contradiction vivante : un caractère morose, triste, indifférent au bien et au mal, incapable de vouloir, dégoûté d'avance de régner, et condamné à chercher un soulagement au poids de la couronne dans la débauche. Il semblait que le despotisme de Louis XIV avait ravagé, comme un vent de mort, l'âme de sa race et de sa cour, et répandu dans l'air de Versailles la mélancolie et l'impuissance » (1).

Eugène Pelletan nous fait suivre les étapes qui préparent la chute. Il donne aux chapitres des titres attirants et piquants, selon la mode du jour, mais il a l'art de tenir la promesse faite par l'étiquette : « Le Mississipi, — Le prix d'un chapeau, — Un roi ennuyé — Le règne du cotillon, — L'anarchie, — Le fond de l'abîme, — Ninive périra — ».

*La Décadence de la Monarchie française*, certes, n'apprendra pas l'histoire à qui l'ignore. Mais, c'est de l'histoire en marge, de la « petite histoire », qui explique l'autre.

Eugène Pelletan qui avait beaucoup de lecture et qui connaissait, dans le détail, Chroniques et Mémoires, a su y puiser une foule de menus faits, d'anecdotes qui rendent parlante et vivante son argumentation. Et il y a tant de brio, tant d'esprit, tant d'entrain, dans le style, qu'on est pris et entraîné, qu'on ne peut se dessaisir du livre quand une fois on l'a tenu en main. On voudrait refuser son adhésion à des affirmations trop catégoriques, on accepte malaisément certains partis pris de l'écrivain qui a des préventions souvent trop visibles, on est tenté de résister au réquisitoire de l'ardent polémiste. Mais son don de séduction est tel et on lui sait tant de gré de fuir

(1) *Décadence de la Monarchie en France*, p. 227.

l'ennui, de conter avec agrément, qu'on s'abandonne à la magie de son art.

D'ailleurs, s'il nourrit une haine vigoureuse contre le dix-septième siècle, il sait mettre en sa juste et vraie place le dix-huitième, l'aimer et le faire aimer. « Au point de vue de l'idée, le XVIII° siècle est véritablement le Grand Siècle, il est le siècle apôtre... »

Et en une langue admirable, il exalte la puissance de la pensée : « C'est elle qui est le sel de la terre et la force de salut ; c'est en elle et par elle que la France trouve une âme et une gloire » ; — et il termine par un éloge éloquemment passionné de Voltaire, de Diderot, de Rousseau, qui se sont rencontrés dans le XVIII° siècle : « le rendez-vous du génie. »

# IV



L'idée de Progrès dans l'application pratique : *La Naissance d'une ville. — La Nouvelle Babylone.*

*La Naissance d'une ville* (1861), n'a reçu sa forme dé-finitive qu'après trois remaniements. Ce ne fut d'abord qu'une esquisse parue dans la *Revue pittoresque,* en 1844, sous forme de lettre adressée par Pelletan au grand peintre paysagiste Français. Elle contenait l'éloge de Royan, de son climat, de son site merveilleux. Elle avait été inspirée par une monographie locale due au doc-teur Pouget, sur les bains de mer.

La première édition (1861), outre une étude plus com-plète sur Royan, enfermait, comme en marge et en hors-d'œuvre, une petite histoire locale de médiocre intérêt : *Le roman de Marguerite,* qui a disparu dans l'édition postérieure, couronnée par l'Académie française (1).

*La Naissance d'une Ville* (2), est la démonstration di-recte, la vivante application de la « Théorie du Progrès ». Eugène Pelletan le dit expressément : « Jusqu'à présent on a cherché à prouver la loi du progrès par l'histoire de l'humanité. Nous espérons pouvoir la démontrer par l'histoire d'un village. »

(1) *Heures de Travail,* tome I, p. 9.
(2) Le journal l'*Union Républicaine de Royan,* dont M. Jean Mous-nier est rédacteur en chef, a publié en 1910-1911, avec l'autorisation de la famille d'Eugène Pelletan et de l'éditeur Félix Alcan, dans ses feuilletons hebdomadaires, une nouvelle et complète version de la *Naissance d'une ville,* intercalant dans l'ouvrage tel qu'il fut couronné par l'Académie Française, le *Roman de Marguerite,* tel qu'il figurait dans la première édition et à la place qu'il y occupait.

Avec une persévérance, avec une foi d'apôtre, il ajoute, pour donner prise à son idée sur l'intelligence de ses contemporains, un exemple emprunté à la vie contemporaine. Il montre à ceux qui doutent un fait économique et social qui se passe sous leurs yeux et que leur scepticisme ne peut nier.

Comme il s'agit de sa « Petite Patrie », c'est avec les couleurs les plus chatoyantes de sa palette qu'il évoquera le pays natal. Il le fera avec d'autant plus de coquetterie que la description encadrant les annales de l'ancien « Ruhaut », devenu Royan, est dédiée à un maître de la peinture, à Français.

L'on sent que le livre a été composé, a été écrit avec amour. L'auteur manifeste une joie visible en constatant les progrès réalisés par la patiente ingéniosité de ses concitoyens. Il les fait valoir avec fierté. Il les propose à l'imitation des découvreurs et lanceurs de plages dont la rivalité ne l'inquiète pas.

Le sujet était difficile à traiter. Combien l'ont abordé qui n'ont produit qu'un « Guide », qu'un « Manuel » sec et froid dont la statistique est le plus bel ornement ! Mais la prestigieuse imagination du poète lui a permis, tout en respectant l'exactitude, de relever, d'embellir les plus humbles détails. Tout, sous sa plume, devient intéressant, attirant, prend forme et couleur, grandit et s'anime. Il n'est guère que Charles Delon, si méconnu, si oublié, qu'Edmond Le Roy et Jean Revel, qui, en traitant de l'histoire locale, aient eu une aussi pénétrante acuité de vision rétrospective.

Eugène Pelletan conte les humbles origines de Royan, petit port de pêche pour la sardine, nid d'indomptables hugenots. Il fait voir dans une suite de tableaux quelle était la vie des habitants avant et après la Révolution. Il nous présente un type curieux de savant, l'avocat Broutet qui l'initia aux premiers mystères de l'histoire naturelle, à la loi de l'évolution. Il nous fait faire connaissance avec le mulâtre Bellamy, son maître d'école dont on sait qu'il fut le disciple pieusement reconnaissant.

Royan végéta longtemps. Le progrès scientifique l'arrache soudainement à sa misère. L'apparition fantastique du premier bateau à vapeur remontant la Gironde, le « James-Watt », modifie la face des choses. « Ce léviathan, mugissant, manœuvré comme par un génie, venait de jeter sur la côte, là, en passant, une ville nouvelle à la à la place de l'ancienne Royan... qui revêtit aussitôt une autre nature, comme transformée par la baguette d'un magicien ».

Eugène Pelletan est tout heureux de décrire la métamorphose. C'est le bain de mer qui attire l'habitant des villes. C'est la première route, bordée de tamaris qui fait entrer Royan, après des siècles de solitude, en contact avec le reste de l'univers. C'est le changement de décor amené par l'afflux de la population saisonnière. C'est la fureur de construction qui fait surgir une ville nouvelle. C'est le chemin de fer, grâce « à la machine qui bout », reliant Royan à Paris.

Il va de soi que l'historiographe, que le philosophe n'oublie pas sa thèse, y ramène ses lecteurs. « Le progrès, dit-il, appelle le progrès ; le chemin de fer appela le télégraphe ».

Puis l'éclairage se modifie. Le gaz détrône le réverbère. Aussi, s'écrie le poète qui ne perd jamais ses droits, même quand il s'occupe de travaux publics et de réformes édilitaires : « Quand on regarde Royan de la plage, à la chute du jour, on le voit flamboyer comme un ciel renversé qui renvoie à l'autre étoile pour étoile ».

La campagne fait comme la ville. L'habitation paysanne s'entr'ouvre à l'hygiène. Le paysan change de costume. L'école est construite, « la plus égalitaire de toutes les institutions démocratiques ». Par elle, la loi du progrès s'affirme et s'étend : « La fortune peut séparer le riche du pauvre, mais entre l'un et l'autre l'instruction rétablit l'équilibre; l'ignorance localise l'homme et le confine à sa motte de terre; il ne pense pas, il ne voit rien au-delà de son clocher; l'instruction, au contraire, universalise l'individu par le seul fait qu'elle élargit sa pensée ».

Eugène Pelletan continue ses constatations qu'il enregistre comme des arguments. Dans un chapitre intitulé : *Autrefois et aujourd'hui*, il résume, avec une satisfaction qui pourtant ne va pas sans quelque mélancolie, l'impression que lui cause l'étonnante rapidité du phénomène social dont il a fait l'apologie. Le poète qui est toujours en lui et qui murmure sa plainte à l'oreille du prophète et du politique, dit sur un ton attendri (1) :

« Et maintenant, lorsqu'un de nous, celui-ci ou tout autre de notre génération, poussé par cet instinct mystérieux qui nous ramène tous un jour ou l'autre à notre point de départ, retourne vers les bords doux et tristes où survivent tant d'affections, et où tant de pieuses mémoires dorment sous les mauves, il éprouve quelque peine à reconnaître la terre de son enfance.

« Il a vécu, il a voyagé, et depuis lors, et derrière ses pas, le temps a brisé les pierres qui étaient en quelque sorte les habitudes ou les amitiés de son regard. Il passe comme un étranger à travers une population renouvelée, sans connaître la porte d'aucune maison ni le nom d'aucune figure.

« La vague a effacé depuis longtemps la première trace de son pied, sur cette plage où il a marché si souvent à côté de qui ne marche plus sur cette terre de passage. La maison de son enfance est encore debout, mais sombre et dépaysée au milieu de l'architecture vaniteuse de la nouvelle cité. Les hirondelles la reconnaissent encore, dans ce grand changement de pierres, et viennent tou-

---

(1) *La naissance d'une Ville*, p. 177, 178 (édition Félix Alcan).

Eugène Pelletan, par Gill.

(D'après L'Eclipse du 2 Février 1868).

jours y faire leur nid avec la même confiance dans son hospitalité. Il a compris dans cette circonstance le culte de la tradition. Il sait maintenant combien la transformation peut contenir de tristesse. Apôtres du progrès, soyons indulgents pour les attristés du passé. »

*La Nouvelle Babylone* (1862) (1), qui, aujourd'hui bien oubliée, obtint, à l'origine, un succès retentissant, est une satire dont les transformations que subit Paris, sous le second empire, font d'abord les frais. Mais bientôt, des habitations, le polémiste passe aux habitants, des murs et des rues, aux mœurs et aux usages. Eugène Pelletan n'aurait eu garde d'épargner les institutions, s'il n'y avait été forcé.

Mais, tel quel, le livre, qui est d'un observateur qui sait voir, sous les façades trompeuses, la réalité des choses, et, sous les masques, la vérité des caractères, demeurera une contribution documentaire à la vie morale d'une époque encore peu connue. Le témoin est passionné sans doute. Saint-Simon le fut aussi et pourtant il nous fait pénétrer plus avant dans l'intimité d'un règne que ne fait l'histoire, même savamment documentée (2).

---

(1) Un vol. in-18, Pagnerre, éditeur.

(2) Louis Ulbach au sujet de la *Nouvelle Babylone* a conté dans une chronique du *Gil Blas* une bien curieuse anecdote :

« C'était pendant les dernières années de l'empire. Dans un château de Touraine, Mgr Guibert, alors archevêque de Tours, faisait une tournée de confirmation.

« Il devait être reçu au château dans un grand déjeuner auquel prendraient part les curés du canton, et comme les châtelains étaient en voyage, j'aidais leur fille, beaucoup plus jeune que moi, à faire les honneurs d'une hospitalité d'autant plus délicate qu'il fallait offrir un festin irréprochable précisément un jour de grand maigre.

« Je ne peux pas porter un jugement très motivé sur le clergé de la Touraine, et ce que j'en ai vu ne me suffit pas. Mais l'échantillon était d'un ultramontisme foncé. Tous ces convives étaient des lecteurs de *l'Univers*. Je m'imaginai que j'assistais au supplice voilé d'un prélat de foi supérieure au milieu de ses prêtres d'une dévotion rigide et inférieure.

« Je crus remarquer qu'il les taquinait, sans en avoir l'air, sur-

Les chapitres de la *Nouvelle Babylone*, écrits au jour le
jour, en plein tourbillon, en pleine mêlée des événements
et des hommes, et qui sont comme autant de chroniques
fixant au passage les manifestations de la vie à la cour
comme à la ville sont vraiment, comme on dit aujourd'hui
« du document vécu ».

Du document vivant aussi. Car Eugène Pelletan
est passé maître dans l'art de composer une chronique,
un « Premier-Paris », genre si fort à la mode, au milieu
du dix-neuvième siècle, et aujourd'hui si délaissé, en notre temps de hâte fiévreuse et où l'on n'a plus guère que
l'appétit de l'information rapide.

« L'article de tête » était alors ciselé comme un bijou
par les spécialistes en renom qui faisaient assaut d'esprit et de verve. Ils avaient leur public d'assidus et de
raffinés qui avaient le temps de lire, d'admirer en la beauté
d'une image, la finesse d'un trait. Eugène Pelletan, mé-
ridional devenu très vite très parisien, tout en ne perdant
rien de son ardeur imaginative, brillait au premier rang
des chroniqueurs, car il alliait à la fantaisie, à la vivacité,
à l'ironie qu'il savait rendre, à son gré, ou simplement
plaisante ou emportée et vengeresse, la solidité d'un sa-

tout quand il me demanda des détails sur Eugène Pelletan, alors
dans tout le rayonnement de son opposition.

« Ce nom sonna comme une trompette d'alarme. Les curés se
regardèrent effrayés. Comment! *Sa Grandeur* s'informait de ce lu-
thérien, de ce libre-penseur dénoncé par *l'Univers* ?

*Sa Grandeur* devait leur causer, quelques années plus tard,
d'autres étonnements, quand elle donnait, à Tours, l'hospitalité à
Crémieux !

« Un livre récemment paru de Pelletan, la *Nouvelle Babylone*, pa-
raissait avoir charmé l'archevêque.

« — Il y a dans ce volume, dit-il tout haut, des pages entières
qui pourraient être lues en chaire. Oui, messieurs, quand vous
manquez de verve et de bons sujets pour vos sermons, je vous
engage à lire la *Nouvelle Babylone*. Je ne sais pas si j'approuve-
rais tous les livres de M. Pelletan; il y en a, sans doute, qui offen-
seraient ma foi; mais, celui-là, je l'accepte, je l'approuve dans
presque toutes ses parties.

« Tout cela était dit avec un sourire très fin. »

voir très étendu, se dissimulant sous la grâce et le charme poétique de la forme.

*La Nouvelle Babylone* donne nettement une idée de sa manière comme chroniqueur.

Eugène Pelletan suppose qu'un notaire, qu'un provincial, en tournée à Paris, après avoir vécu pendant un quart de siècle dans une ville du Sud-Ouest, traduit, dans des « Lettres » adressées à un ami, l'impression que lui causent les « embellissements de la capitale, bouleversée par le préfet Haussmann ».

Il rappelle avec regret le temps où il était étudiant et où il parcourait « le vieux Paris », en l'honneur duquel il entonne un hymne où le regret se mêle à l'enthousiasme. Il se sent perdu dans la « révolution universelle du moellon ». Il écrit sur un ton comique : « Je ne reconnais plus une rue, pas un monument ; la Sainte Chapelle porte une aiguille de fonte dorée. Notre-Dame en porte une autre pour faire la symétrie. L'Institut repose sur des béquilles ; le palais des Tuileries tombe sous le marteau... On taille partout en plein drap ; partout la ligne droite passe comme un boulet de canon faisant partout sa trouée avec toute la rigueur d'une figure de géométrie » (1).

Il parcourt Paris et s'attriste. Il découvre « une ville de Calabre le lendemain d'un tremblement de terre ». Il gémit, — et d'autres le feront après lui, — sur le renchérissement des loyers.

Après avoir, pendant quelques jours, constaté ce qu'il appelle le désastre, « l'abattis » de Paris, il veut savoir pour quelle raison on fait ainsi table rase du passé. Il va rendre visite à une baronne « impérialiste dans sa floraison, et jacobine à l'heure du regain », qui « reçoit toutes les opinions dans son salon, et dit ensuite à sa décharge qu'elle aime à varier les fleurs de son bouquet ».

Il interroge d'abord « une vieille moustache blanche,

(1) *La Nouvelle Babylone*, p. 14.

une relique de la Grande Armée ». Le général lui explique que Paris fait « peau neuve pour qu'on puisse défendre les rues largement percées et rectilignes contre un coup de main populaire. » Il interroge un jeune savant « portant une barbiche au menton et une étincelle à la boutonnière. » Celui-ci lui apprend que l'Etat s'institue entrepreneur, maçon, gâcheur de mortier, peintre en bâtiments pour ouvrir un atelier national qui assure du travail à la classe ouvrière. Il interroge la baronne. Elle tâche à lui démontrer que si le gouvernement a mis le marteau à l'ancien Paris, « ce n'était pas pour une idée de gamelle, mais par inspiration d'artiste » ; Paris, capitale du luxe, devait être une capitale « splendide comme un musée. »

Là-dessus notre provincial, porte-parole d'Eugène Pelletan, se fâche. Il s'emporte, en vrai Caton, contre l'invasion du luxe, contre le « despotisme du luxe sur la société ».

Et la satire commence, cinglante, vigoureuse, s'attaquant à toutes les formes que revêtent le clinquant et la dorure, analysant les ravages que la surenchère des dépenses, que la frénésie de paraître, causent parmi les pauvres comme parmi les riches.

Il s'écrie, en flétrissant le luxe : « On ne voit que lui, on ne rencontre que lui, il règne, il trône partout, comme le premier personnage de l'Etat... Quelque part qu'on aille, on n'entend parler que de prétentailles et de fanfreluches, de millions et de police correctionnelle... On ne veut plus que jouir et reluire... »

C'est là l'idée générale. Le caustique mais équitable moraliste la développe en prenant des exemples dans la société pimpante et bariolée du second empire. Il nous dit successivement comment vit une femme du monde et ce qu'elle coûte à son mari, — et aussi comment vivent celles qui, pour un maigre salaire, font belles robes et jolis chapeaux. « C'est la classe ouvrière maintenant qui lit ou qui écoute, la classe oisive dîne et danse. Pendant ce temps, l'aiguille marche sur le cadran, et une nouvelle génération arrive, le front chargé d'un mystère. »

La revue continue, et l'âpre et juste analyse, Eugène Pelletan, traite de la Bourse et du jeu, de la soumission aveugle au surnaturel qui affole les esprits.

Il adresse un appel au bon sens : « La France doit-elle marquer le pas après avoir sonné la marche de l'esprit humain? Elle a donné la démission de son génie ; et comme dans ce monde la superstition remplace toujours la croyance, la démissionnaire a passé la parole d'abord à la table tournante, ensuite au médium, ensuite à l'esprit frappeur, enfin au miracle ». Il va de soi que le moraliste n'épargne ni la Salette, ni Lourdes.

Il ne ménage pas non plus les coups aux écrivains qui abaissent leur art pour gagner l'opinion publique, abaissée elle aussi. Il fait une critique du théâtre, du roman, — et du roman « bohême », et du roman « cavalier », et du roman « réaliste », et du roman « d'alcôve », qui avilissent la littérature.

Dans un chapitre épisodique, il décoche ses flèches les plus piquantes aux livres illustrés, à « la gravure accouplée à la pensée ». Il est dur pour l'image qui « a pris place dans le livre comme une variété de la typographie... » Il lui en veut de se glisser « au milieu des inspirations du génie », de diminuer la prise de la pensée sur l'esprit du lecteur, d'entraîner une diversion qui « dépayse le regard ». Il voit dans l'introduction de l'image « une marque de plus de décadence dans l'esprit français ». Il prétend qu'elle favorise la flânerie et la paresse. Il proteste contre l'entrée, bien timide encore pourtant, de la photographie dans le journal. Qu'eût-il dit de nos jours !

Ce n'est là qu'une simple boutade. Mais voici de plus sérieuses et de plus douloureuses constatations. Eugène Pelletan s'indigne contre le journalisme immonde, agent de l'immoralité « qui raconte la chronique secrète de Paris et tient un pistolet chargé sur l'honneur de chacun... Il y a là corruption, il y a décadence de la pensée publique ».

Avec une courageuse audace, il dit son fait à la critique menteuse, comme il l'a dit à la presse calomniatrice. Puis vient le tour de la poésie qui se meurt, de la philosophie qui délaisse la métaphysique, de l'art qui tourne au métier. À la place de ce qui s'en va, il signale et stigmatise ce qui vient et triomphe : l'alcoolisme, l'empoisonnement par le tabac, — « la poésie de l'estaminet », la ruine du mariage.

Le terrible provincial conclut à la dégénérescence, au recul, au retour à la barbarie, par excès de civilisation.

Mais Eugène Pelletan est derrière lui et veille. Il a débridé sa plume et déchaîné ses instincts satiriques, grâce au notaire imaginé par sa fantaisie.

Mais il n'oublie pas sa foi irréductible dans le progrès. Il ne veut pas qu'on le prenne en flagrant délit de contradiction. Certes, il flétrit, et à raison, quelques années d'un régime qu'il exècre et qu'il attaque de flanc, par une stratégie savante. Mais il a le culte du dix-neuvième siècle qu'il admire et qu'il aime à l'égal du dix-huitième.

Aussi va-t-il se substituer au provincial frondeur et découragé et il fait l'apologie de son temps : « J'aime mon siècle comme j'aime mon pays, car si la France est ma patrie dans l'espace, mon siècle est ma patrie dans le temps. Je fais mieux que l'aimer, je l'admire, et je l'appelle comme l'appelait autrefois le peuple grec : « le faiseur de grandes choses ».

Et Eugène Pelletan, dans un de ses larges et amples développements où il aime à dérouler sa pensée, salue les progrès accomplis dans tout ordre de connaissances. Après avoir résumé les états de services du dix-neuvième siècle, il conclut par une sorte d'hymne de foi : « Devant le grand drame européen de ce moment, en face de ce qui croule, en présence de ce qui monte, je crois, une fois de plus, au Dieu du progrès, et malgré la tristesse du quart d'heure, je le remercie de m'avoir donné une place au parterre dans cette grande représentation de l'histoire.

« Je ne justifie pas le dix-neuvième siècle, je fais mieux, je le glorifie. C'est un siècle prophète Il a beaucoup donné ; il promet encore davantage....

N'allez donc pas vous y tromper, je ne cherche pas à décourager la France, mais bien à la rappeler à l'œuvre du dix-neuvième siècle. N'est-ce pas elle, la nation inspirée entre toutes, sympathique comme le vin de ses collines, la muse couronnée de pamphlets qui a dirigé longtemps le mouvement politique de l'Europe ? Qu'elle rentre en elle-même, qu'elle fasse sa paix avec elle-même et après un temps d'arrêt, elle reprendra bientôt la tête de la colonne ».

# V



L'humeur satirique et l'ardeur batailleuse d'Eugène Pelletan, se sont exercées à plume débridée, dans la *Nouvelle Babylone*, contre les ridicules et les vices de la France impériale.

Mais, par un brusque contraste, c'est la douceur et la tendresse, la grâce aimable et caressante n'excluant pas d'ailleurs la poussée vigoureuse de la dialectique qui s'affirme dans ce poème en prose dont les chapitres sont comme des chants lyriques : *La Mère*, où il s'élance par la pensée vers l'avenir et s'exalte en entrevisions prophétiques.

*La Mère* (1865), devait former le premier tableau d'un triptyque composé en l'honneur de la Famille et qui devait comprendre à la suite un livre sur le Père et un autre sur l'Enfant. *La Mère* seule a paru.

*La Mère* est précédée d'un prologue qui avait été publié séparément, en 1864, sous le titre de *La Charité du Foyer*.

Eugène Pelletan suppose qu'il va rendre visite à « une femme d'esprit qui ne va jamais au spectacle, mais qui lit beaucoup, en échange, et trouve encore le temps de conduire son ménage ».

Un dialogue s'engage entre eux au sujet d'un livre récemment écrit par Jules Simon : *Liberté,* qui fait grand bruit. L'interlocutrice s'élève contre les idées antiféministes qu'elle prête d'ailleurs gratuitement à l'auteur. Eugène Pelletan proteste. Mais la conversation se prolonge en des entretiens familiers. La causerie, à la fois souriante et grave, porte sur le rôle de la mère, sur l'instruction féminine qui n'est guère alors qu'un hors-d'œuvre :

« Il faut, dit Eugène Pelletan, dans une énergique répartie suscitée par le dialogue « réformer ou plutôt compléter l'instruction de la jeune fille, l'instruire non pour un seul moment : le quart d'heure avant le mariage, mais pour tous les autres moments de son existence ; il faut tenir la femme pour autre chose que pour la poupée ambulante de l'homme, habillée à la dernière mode et ensevelie sous une meule de satin ; il faut la tenir à la fois pour une femme et pour une âme et remonter cette âme à sa véritable hauteur...

« Il y va du salut de la France ; car si la France a pu tomber dans une vie décousue, si le caractère y baisse de plus en plus, si l'égoïsme envahit de plus en plus le présent, si le scepticisme ravage l'avenir dans son germe, il faut bien le reconnaître, nous le devons en partie à l'éducation futile de la femme, à son âme frivole, à sa convoitise du chiffon, à sa profonde indifférence pour toute espèce d'héroïsme, de l'action comme de la pensée. Une moitié de l'humanité ne peut descendre, que l'autre moitié ne descende à son tour; telle femme, tel homme : c'est la loi d'équilibre ».

Les deux interlocuteurs tombent d'accord pour réclamer, en faveur de la femme, le droit à l'instruction qui conduira au droit de Cité. Mais le sujet les passionne. Ils se promettent d'en disputer encore. Et Eugène Pelletan, prenant la parole et la plume à la fois, vient lire, cahier par cahier, à une mère : *La Mère.*

*La Mère* est le livre à la fois le plus fort et le plus tendre dont puisse se prévaloir le féminisme, pour soutenir ses titres. C'est en vingt-sept « Etudes », où la science emprunte les magnificences les plus nobles et les plus majestueuses du langage, l'histoire douloureuse de la condition faite à la femme, depuis l'antiquité jusqu'à nos jours. Et c'est l'histoire réconfortante du progrès humain.

Eugène Pelletan part de la civilisation primitive. Il montre la femme à l'état sauvage, puis à l'encan, puis en prison, puis martyre en Asie, en état de grâce dans l'Hellade, esclave à Sparte. L'Hétaïre, la Bacchante, la Matronne, la femme chrétienne, la femme barbare, la femme féodale, reine en sa cour d'amour, apparaissent en saisissantes évocations.

Vienne la Renaissance, et c'est la renaissance de la femme, car la Réforme est liberté et égalité, et, « régénère la femme et la restitue à sa conscience », la hausse à « la souveraineté individuelle ». Bientôt, dans la vie mondaine, s'installe le règne de la femme, aux XVIIe et au XVIIIe siècle, en attendant que, sous la Révolution, il s'installe, de façon prématurée et passagère, dans la vie politique.

« Ici », dit Eugène Pelletan, « finit le voyage à la recherche de la femme à travers l'histoire. La femme n'a pas eu le temps d'être la femme ; elle n'en est encore que la genèse en voie de formation ».

Il ajoute, pour dégager nettement son plan et sa méthode, et aussi l'idée directrice qui met le lien, entre les états de civilisation passés en revue :

« Il fallait bien aller la prendre au fond du passé et la conduire par la main, d'âge en âge, jusqu'à la porte de notre siècle, pour conclure de ce qu'elle a été à ce qu'elle doit être, avec la complicité du progrès ».

La femme, affirme Eugène Pelletan, « marche au grand jour de la transfiguration ».

Que doit-elle être comme mère ? Quels sont les droits

qu'elle doit conquérir pour jouir de cette dignité dans sa plénitude ?

Pour la femme mariée, qu'il ne faut contraindre à être ni résignée, ni révoltée, ni déclassée, il réclame, — ce qui était alors nouveauté hardie — le droit à l'instruction et il trace, de l'enseignement féminin, un programme que ne pouvait désapprouver Victor Duruy. Il veut que l'éducation puisse prémunir d'un état la mère, qui peut être veuve. Déjà, contre ces idées réformatrices, il sait que l'homme s'élèvera, par crainte d'une dangereuse concurrence : « Vient-on à réclamer pour la femme le droit de prendre un état, c'est-à-dire un métier aussi, un métier toutefois qui relève plutôt de l'intelligence que de la force musculaire, alors l'homme refuse d'entrer en partage, il décrète la femme d'insuffisance pour accaparer l'exercice des professions. Mais il y a un philosophe qui ne tient compte d'aucun préjugé; ce philosophe, c'est le progrès ; à mesure qu'il enrichit la société d'un nouveau travail, il appelle la femme par esprit de générosité aux bénéfices de sa découverte. »

Eugène Pelletan, avec une sorte de prescience, salue par avance la femme médecin. Il prédit qu'elle accédera à de nouvelles professsions comme l'imprimerie, comme la télégraphie.

Il se révèle comme un précurseur. Il n'ignore pas que l'on raillera ses utopies devenues aujourd'hui réalités vivantes. Il dit : « On rit en France d'une idée nouvelle, le rire y est un argument ». Contre le rire, lui qui sait manier le rire, il tient bon.

Il prédit, en finissant, que la femme, sera « citoyenne »: « La logique ne connaît pas de temps d'arrêt ; elle mène impitoyablement d'une idée à l'autre ; quand elle a posé la prémisse, elle impose la conséquence.

« La femme peut-elle exercer une profession pour entretenir son ménage, de ce moment elle a un intérêt dans l'Etat et par conséquent le droit d'intervenir dans la gestion de l'Etat.

« Il faudra donc, un jour ou l'autre, l'élever au rang de citoyen, et habituer notre oreille au mot de citoyenne, dût-il d'abord prêter à l'épigramme ; mais la vérité a l'épiderme imperméable à la raillerie ».

Dans sa conclusion, Eugène Pelletan adresse à la bonté, à la pitié de l'homme, au sentiment de justice qui doit être au fond de son âme, un vibrant appel en faveur de la femme :

« On a vraiment bonne grâce à répéter sans cesse que la femme n'a pas de volonté, ou n'a qu'une volonté précaire, apportée, emportée par le flux et le reflux de la fantaisie. Il me semble entendre un général dire à son armée : Je sais que tu as un penchant naturel à la lâcheté et que tu prendras la fuite au premier coup de canon. Ne pourrait-on pas regarder cette armée livrée à son propre mépris comme battue d'avance ?

« Est-ce donc en inspirant à la femme la défiance d'elle-même, que notre siècle veut la conduire au combat de la vie et qu'il en attend la victoire ?

« Ne vaudrait-il pas mieux faire à la femme une âme telle par la volonté, sans cesse exercée en elle et fortifiée par l'exercice, qu'elle puisse veiller à sa propre garde et porter l'œuvre de sa destinée.

« Il n'y a pas une minute à perdre pour apprendre à la jeune fille à compter sur elle-même dès l'âge de raison. Il y va du salut de la famille.

« Aide-toi, le ciel t'aidera ; voilà le mot d'ordre de l'homme aussi bien que de sa compagne. O femme qui que tu sois, à quelque rang que le sort t'ait placée, fais toi-même ton *moi*, ce fond sacré de l'être humain, enrichis-le de tout ce qu'il y de bon et de beau sous le soleil.

« Aime-toi dans tout ce que tu dois aimer : aime-toi

d'abord toi-même, aime-toi dans ta beauté, tu dois à ton corps cette marque de politesse, et, à défaut de ta beauté, dans ta grâce, cette beauté qui tu peux toujours te donner, car elle n'est autre chose que l'âme répandue au dehors.

« Aime-toi dans ton âme surtout, et rappelle-toi que toute femme a ici-bas une gloire qui en vaut bien une autre, la gloire de la vertu.

« Bien qu'on ne donne nulle part de carte d'électeur à la femme, elle n'en a pas moins une influence tacite sur la politique de son pays.

« Une éducation futile ne peut engendrer en elle que la futilité de pensée et la passion de la coquetterie. Quelle que soit la forme du gouvernement, l'opinion règne plus ou moins ; or, qu'on le veuille ou non, directement ou indirectement la femme a sa part dans la formation de l'esprit public. La démocratie a donc intérêt à relever la f mme à son propre regard pour la ramener de son côté. La femme américaine a fait l'Amérique, dit avec raison Tocqueville ».

Dans une autre Etude sur la femme, parue dans les *Heures de Travail*, il résumait ainsi sa pensée : « Je dirai... à mes frères de combat : L'avenir n'aura vaincu le passé que le jour où il aura mis la femme de son côté. Jusqu'alors il ne mérite pas la victoire ».

La critique fit un accueil favorable à *La Mère*, livre de justice et de pitié dont la beauté morale s'enveloppait de beauté littéraire.

Il serait aisé de reproduire les appréciations élogieuses dont le livre du novateur fut l'objet. De tous les jugements portés sur l'œuvre, il en est un qui vaut surtout d'être retenu, car il n'est pas sans intérêt et il a un côté piquant, au point de vue de l'histoire littéraire. On connaîtra volontiers quelle opinion, celui qui devait être le chef de l'école réaliste : Emile Zola, a formulée, sur une des œuvres maîtresses produites par un des représentants les plus convaincus de l'école romantique et sentimentale :

« J'accepte les conclusions de l'auteur, tout en sachant que les rieurs ne sont pas de notre côté. La femme savante, la femme citoyenne, c'est là un si beau sujet de risées ! Riez et laissez-nous espérer.

« M. Eugène Pelletan est un poète pratique, ai-je dit. Je ne saurais mieux le définir. Je songeais, en lisant son livre, aux belles rêveries de M. Michelet, qui est un poète poétisant. M. Michelet tombe à genoux, s'incline et adore ; la femme est un dieu, une idole douce et poignante, maladive et céleste; il faut l'aimer et l'aimer encore, se perdre dans sa contemplation, vivre de son haleine et de ses tendresses. M. Eugène Pelletan, au contraire, n'a pas le moindre baiser; il traite la femme en camarade, il la relève pour qu'elle marche en homme à notre côté ; il l'aime et veut en être aimé; mais il désire surtout que femme et homme aiment la liberté, la vérité et le droit. Là, des prières passionnées, des extases, un monde de lumières et de parfums, un ciel en plein idéal et en pleine félicité ; ici, des conseils rudes et salutaires, un amour franc et libre, un monde juste et vrai. Je lirai M. Michelet, je me bercerai dans sa large et suave poésie, lorsque, l'âme saignante, j'aurai besoin d'un beau mensonge pour me consoler du réel ; mais je lirai M. Eugène Pelletan, lorsque, l'esprit sain et ferme, je voudrai le possible et que je me sentirai la force de la réalité ».

*Les Nouvelles Heures de Travail* (1870), sont, comme les *Heures de Travail*, une réunion d'articles de Revues. Elles condensent en un volume une partie des développements qui, dans les *Heures de Travail*, s'étendaient sur deux tomes. On retrouve les Essais que le critique jugeait dignes d'être sauvés de l'oubli. Quelques chapitres ont été ajoutés et font la part de l'inédit.

On lira avec profit l'étude sur l'histoire de Napoléon, sur Lanfrey, qu'Eugène Pelletan appelle « le livre que sa génération attendait ». Elle débute par une anecdote présentée avec cet art de l'anecdote dialoguée où Pelletan n'eut d'émules, en son temps, que Léon Gozlan et Méry (1) :

« La veuve du général Beaumarchais disait un jour au poète Lemercier :

— Népomucène, venez à mon secours.

— Vous courez un danger ?

— On me propose un mari.

— Que vous nommez ?

— Vendémiaire.

C'est ainsi qu'on désignait alors Bonaparte.

— Epousez Vendémiaire, réplique vivement Lemercier en serrant le bras de Joséphine, ce petit officier porte sur sa face le masque du destin.

Joséphine pencha la tête à l'oreille de Lemercier.

— Et que dira Barras ? ajouta-t-elle.

— Il enverra Bonaparte commander une armée.

Joséphine épousa en effet Vendémiaire et lui apporta l'armée d'Italie en dot, grâce à Barras.

Le brevet du Directoire portait : Bonaparte, chef de bataillon d'artillerie, détaché en qualité de général.

La chose faite, Bonaparte alla rejoindre son autre veuve, comme il appelait l'armée d'Italie.

— Je ne suis qu'un général d'espérance, dit-il au départ ; on m'a pris de confiance. Le monde attend de moi quelque chose de grand ; il faut que je lui tienne parole. »

Les pages écrites par Eugène Pelletan sur l'œuvre de Lanfrey sont un excellent résumé de l'œuvre napoléonienne, mais n'ont pas précisément pour objet d'en entretenir le culte idolatrique.

L'on consultera aussi avec intérêt les jugements portés

_________

(1) *Nouvelles Heures de Travail*, p. 45, 46.

sur la « Renaissance », par Michelet, — sur la « Vie de Jésus », par Renan.

Il dit du philosophe hébraïsant, avec un rare bonheur d'expression : « Il a la maladie de l'inconnu ; au lieu de boire avec la foule l'eau trouble du Nil, il remonte à la source du fleuve sacré. Il pouvait, sans doute, comme un autre, avoir l'air de croire ce qu'il ne croit pas et mentir par réticence ; mais il aime mieux regarder en haut. Il pense que ce temps-ci est peu de chose et il cherche au-delà (1).

« Il avait un moment tâté son chemin; peut-être aimait-il un peu trop le passé. A force de concentrer son esprit sur l'archéologie humaine, il avait fini par le désintéresser du présent. Il laissait même parfois tomber sur le peuple le sourire sceptique du grand seigneur de la pensée.

« Mais, aujourd'hui, il comprend que le salut en toute chose, c'est le peuple, encore naïf sans doute, mais ouvert à l'avenir. Lorsqu'il a eu foi au peuple, il a senti en lui une force de plus et une recrudescence de fierté.

« Autant et plus que personne, nous le tenons pour homme de talent ; il n'y a d'écrivain que le philosophe doublé d'un poète. M. Renan est l'un et l'autre à la fois : érudition, grâce, imagination, finesse d'analyse, il a tous les secrets de la parole.

« Il ressuscite le Christ et le replace dans son paysage; il ne le raconte pas, il le montre ; le Christ est là, on le voit marcher, doux et rêveur, le long du lac de Tibériade. On le suit pas à pas dans sa promenade évangélique au milieu de la nature en fête, pour saluer la bienvenue du Messie. On sent, en lisant M. Renan, qu'il a respiré l'âme de la Judée.

« La critique lui reproche, à la vérité, de mettre de la coquetterie dans son livre, et de travestir l'Evangile en roman ; il a donné à son livre la poésie de l'idylle pour

(1) *Nouvelles Heures de Travail*, p. 258, 259.

plaire à la femme qui aime la verdure. Il faut bien parler
la langue de son temps pour en être compris ».

Une étude sur « Ciel et Terre », par Jean Reynaud,
qu'il déclare être son maître, lui est une occasion de faire
une nette profession de foi. Il se déclare « fils du libre
examen ». Il fait l'apologie de la raison. Il conteste que
la « science de Dieu » soit exclusive à un peuple, à une
religion officielle. Il tient « qu'elle est la propriété commune de l'humanité et de tout homme dans l'humanité...
Nul n'a le droit de dire : Je suis plus près du ciel que toi;
car pour avoir ce droit, il devrait avoir auparavant une
autre espèce de raison... Il y a autant de théologie dans
la découverte de Newton que dans toute la Somme de
Saint-Thomas. Voilà notre croyance, la croyance de Jean
Reynaud, et de quiconque porte la tête fière et pense
librement sous le soleil ».

Comme on le voit, Eugène Pelletan est demeuré, au
milieu de la vie, le spiritualiste convaincu, épris d'idéa-
lisme religieux qu'il était aux années de jeunesse. Il fait
sienne la devise de Jean Reynaud : « Cherche l'idéal éternel à travers ce monde de passage ».

« L'histoire de l'architecture », par Gailhabaud, est
peut-être, de tous les articles de critique qu'il a réunis
« en les sauvant du quart d'heure », comme il le disait
spirituellement, est peut-être celui qui permet le mieux de
constater ce qu'est pour lui la critique. Il en fait une « ré-
surrection » comme Michelet, faisait, de l'histoire. Ne
trouve-t-il pas dans un livre ce qu'il y cherche, il l'y met.

C'est lui qui déroule, à défaut de l'auteur inexpérimenté,
les annales du bois et de la pierre, c'est lui qui reconstruit
la maison, la suit en ses métamorphoses, depuis l'origine
jusqu'à nos jours, c'est lui qui montre l'influence de la
pensée sur le foyer, et du foyer sur la pensée. Et quand
il a montré la transformation « de la vie humaine, écrite
dans les styles à coups de ciseaux », quand il a fait,

comme en se jouant, œuvre d'érudit, d'artiste, de poète, quand il a construit à la place de celui qui eût dû être le constructeur, il dit avec une magnifique ironie : « Voici ce que ce livre d'architecture aurait pu dire et ce qu'il n'a pas dit ; mais il y aurait injustice à le lui reprocher. On ne tire pas à volonté un philosophe d'un architecte ».

En marge des principaux écrits dus à Eugène Pelletan se place un essai, une étude — dans le genre des éloges où ont excellé Mignet et Jules Simon. C'est une étude sobre, simple, forte, sur un précurseur que ne pouvait pas ne pas glorifier le théoricien du progrès, sur Condorcet, dont si souvent, l'inspiration domine son œuvre. Elle est comme la préface — ou comme la conclusion de ses livres. C'est la pierre d'assises et le fronton de l'œuvre entière.

La biographie de Condorcet condense en peu de pages beaucoup d'idées. Elle est d'un grain serré et résistant. Composition, ordre des arguments, éclat des mots : tout est disposé pour éclairer, convaincre, émouvoir. C'est de la pensée en action. C'est de la science et de l'histoire, à qui un art discrètement dissimulé donne le mouvement de la vie (1).

Le biographe conte les débuts de Condorcet, qui est élevé par les Jésuites et qui se fait très vite une brillante réputation de mathématicien. Il le montre s'ouvrant tout jeune aux théories novatrices (2) : « On ne peut s'empêcher ici de remarquer l'intime correspondance entre les nouvelles générations d'esprit et les nouvelles générations d'idées. Le jeune enfant, qu'il se nomme Turgot, Morellet, Loménie de Brienne ou Condorcet, étudie sous la discipline du clergé. Un doigt le touche, une voix l'appelle, et il suit l'esprit invisible sans savoir où, comment, pourquoi, et souvent en désobéissant à toutes les

(1) *Plutarque français*, Tome v.
(2) *Condorcet*, p. 33-34.

traditions de famille. C'est la voix du siècle qui souffle dans tous les vents, plus haute que la voix de la cloche.

« En débutant à la pensée, Condorcet trouva en lui cette conversion occulte, déjà consommée, à la philosophie de son temps ; mais sa croyance eut deux initiations. D'Alembert lui enseigna d'abord la méthode rationnelle, qui n'accepte de vérités qu'autant qu'elles peuvent être atteintes, saisies, démontrées par l'analyse, par l'expérience et l'induction. Turgot lui montra ensuite la doctrine de la perfectibilité, cette étoile d'Orient qui devait le conduire, à travers la vallée obscure, au berceau d'un nouveau monde.

« Condorcet se fit une religion de la perfectibilité. Il en eut plus que le culte, il en eut le fanatisme. Il en fit son sang, sa chair, sa vie, l'œuvre et la gloire de son nom. Il vibrait, en elle et par elle, de toutes les émotions du temps. C'est par là qu'il est resté debout, dans l'histoire des idées. Il en conserva, pour son maître, une évangélique pitié. Toutes les critiques adressées à Turgot retentissaient en lui, et il ne pouvait retenir les explosions de sa colère. D'Alembert souriait d'une foi si ardente et disait : C'est un volcan sous la neige. »

Eugène Pelletan suit Condorcet dans ses travaux d'économiste, de publiciste. Il le met en présence de Voltaire, à Ferney. Il l'étudie dans sa vie d'action, comme journaliste, comme homme politique, à la Législative, à la Convention : « Il était, dit-il, le dernier survivant de la philosophie. Autant et plus que Siéyès, il fut le métaphysicien de la Révolution ».

Le rapport de Condorcet sur l'instruction est résumé avec une rare précision d'analyse (1) : « Il comprenait qu'il n'y a point de rédemption politique sans la rédemption de l'intelligence. Si en effet, l'on ne donne à tous cette éducation préalable, cette raison élémentaire qui

_________

(1) *Condorcet*, p. 36-37.

permet à chacun d'entrer en communication avec la pensée générale de son pays, la constitution la plus libérale n'est plus qu'une urne où deux millions d'hommes vont, les yeux fermés, jeter une boule.

« Condorcet a révélé la synonymie complète qui existe entre l'ignorance et la servitude. Cependant, il n'est pas tombé dans l'erreur qui semblait inhérente à l'esprit révolutionnaire, il n'a pas nivelé l'intelligence, mais, par réaction contre l'enseignement clérical du dix-huitième siècle, il fit à la science la part trop large, et trop étroite à la littérature. L'art s'effaça devant l'utilité, le sentiment devant la raison; et cependant, il restitua le premier son importance à la femme dans la distribution publique de l'instruction. Par une singulière intervention, ce fut l'enthousiaste, l'homme du sentiment, Jean-Jacques Rousseau, qui voulut refouler la vie de la femme dans les limites d'une sorte de domesticité ; et ce fut le mathématicien, l'homme du rationalisme, qui releva la Madeleine éternelle de l'esprit, et qui dit que partout où il y avait faculté, une bonne arithmétique sociale devait accorder l'exercice de cette faculté ».

On comprendra aisément qu'Eugène Pelletan s'attache surtout au testament philosophique de Condorcet : *Le Tableau des Progrès de l'esprit humain*, écrit avec une admirable sérénité, à la veille du suicide, par le philosophe persécuté.

Eugène Pelletan établit la différence entre les deux écoles d'où sortit la Révolution : « Elles avaient le même idéal, un dividende plus équitable de bonheur à répartir entre tous les associés de la grande famille ; mais l'une et l'autre marchaient en sens inverse ».

La première, représentée par Rousseau, proclamait que toutes les inégalités, conséquemment toutes les injustices de répartition, venaient du fait de l'homme, d'un détournement de sa nature... Il demandait donc à la société... de retourner à je ne sais quel Eden qu'il reporte au lendemain de la création. C'était le principe de toutes les théogonies, le péché originel, rejeté de la religion à la politique (1).

« La seconde école, au contraire, ne plaça pas au début, mais au but, la plénitude de notre destinée. Ce fut l'école de Condorcet. Elle considéra chaque siècle, chaque pas de l'homme dans l'histoire comme un acheminement, vers une égale diffusion des lumières et des richesses. Ainsi se trouvait justifiée l'existence antérieure de l'humanité. L'histoire n'était plus une sorte d'anomalie, une évasion stupide et coupable du sein du paradis : c'était la croissance normale et régulière de la civilisation, qui se créait elle-même ses instruments de progrès et ses progrès par ses instruments.

« L'homme, dans cette théorie, était à la fois son œuvre et son ouvrier, sa créature et son créateur. Il n'y avait nulle part de déviations dans ses destinées. Sachant d'où il venait et comment il était venu, il pouvait savoir où il allait. Arts, métiers, propriétés, Rousseau avait tout condamné comme des prévarications de l'homme envers sa nature, comme des œuvres de division, d'injustice, de despotisme, et il rétrogradait par delà les temps, cherchant toujours et ne trouvant jamais une première heure de béatitude... »

Eugène Pelletan entre dans le détail de la théorie. Il fait voir la méthode tout expérimentale que suit Condorcet. Mais il établit les différences qui s'accusent entre la notion de progrès telle qu'il la conçoit lui-même, et celle que son devancier a défendue (2) :

« C'est en travaillant sur l'histoire comme sur la nature, que Condorcet établit la loi de perfectibilité. Cette méthode avait un avantage, elle rendait le progrès sai-

(1) *Condorcet*, p. 39.
(2) *Condorcet*, p. 41.

sissable ; mais elle devait cantonner, et en effet, elle ren-
ferma Condorcet dans de trop étroites limites... Il devait
arriver un moment où la méthode purement empirique
de Condorcet allait se briser devant toutes les exigences
du problème. Il lui avait manqué un instrument de recherches plus général, il lui manquait une psychologie.
Il avait étudié les hommes, il ne connaissait pas l'homme.
Sa théorie, bornée à l'histoire, n'enveloppait dans sa
circonférence ni l'individu ni l'univers. C'était le premier
paragraphe de la loi, ce n'était pas la loi elle-même...

« Condorcet nous donne le mot et non le sens du progrès. Qu'est-ce que celui-ci en effet, dans sa formule la
plus compréhensive ? C'est l'augmentation de vie, de vie
physique par plus de sensations, de vie intellectuelle par
plus de connaissances, de vie morale par plus de sentiments. L'histoire humaine et l'histoire naturelle s'expli-
quent par la même raison, se classent par la même méthode. Tous les êtres, tous les âges s'échelonnent, en
vertu de leur quotité de fonctions, d'idées et d'impressions... Condorcet avait détaché l'humanité de l'homme,
et, une abstraction à la main, il errait vainement dans
les sentiers de l'histoire, pour retrouver la trace effacée
de la divinité. Il sépara donc complètement le fini et l'infini. Il ne sut pas dégager sa pensée de la clôture et de
l'étreinte du sensualisme ; il ne comprit pas qu'il n'est
pas un acte de notre esprit, ni un progrès qui ne suppose, ne contienne et n'implique l'idée de l'infini, que cette
idée seule hiérarchisait nos arts, nos œuvres, nos sentiments, que la perfectibilité réduite à sa formule ontologi-
que n'était qu'une invasion continuelle du fini dans l'infini.

« Il isola l'homme dans le monde, comme l'analyse isole
chaque partie de la partie voisine. Il ne soupçonna pas
la pensée, en Dieu, qui fait de l'âme humaine une incarnation divine et met un Dieu présent et visible dans
toutes les transformations des événements. »

Après avoir critiqué ce qu'il croît être le point faible du système, il conclut en admirant et en louant la théorie novatrice introduite par Condorcet (1).

« L'œuvre de la vérité est tellement nue, qu'on arrive toujours infailliblement à la conclusion juste, une fois en possession du vrai principe, lors même qu'on opère par la raison sur le sentiment ou par le sentiment sur la raison.

« Tout ce qu'il y avait de vital dans l'œuvre du dix-huitième siècle était déposé dans l'esprit de Condorcet. Il comprenait qu'il marquait la minute précise entre la semence et la germination de l'idée de progrès. Comme ces figures de l'antiquité, son intelligence avait deux faces, l'une tournée vers l'histoire, l'autre vers la prophétie. Il avait bien la conscience de la révélation de l'avenir, qu'il devait transmettre d'une rive à l'autre de la Révolution.

« On lui reprochait un jour les emportements de sa pensée, qui débordait la philosophie de son époque et on lui disait : « Est-ce que vous ne trouvez pas de la philosophie à Rousseau ! — Il a celle du dix-huitième siècle, répondit-il ; moi j'ai celle du dix-neuvième ». Cette parole était vraie. Les grandes intelligences de notre temps descendent par une filiation directe des doctrine de Condorcet. Saint-Simon en effet fut le plus illustre apôtre, et, par cet intermédiaire, tout le flot d'idées, versées dans notre temps par l'école Saint-Simonienne, remonte au philosophe du dix-huitième siècle. Il devait être l'esprit vivant qui briserait la pierre du tombeau pour ressusciter dans notre esprit ».

Le récit très dramatique de la mort de Condorcet termine la notice, chef-d'œuvre de clarté, de loyauté intellectuelle.

_______________

(1) *Condorcet*, p. 43-44.

# VI

Ce sont là les principaux ouvrages qu'a composés Eugène Pelletan, de 1852 à 1870. Mais il ne bornait pas son activité à composer des livres.

Avec Jules Simon, Legouvé, Emile Deschanel, il contribua à répandre la mode de la lecture et de la conférence publique. Il fut, grâce à ses dons naturels : vivacité de l'esprit, force s'alliant à la grâce, éclat de l'imagination, emportement de verve d'un des orateurs les plus écoutés. Il obtint de très vifs succès devant des auditoires populaires qu'il entraînait par sa poésie ardente et prophétique. Il fut, avec Lissagaray, Leroy, Laurent-Pichat, notamment, du groupe qui donna courageusement des Conférences politiques et combatives à la rue de la Paix! Il parle aussi souvent en Belgique.

Deux de ses conférences sont restées célèbres, elles exercent encore à la lecture, un charme prenant et enveloppant.

La conférence sur la Femme eut lieu au Cirque de l'Impératrice, le 7 mars 1869. Elle était faite au profit de la Société Franklin, et présidée par Léon Say, déclarant spirituellement que l'Œuvre instituée pour propager les bibliothèques populaires « émettait des bons de délégation sur l'éloquence de Pelletan?

Un auditeur écrivait le lendemain : « L'analyse de l'admirable discours de M. Pelletan ne saurait vous en donner une idée, même affaiblie ; je vais cependant essayer de vous résumer les points les plus saillants de cette improvisation — elle en avait du moins tous les caractères — lancée au milieu de cet immense auditoire avec ce ton inspiré, ce grand geste et cette forme apostolique qui conviennent si bien aux grandes foules ».

L'orateur fit, comme dans *La Mère,* à grands traits, l'histoire de la femme, depuis l'antiquité jusqu'à nos jours. Il réclama pour elle l'égalité, c'est-à-dire la justice : « Il faut respecter les dissemblances créées par la nature, de façon à mettre la variété dans l'harmonie. Il passe en revue les formes de l'éducation médiocre concédée à la jeune fille. Il veut qu'on cultive sa raison, qu'on n'oublie pas qu'elle est la « première institutrice de son enfant ».

La foule qui garnissait les gradins de la vaste salle, salua d'acclamations, car elle saisissait toutes les allusions, une phrase où le mot de liberté était prononcé : « Quand un enfant demanderait à sa mère : Que signifie donc ces mots de patrie, de liberté, la mère devrait mettre le doigt sur sa bouche et dire comme Macbeth : C'est là une chose dont il n'est pas bon de parler. Non ! non ! Ah ! que ce mot de liberté, le plus saint de toute langue humaine, tombe pour la première fois, des lèvres de la mère sur le front de l'enfant... et qu'il y reste éternellement scellé sous ses baisers » (1).

Il s'écria en finissant : « M. de Tocqueville a dit : Ce sont les Américaines qui ont fait l'Amérique ». Eh bien ! ce sont les Françaises qui doivent faire la France. Il faut que surgisse enfin la femme vraiment forte du dix-neuvième siècle, il le faut pour l'humanité, pour le pays, pour la famille, pour la femme elle-même, de façon que

(1) *Revue des Cours littéraires,* 13 mars 1869, p. 239.

le jour où, après le mariage de ses enfants, elle restera seule dans la vie, elle puisse retrouver le calme digne et serein d'une âme sûre d'elle-même, qui, ayant fait le bien, accompli son devoir, et semé les bienfaits, lui permette de redescendre de l'autre côté de la montagne sans regrets et sans crainte, fière de son passé et confiante dans l'autre vie ».

La conférence excita un véritable enthousiasme. Au dire d'un témoin, des assitants se précipitèrent sur l'estrade pour embrasser l'orateur. « Et lui, pour finir l'ovation qui l'attendait dans la rue, s'est vu obligé de fuir comme un malfaiteur par une porte de derrière ».

La seconde conférence qui a laissé une profonde impression, était consacrée à Lamartine. Elle fut donnée le 6 mars 1870, un an, jour pour jour, après les funérailles du poète.

Eugène Pelletan étudie l'œuvre multiple de l'homme, « et surtout l'homme lui-même, et dans l'homme, l'évolution successive et la marche toujours ascendante de son esprit ».

Après avoir fait l'apologie du gouvernement de février, après avoir rappelé que Lamartine, à ces heures brûlantes, quand on lui demandait : « Que faites-vous à l'Hôtel-de-Ville ? » répondait : « Nous remuons le monde », et, qu'au contre-coup de sa parole, l'Europe absolutiste de la Sainte-Alliance, s'était écroulée, il justifie l'homme politique du reproche d'avoir déserté la cause royaliste adoptée par lui, aux années de jeunesse, par tradition de famille.

Et il se lança dans une argumentation que l'on a parfois utilisée, mais pont dans le même sens, et pour donner le change sur des volte-face intéressées :

« On accuse Lamartine d'avoir changé d'opinion ; disons le mot, on l'accuse d'apostasie. Mais l'homme ne

naît pas, probablement, avec la vérité ; il doit la conquérir à l'aide de sa raison. Mais avant de raisonner par
lui-même, il a vécu dans un milieu de certaines idées.
Vraies ou fausses, il les accepte d'abord sur parole. Il y
a cependant à prendre et à laisser dans ces idées ; autrement les fils penseraient toujours comme leurs pères ont
pensé.

« L'étude serait donc, à ce compte, une apostasie, car
l'étude nous enseigne précisément à corriger l'opinion
incomplète de la veille par l'opinion perfectionnée du
lendemain, en vertu de la loi du progrès. La terre tourne,
quelqu'un l'a dit le premier, apostasie ; il n'y a plus désormais qu'à fermer le livre de la science ; un autre l'a
cru après lui, encore apostasie. Dès lors, plus de progrès, car le progrès est le grand apostat de l'univers ;
plus de prosélytisme, car livre, discours, car enseignement de l'homme par l'homme, de l'ignorant par le savant, l'apostolat, en un mot, le plus noble, le plus saint
métier de la terre n'est plus qu'un courtage d'apostasie,
une apostasie en commun.

« L'apostasie est donc toujours permise en avant, jamais en arrière. Voilà toute la morale du changement
d'opinion. Apostasier en avant, c'est mettre son esprit
d'accord avec l'esprit du siècle, et si, après cela, nous
nous trompons, nous nous trompons du moins en bonne
compagnie. Mais quand un homme venu, comme Lamartine, des rangs du passé est obligé d'immoler en
lui toutes les traditions du sang, et, sacrificateur et ho-
locauste à la fois de lui-même, de foudroyer l'homme ancien et de toutes les fibres brisées palpitantes tenu de
créer l'homme nouveau, l a, en quelque sorte, l'honneur du martyre. Il a d'autant plus de mérite devant
l'histoire que son changement d'opinion lui a coûté plus
de sacrifice.

« Lamartine n'est plus ; après le 2 décembre il avait

déjà disparu de la scène ; il ne répondit au coup d'Etat que par un mot : *Nescio vos* ; il détourna la tête du vainqueur, il sut rester debout. La fidélité à la conviction jurée est un tel spectacle de grandeur que, si la Divinité n'existait, la seule chose à sa mesure, elle aurait puissance de la créer. Cependant, le dirai-je, Lamartine eut un instant de défaillance. Il cherchait depuis longtemps à gagner le temps de vitesse et à racheter l'arriéré de son existence. A ce moment-là, je l'avoue, j'avais eu la cruauté de rêver pour lui la pauvreté, et après tout la pauvreté était sa gloire, car elle était une protestation. J'aurais voulu voir Lamartine seul sur le boulevard, à pied avec son génie, avec son chien derrière lui, tout ce qui lui restait de son passage au pouvoir. Je peux assurer qu'à cette heure il n'y aurait pas eu un homme couronné en Europe qui eût porté la tête aussi haute que le glorieux indigent de Février. Lamartine ne l'a pas cru, il a tendu la main comme Bélisaire ; tournons cette page de sa biographie (1). »

La péroraison est empreinte d'une éloquence attristée :

« Chaque jour la mort emporte un des nôtres de l'autre côté de la montagne. La France se vide ; que reste-t-il encore de tout ce que nous avons aimé et admiré ? Il nous faut regarder à travers la frontière pour voir le dernier survivant de l'époque héroïque de la poésie, notre bien-aimé Victor Hugo. Un automne avant Lamartine, Berryer prenait congé de cette tribune qu'il avait fait vibrer jusqu'au dernier moment, de son éloquence ; il était un des nôtres par l'amour de la liberté, et si le hasard de la vie le retenait prisonnier dans l'antichambre du droit divin, il appartenait au présent par la meilleure part

(1) *Echo des lectures et conférences*, p. 42, 12 mars 1870.

de son intelligence. Notre génération le contemplait dans le désert de la légitimité, comme une de ces hautes colonnes de granit restées debout au milieu des ruines pour recevoir les derniers rayons du soleil couchant. Certes, je ne veux désespérer de notre siècle, je crois trop en la loi du progrès pour n'avoir pas la certitude qu'il tient en réserve des moissons de talents encore ensevelies dans l'ombre des sillons. Mais, je ne peux me défendre d'une certaine tristesse, en voyant partir l'une après l'autre les admirations de notre jeunesse. Qui les remplacera ? Nous avons beau tourner la tête autour de nous, nous ne voyons pas de gloire de rechange ; nous ne faisons que nous éclairer et nous réchauffer aux lueurs mourantes d'un crépuscule. »

La production littéraire d'Eugène Pelletan a été, comme on le voit, prodigieuse. Pendant un demi-siècle il n'a cessé d'écrire. Il avait pris comme devise : *Nulla dies sine lineâ*. Et à la journée il ajoutait la nuit.

Romans, articles de journaux, presque quotidiens, ouvrages de philosophie, de sociologie, de politique, brochures, parus de 1834 à 1884, composeraient, par leur réunion, toute une bibliothèque. C'est même fécondité que chez Alexandre Dumas, et George Sand. Aux travaux connus, il faudrait joindre, si l'on voulait faire la collection complète de ses écrits, les nombreux articles qu'il a enfouis dans des Revues dont l'existence fut éphémère. Souvent même, il ne signait pas les pages qui paraissaient dans les recueils. « Le Conseiller du Peuple » que fonda Lamartine, à partir de 1849, est plein d'études souvent très remarquables dues à Eugène Pelletan qui, le 18 mars 1849, écrivait à un de ses parents :

« Ce journal de Lamartine est en effet, exclusivement sous son nom, mais il n'y fera que le premier article. Saint-Victor et moi ferons les autres articles. »

Il donne même collaboration anonyme avec Lacrételle, Victor de Laprade, au *Civilisateur*, au *Cours familier de Littérature*, etc. Comme Diderot, avec une insouciante prodigalité, il fait don, même aux riches, de ses richesses intellectuelles.

Et, à ces notices, comptes rendus, analyses, il faudrait encore ajouter des nouvelles comme : « Denise », — « Mon voisin Siruret »,— « Le capitaine Samuel »,etc., — et aussi « Les salons », rédigés pour la *France Littéraire*, de Chalamel, et encore des esquisses et portraits, et des Contes pour la *Sylphide*, et enfin les additions et retouches apportées à un livre de classe, à un simple petit livre de lecture courante : « Simon de Nantua », si populaire dans les écoles primaires, pendant tant d'années, sous la signature de Laurent de Jussieu.

L'analyse, même sommaire, des principaux ouvrages dus à l'inventive imagination d'Eugène Pelletan, permet de se former une opinion de sa manière en l'art de composer et d'écrire.

On dit volontiers de lui : « C'est un inspiré. C'est un voyant. Il procède par brusques illuminations. L'éclair est suivi de nuages. C'est un écrivain à qui il n'a manqué que de moins improviser, de moins glisser sur la pente de sa naturelle facilité, pour faire œuvre durable. Les nécessités du journalisme l'ont contraint à gaspiller, à disperser parfois un beau talent, à livrer un travail fait au jour le jour, dans la fièvre et la hâte d'une production forcée, incessante, qui ne permettait pas les lenteurs de la recherche, la remise de l'ouvrage sur le métier ».

Pour qui s'est imposé l'effort de vivre avec sa pensée, de lire plus et mieux que quelques pages prises au hasard dans son œuvre, le reproche apparaît comme immérité.

L'exécution, dans la prose d'Eugène Pelletan, vaut

l'inspiration qui vient toujours des sommets où il a fréquenté, en compagnie des philosophes, des poètes, des historiens. Ce romantique a vécu longtemps dans le commerce des classiques et il en a reçu d'inoubliables leçons. Il a appris d'eux à aimer les belles généralisations, s'appuyant sur l'idée et sur le fait, la forte ordonnance des arguments rigoureusement enchaînés.

Eugène Pelletan compose avec une précise vigueur de dialectique ses articles comme ses livres. Il prend plaisir à les ciseler comme un bijou rare. Artiste consommé, et par don de nature, et par habileté de métier, il sait qu'il a affaire à une clientèle de lecteurs qui, en cet heureux temps, étaient des amateurs d'art, souvent raffinés et difficiles, et il tâchait à contenter leur goût.

Que l'on compare ses travaux de longue haleine, comme *La Profession de Foi du dix-neuvième siècle* ou ces brochures de polémique comme *L'Étoile filante*, ou une conférence comme celle sur Lamartine, ou encore un de ses *Premiers Paris*, comme il en donnait, à *L'Estafette*, au *Rappel*, dans la seconde période de sa vie, ou bien, dans les années de jeunesse au *Siècle*, à la *Presse*, sous le pseudonyme d'un *Inconnu*, on y trouvera toujours même solidité de plan, même souci de l'ordre et de la clarté dans les idées, même volonté de subordonner le caprice, la verve, la passion, l'imagination qui, chez lui, sont instinctifs, naturels, spontanés, à la maîtrise de la raison.

Sans doute, il y a de la variété, dans sa façon de comprendre et de bâtir la maison, monument ou bien construction légère, logis durable ou bien abri passager de la pensée. Il n'emploie pas mêmes matériaux, afin d'édifier, pour « ceux de demain », un livre de philosophie politique, ou bien afin de mettre debout le frêle asile de l'article où se réfugie, pour le lecteur d'un jour, le fait du jour. Mais pierres de taille ou briques, poutres ou planches, il sait où tout doit se fixer, et à sa place précise, et par rapport au détail des autres pièces, et pour la beauté et la commodité de l'ensemble. Si c'est « un métier que de faire un livre », peu d'architectes et d'imagiers en belles lettres l'ont possédé à un égal degré, peu ont su donner aux édifices sortis de leurs mains plus d'harmonie et d'unité.

Toujours, l'idée générale, qui doit commander l'œuvre, éclairer la perspective, commence et conclut le livre, tout en dominant tous les chapitres. Rien de dogmatique certes, de trop nettement arrêté. Tantôt l'idée maîtresse est présentée sous la forme d'un dialogue, tantôt d'une anecdote. L'auteur veut au début piquer la curiosité du lecteur qu'il craint de mettre en fuite si le conte ne fait pas « passer le précepte ». Il s'ingénie à plaire pour instruire, pour convaincre. Il sait bien qu'une fois pris dans l'engrenage on ira jusqu'au bout. Il prend mille précautions, il use de mille tours, pour glisser la thèse prestement, en se gardant d'appuyer. Mais la question est toujours posée avec une lumineuse netteté et toute la démonstration est comme illuminée par la clarté du début.

Même science de la technique, et dans le plan des ouvrages, et dans le détail des chapitres. *La Mère*, par exemple, peut être citée comme un modèle d'ordre et de méthode.

Le prologue introduit la pensée de l'écrivain, la donnée du problème. Le volume comprend quatre parties : l'Antiquité, le Moyen Age, la Renaissance, la Femme moderne. Chaque chapitre, relié au précédent par des transitions, non de mots, mais d'idées, fait avancer la pensée d'un élan toujours nouveau, par une gradation savamment ménagée, et point artificielle, pourtant, mais qui est comme soulevée par la vérité des faits et des preuves et qui la soulève à son tour. Tout au plus pourrait-on trouver parfois l'amplification un peu ample et un peu trop étoffée. Le fleuve coule trop large, trop abondant, à flots pressés et bouillonnants.

La conclusion condense, en un vigoureux résumé, l'enseignement que l'histoire autorise à recueillir, permet d'induire ce qui sera d'après ce qui a été, de se projeter vers l'avenir. C'est un procédé cher à l'écrivain et qu'il emploie souvent. Partisan de l'évolution du progrès, il est entraîné à la prédiction, à la prophétie, par sa théorie même, et s'élance de la réalité vers l'inconnu qu'il entrevoit, qu'il escompte et qu'il exalte.

La fin des ouvrages varie d'ailleurs dans la forme, comme le début, empruntant les modalités ou de l'appel, ou de l'apostrophe, ou de l'invocation, ou de l'objurgation, ou même de la prosopée. Elle vise à émouvoir, à s'emparer du sentiment après avoir gagné l'intelligence, à graver l'idée en impression au profond du cœur. Et la conviction de l'écrivain est si sincère que sa rhétorique ne tourne jamais à la déclamation, ses accents sont si vrais et si vivants, son art est si prestigieux, qu'on se laisse entraîner par le poète, qu'on s'élève avec son coup d'aile, qu'on se hausse à l'envolée de son enthousiasme, et qu'on ne songe pas à discuter avec le magicien sur la façon dont il a pratiqué l'ensorcellement.

C'est le triomphe du naturel, et aussi de l'habileté acquise. Il y faut la facilité native, ce que l'on a appelé l'étincelle, le démon intérieur, mais il y faut aussi l'acquis, l'effort, la longue patience, l'acharnement de la volonté. Eugène Pelletan, certes, est un inspiré, mais son inspiration est réglée et disciplinée. C'est un voyant mais dont les visions ont des contours méthodiquement arrêtés. C'est un prophète mais dont les vaticinations n'ont rien de désordonné et sont soumises aux règles consacrées. Il vise au sublime, l'atteint parfois, sans jamais négliger la grammaire de son art. C'est Joad possédé par le Dieu, mais qui se possède.

Même besoin, même souci de perfection dans le style. Eugène Pelletan est de ceux qui ont su vraiment leur langue. Sa prose vaut par la justesse de l'expression, par la distinction de l'épithète, par la souplesse vivante du déroulement. L'on sent que l'écrivain a le culte de la phrase bien faite, riche et pleine, tantôt large et cadencée, tantôt vite, preste, courant droit au but.

C'est un fervent du ferme et joli parler, délicat et nuancé. Il a dit d'un critique, son contemporain : « Esprit fin et judicieux, il cherche avant tout la belle allure et l'allure vive du siècle dernier. Le trait, surtout le trait, voilà le génie français, si la France a un génie propre ».

Au trait, Eugène Pelletan joint la chaleur et l'éclat. Sans doute, on pourra, dans ses grands ouvrages, critiquer chez lui un penchant à l'abus des images, à la recherche d'une sonorité qui parfois ne va pas sans quelque monotonie, — comme dans Bernardin de Saint-Pierre et dans Chateaubriand, et qui lui fit dire un jour par Lamartine :

« Vous écoutez vos pensées tomber à terre ».

C'est un défaut où il a parfois donné, dans ses grandes compositions, et un beau défaut d'ailleurs, et qui n'est pas commun.

Mais, dans la polémique où Eugène Pelletan est passé maître et par où il vivra, il plie moins la phrase au rythme de la gamme musicale. Le mot fait corps avec l'idée. Il va, direct, vif, emporté par elle, l'emportant avec lui.

Dans *La Mère*, Eugène Pelletan attribue à la correspondance de M^me de Sévigné « le mérite de préparer la presse et de créer d'avance pour elle la langue armée à la légère, la langue de la polémique, la langue de l'action, la langue improvisée, imprévue, preste, vite, qui ne raffine pas la phrase, qui la jette, qui touche d'un mot et passe à une autre idée » (1).

Ce qu'il a écrit sur la marquise, on peut le lui appliquer à lui-même, et justement.

Mais surtout, on peut dire de son style qui fut si varié, à la fois poétique et caustique, et s'adaptant aux genres les plus divers, ce qu'il a dit lui-même du style : « Il n'y a qu'un style : c'est le style le plus humain, le plus général, le plus sympathique et le plus ouvert au plus grand nombre de facultés, ému pour le cœur, harmonieux pour l'oreille, rationnel pour l'intelligence, imagé pour l'imagination. Pour que le style soit vraiment style, il faut qu'il fasse, dans sa merveilleuse souplesse, le tour de l'âme humaine tout entière, et qu'il sonne tour à tour le son de chaque note du clavier, qu'il soit vivant, en un mot, et que d'un geste il donne la vie... à tout ce qu'il touche sur son passage » (2).

L'on pourra juger sa manière d'écrire comme il fit celle d'un ami en qui il admirait, ou plutôt à qui il prêtait avec une modestie charmante, ses propres qualités :

« On aimera ce style qui est comme le son multiple de l'âme dans son inépuisable variété d'émotions : ici d'une simplicité et d'une onction charmante, là d'une vigueur et d'une âpreté tragique, ailleurs d'une fraîcheur et d'une langueur adorable, dans un autre moment d'une exactitude et d'une réalité descriptive qui en fait, en quelque sorte, le paysage parlé et présent à l'imagination ».

Mais, forme et fond, Eugène Pelletan, les soumet à un noble et généreux idéal. Il ne veut pas conquérir une influence sur les âmes par un simple mérite d'ordre et de

(1) *La Mère*, p. 215.
(2) *Heures de Travail*, tome II, p. 330.

rédaction. Il s'attache à élever ses lecteurs vers ce qui est beau et ce qui est bon. Il dira d'un autre polémiste (1) :

« C'est un écrivain rompu à toute la science et à toute la finesse du métier. Il possède admirablement le coup de langue du pamphlétaire. Mais il a un défaut majeur qui frappera de stérilité, s'il n'y prend garde, la sève vigoureuse de son esprit : il ne sait pas respecter le talent. Or, l'admiration qu'on éprouve, est la mesure exacte de celle qu'on est capable de faire éprouver. Qui ne veut pas admirer ne fera rien qui soit admiré. La faculté de la sympathie est en même temps la faculté de la création ».

Certes, dans sa polémique, il a été parfois véhément. Il mania l'ironie avec une facilité élégante et terrible. Il fut mordant. Mais jamais il ne confondit la vigueur avec la violence. Il n'insulta ni aux idées ni aux hommes. Vif et passionné, il s'imposa la mesure et le goût : « Le style, disait-il, a été donné à l'homme pour le dispenser de l'injure ». Et encore : « Il faut aimer la politesse. C'est le parfum de la parole » (2).

C'est un écrivain de belle et bonne tenue, quoiqu'il ait un peu raillé l'antiquité, il n'avait pas été en vain sur l'Hymette. Il alliait l'élégance à la force. Il jouait de l'ironie à sa manière ailée et gracieuse d'artiste. Il citait parfois ce vers d'un hymne grec :

« J'entourerai mon épée de feuilles de myrthe ».

Si la pointe perçait, l'acier de la lame n'était pas brutalement étalé.

(1) Hippolyte Castille.
(2) « J'aime le bon goût ; je recherche le bon ton ; c'est pour moi l'uniforme et l'insigne de la vérité. »

# TROISIÈME PARTIE

## LE POLÉMISTE
## L'OPPOSITION SOUS L'EMPIRE

1852 — 1870

> « Cherchez, n'importe dans quel ordre de faits
> ou d'institutions, ce qui a grandi ou glorifié la
> France, et je vous mets au défi de trouver un droit,
> un principe acquis, qu'un écrivain n'ait proclamé
> le premier et payé de la Bastille. »
>
> EUGÈNE PELLETAN.

# I



De 1852 à 1870, Eugène Pelletan, en même temps qu'il s'affirme romancier, philosophe, historien, critique littéraire, mène le bon combat comme journaliste.

Il sera obligé de modifier sa manière. La censure inquiète, soupçonneuse, veille, qui réprime toute critique trop acérée. L'amende suit l'avertissement. Le journal vit sous la menace continuelle de poursuites qui peuvent amener sa suppression.

L'opposition est obligée de suivre une tactique adroite et subtile. Il faut atteindre l'adversaire, mais sans avoir l'air de le frapper. L'attaque de front, directe et franche, doit céder la place à des tours et à des détours de pensée qui font le siège de l'ennemi par circonvallations savantes et captieux enveloppements.

Eugène Pelletan, dont l'esprit est si souple, si riche en ressources, excellera dans cette petite guerre toute en nuances et toute en finesses de langage. Il fera violence à sa nature qui ne répugnerait pas à porter des coups droits et à se découvrir bravement. Il cultive avec une habileté consommée l'allusion, la réticence simulée, l'apologue. Son trait n'a pas l'air de viser, mais il porte, et ne se contente pas d'égratigner à fleur de peau.

Souvent, la contrainte qu'il est obligé de s'imposer, moins par prudence personnelle que pour éviter des procès aux journaux amis qui donnent asile à sa prose, on sent qu'il la subit à contre-cœur. Il fait violence à son tempérament pour s'y plier. Il ronge son frein et il est prêt à se cabrer.

Dans la *Nouvelle Babylone*, il suppose qu'un « pessimiste » tient ce langage à un journaliste de l'opposition :

« Qui peut prendre intérêt aujourd'hui à un article de journal ? Vous autres, vétérans de la presse libérale, vous écrivez encore de temps à autre un Premier-Paris, parce que c'est votre profession de vieille date ; et plutôt que de mendier, délit certain, prévu par le Code pénal, vous aimez mieux courir la chance de commettre le délit hypothétique contre le décret de février. Eh bien, franchement, de quoi parlez-vous et comment parlez-vous dans l'incertitude perpétuelle de votre innocence ? Vous parlez à mi-mots, par à peu près, par sous-entendus, par apologues. On dirait, à vous lire, que vous affectez la folie d'Hamlet, et que vous servez la vérité au lecteur enveloppée dans une énigme. Vous ne dites pas ce que vous semblez dire, et, ce que vous ne dites pas, nous devons le lire comme si vous l'aviez écrit ; votre parole dédit toujours plus ou moins votre pensée, et vous croyez que nous pouvons trouver quelque plaisir à cette contention d'esprit.... La France a peur de la pensée comme d'une maladie ».

Eugène Pelletan donne ici la réplique au critique. Mais il ne peut s'exprimer que sous une forme adoucie et atténuée. On était en 1862. Le commentaire du propos prêté à un « pessimiste » devait être prudent : « Voilà ce que disait cet homme de malheur ; disait-il la vérité ? Je n'en sais rien; ce que je vois, c'est que la presse meurt; encore un tour d'aiguille, et il n'en restera plus que le titre, qu'une feuille de papier barbouillée de quelque chose assez sem-

EUGÈNE PELLETAN. (1863).

(D'après Pierre Petit).

blable à du français... Il n'y a plus de place nulle part pour un Carrel ou pour un Benjamin Constant ».

Au vrai, quoi qu'en eût dit le « pessimiste », le public aimait la contention d'esprit qui lui était imposée par les ruses d'écrivains obligés de voiler la vérité pour attirer d'avantage sur elle l'attention. Il suivait avec une curiosité amusée la campagne menée avec des colères mal réprimées par Eugène Pelletan, dans le *Siècle,* où il était entré sous la direction d'Havin, après avoir quitté la *Presse.*

La partie inégale que le polémiste, dont la passion était mal contenue et qui faisait effort pour maîtriser sa fougue, jouait avec une administration inquiète et tracassière, intéressait et passionnait l'opinion. Les « Premiers-Paris » de « l'Enfant terrible » étaient attendus, commentés, et trop goûtés pour n'être pas mal vus aux Tuileries et à Compiègne.

D'ailleurs, l'ardent journaliste avait beau s'ingénier à maîtriser ses colères et ses indignations, parfois la parole imprudente que guettait le pouvoir lui échappait, et la répression suivait promptement. Comment lui aurait-on pardonné ses courageux plaidoyers en faveur de l'amnistie qu'il réclamait pour les exilés, ou bien ses articles enflammés contre le rétablissement de la peine de mort en matière politique ?

On commença par châtier le journal qui avait l'audace de publier sa prose.

Le *Siècle* n'est bientôt plus un asile sûr ou plutôt possible pour sa vaillante intransigeance. Eugène Pelletan inquiète son rédacteur en chef qui multiplie les conseils de modération et engage son compromettant collaborateur à se confiner dans la critique littéraire : « Votre article sur la *Jeunesse* nous a valu un avertissement officieux, écrivait-il. Contentez-vous de rendre compte des livres. »

Le désaccord entre le rédacteur en chef et l'écrivain se terminait en mars 1855 par l'avis donné sèchement à Eugène Pelletan que le Conseil d'Administration avait décidé qu'il ne ferait plus partie de la rédaction.

Il rentre alors à la *Presse* où il publie, en 1856, les « Lettres à un homme tombé », en réponse à des « Entretiens » de Lamartine, où celui-ci émettait des doutes sur la réalité du progrès. La polémique, d'ailleurs toujours très courtoise, menée par Pelletan sur un ton d'affectueuse déférence, n'amena pas, comme on l'a dit, une rupture entre le maître et le disciple, ainsi que le prouve une lettre privée, très amicale, écrite en 1857 par le poète au polémiste (1).

En même temps qu'à la *Presse*, Eugène Pelletan collaborait à différents journaux, entre autres à l'*Estafette*. En 1858 il revient au *Siècle* et y écrit pendant l'année 1859.

Mais la presse est de plus en plus bâillonnée. Avertissements et amendes se succèdent. L'indomptable polémiste change alors sa tactique. A l'article qui peut n'avoir pas de lendemain, car l'auteur peut être congédié, le journal suspendu, le cautionnement du Directeur saisi, Eugène Pelletan, actif, infatigable, ajoute la *Brochure* qui a son heure de vogue. Il y peut exprimer sa pensée, sans lui donner toute l'ampleur que comporte la longueur du livre. Il est obligé de resserrer le développement, il est mis en garde, par le format même du fascicule, contre ce qui pourrait être son défaut : la surabondance de la démonstration, l'excès de la preuve historique. Il faut que pour être lu et compris, il fasse usage de ce qui est qualité chez lui : la vivacité de l'allure, le mouvement et l'éclat du style, la force du trait, l'invention primesau-

_________

(1) Le recueil de ces lettres a été édité sous le titre de « *Le Monde Marche*. ». Voir plus haut, sur les rapports de Pelletan et de Lamartine, page 77 et suiv.

tière des alliances de mots qui font secousse sur l'esprit.

Eugène Pelletan a lancé, à propos d'événements extérieurs ou bien intérieurs, de nombreuses brochures. Il en est qui valent de survivre aux idées et aux passions du moment. Ce sont plus et mieux que des écrits de circonstance et d'actualité. Les vues générales y abondent. Ce sont souvent de petits chefs-d'œuvre dont on savourera toujours ou l'éloquence émue ou la moquerie cinglante. Il faut les mettre sur un rayon de bibliothèque à côté de Paul-Louis Courier, d'Armand Carrel, de Prévost-Paradol.

Eugène Pelletan débute par une brochure politique : *Qu'allons-nous faire ?* « Conférence de Zurich » (1859).

En 1860 (1), il exerce sa verve avec une terrible âpreté contre Béranger, dont il analyse l'œuvre en justicier sévère. Dans le chansonnier populaire, que les libéraux acceptent trop volontiers, il voit surtout l'homme qui a rendu populaire Napoléon. Il lui reproche de n'avoir pas eu de conviction sincère, d'avoir tout sacrifié à son amour d'une vaine gloire : « C'est une monnaie précieuse que la popularité. Quand un peuple la donne à un homme, c'est pour que cet homme la dépense au service de la cause commune et non qu'il la détourne à la satisfaction de son égoïsme. Je ne *veux pas être asservi à ma réputation*, écrivait Béranger, au poète Lebrun. Nous demandons pardon au chansonnier. L'homme de cœur est toujours asservi, à sa conviction d'abord et ensuite à sa réputation, qui n'est autre chose que sa conviction partagée. Du moment qu'il a propagé une doctrine, lancé la multitude à l'action, il appartient corps et âme à la multitude, elle n'a pas à s'inquiéter de ses fantaisies de farniente, ni de ses délicatesses de nerfs; elle veut qu'il agisse, il doit agir; elle veut qu'il paye de sa personne, il doit donner l'exemple. Il serait par trop commode de

(1) Une brochure in-octavo, chez Dentu.

prendre toutes les voluptés de la gloire sans en accepter les obligations ».

Eugène Pelletan a, pour caractériser le double rôle joué par le chansonnier, un mot à l'emporte-pièce : « Il a dit quelque part, dans une chanson adressée au général Sébastiani : « *Je suis un sou de bon aloi*. De bon aloi, je le veux bien, mais de quelle époque ? De l'époque où le sou portait d'un côté : République française, et de l'autre : « Napoléon, empereur ».

Eugène Pelletan, poursuivant son exécution dit que dans le monde il y a deux races d'esprit : les *lyriques* et les *politiques*. Les lyriques sont les passionnés, les enthousiastes, « qui écoutent la voix de la sibylle intérieure et crient toujours : En avant ! » Ils forment « la famille supérieure des croyants, des apôtres, et des élus ».

Les politiques, ce sont les habiles, les diplomates « les hommes à coup sûr, qui prennent le pas de la foule, qui interrogent le vent, savent l'attendre au besoin et négocient toujours avec l'obstacle ».

Béranger est de ceux-là.

Et Pelletan, en quelques lignes inoubliables, limite à ses exactes proportions le talent du chansonnier qu'il a classé dans ce qu'il appelle : « la généalogie des politiques ».

« Poète, il a toutes les qualités de sa famille, le culte du détail, le coup de lime, le fini et le poli du travail. Talent incontestable pour l'inspiration goutte à goutte, pour la perfection de la poésie en petit, l'art du microscope, pour le mot, pour le trait, il exécute, avec une habileté, une sûreté de main vraiment chinoise, la découpure et la ciselure du refrain. Qu'est-ce que le refrain cependant ? le joujou de la poésie. Mais qui dit poésie dit avant tout abondance, magnificence, la source à grande nappe renaissante toujours d'elle-même et rejaillissante toujours ».

Il termine son pamphlet qui est d'un « lyrique » et non d'un « politique », par un verdict accablant :

« Nous avons porté témoignage sur Bérenger, la main levée, sans haine comme sans faiblesse. Il ne nous a fait ni bien ni mal, nous ne l'avons jamais trouvé sur notre chemin. Si le ciel, par hasard, nous avait accordé une faculté, ce serait, à coup sûr la faculté de l'admiration. Nous aimons à admirer ; nous y trouvons le compte de notre esprit ; personne plus que nous n'a sonné la cloche à l'honneur du talent. Mais on a voulu faire de Bérenger le saint de la démocratie. C'est un saint dangereux, nous le repoussons. Car si on jugeait l'idée par l'homme, l'idée aurait bien baissé. La démocratie, pour nous, n'est ni une chanson, ni une équivoque ; elle est une vérité et une vertu. Or quelle vérité a chantée Bérenger ? une contradiction. Quelle vertu a-t-il prêchée par son exemple ? Voyez son parti. Veut-on le juger par qui l'attaque et par qui le défend ? Nous admettons la question ainsi posée ; nous acceptons sans forfanterie la comparaison. Le vent courbe en ce moment plus d'une tête; qui donc reste le mieux debout ? »

Cependant la brochure où Eugène Pelletan met sa verve étincelante et colorée ne le détourne pas de l'article. Sa réputation grandit de jour en jour, étayée aussi par ses livres qui renforcent et prolongent l'action de ses écrits improvisés.

Comme Peyrat, dans un camp, comme Montalembert dans l'autre, il fallait qu'il fût frappé. N'entretenait-il pas d'ailleurs une correspondance suivie avec les exilés, avec l'idomptable Charras, avec Quinet, avec Hugo ?

Quelques-unes de ses lettres ont pu être conservées. Elles révèlent à fond les sentiments dont est animé « l'exilé à l'intérieur ». Elles sont adressées toutes deux à Edgar Quinet :

« Je suis doublement honteux, monsieur, de n'avoir pas encore fait d'article sur ce beau poème de l'*Esclave* (1).

« J'attendais, il est vrai, une occasion pour la Belgique. Quant à l'article, voici ce qui s'est passé.

« Le *Siècle* a cité un jour des vers de Hugo contre ce polisson de Veuillot, et, à quelque temps de là, j'ai jeté dans le vent mon cri d'admiration pour vous, Hugo, et Sue (2). Le rouge de la colère en est monté au chaste front de la police. Un avertissement officieux nous a été donné, et, peu de temps après, un avertissement officiel pour un simple prétexte. Nous avons dû laisser passer la bourrasque et surseoir au compte-rendu de votre ouvrage.

« Mais soyez persuadé, monsieur, que je tiens à répandre sur les toits s'il le faut, toute ma sympathie et toute ma vénération pour votre talent et pour votre caractère. Si je trouvais un mot plus fort, je le dirais. Lorsqu'il me vient parfois un moment de défaillance, je regarde du côté de la frontière et je reprends courage, en pensant au noble exemple de fermeté et de résignation que vous nous donnez du fond de votre exil.

« Enfin, patience. Le dieu des bons et des forts vous ménage peut-être, à l'heure qu'il est, votre rentrée. Nous touchons à une crise où plus que jamais la patrie aura besoin de tous ses enfants (3).

« J'habitais cet été une maison de campagne que vous avez habitée à Seine-Port. Je vivais avec vos amis Reynaud, Legouvé, Geoffroy-Saint-Hilaire. Votre personne était là toujours présente au fond des cœurs et votre souvenir toujours aimé.

(1) *Spartacus, ou Les Esclaves*.
(2) Tous trois proscrits.
(3) La question d'Orient était considérée par beaucoup de républicains comme devant provoquer une coalition contre la France.

« Veuillez agréer, monsieur, l'assurance de tous les sentiments dus au grand poète et au grand patriote.

« Signé : EUGÈNE PELLETAN (1).

« 6 Février 54. »

Il écrira plus tard :

« C'est à moi à me frapper la poitrine, monsieur et vénéré maître, car voici bien longtemps que j'ai pour vous une lettre dans le cœur, au bout du doigt... (2), et je ne vous l'ai encore envoyée qu'en esprit à travers l'espace.

« J'avais à vous remercier comme d'un service personnel de ce beau poème (3) de Merlin, car il me semble que vous l'aviez écrit à mon adresse, tant il remue en moi de sympathie.

« J'avais encore à vous remercier de ce réveil épique et tragique de Waterloo (4). C'est l'histoire, plus grande que la poésie ; vous avez su prendre le rôle du chœur antique, et venger l'éternelle morale.

« Vous voyez, monsieur, que j'ai laissé accumuler les dettes de reconnaissance. Mais ne croyez pas que nous autres, vos disciples, nous vous oublions dans notre grande prison de la France.

« Chaque fois que nous avons besoin de nous affermir sur nous-mêmes, nous invoquons votre nom et nous reprenons un abonnement à l'avenir.

« Il arrive enfin, l'avenir, après avoir fait dix ans l'école buissonnière. Cette expédition au Mexique est une répétition de la première invasion de l'Espagne. Voici

(1) Bib. Nat. F. N. A., 20795, folios 5 et 6. Lettre inédite.
(2) Les points de suspension sont dans le texte.
(3) En prose.
(4) La campagne de 1815.

la France lancée dans une campagne de Russie finan-
cière. Qui sauvera maintenant le sauveur?

« Vous avez dû apprendre, dans votre solitude, la ré-
surrection de la jeunesse. L'autre jour, elle criait au cours
de Renan : Vive Michelet! Vive Quinet! Vous voyez que
vous avez laissé votre âme en elle, et qu'elle la garde précieusement en dépôt.

« J'entre le cœur confiant à Sainte-Pélagie. Je ne désire
qu'une chose. C'est qu'au jour de délivrance universelle
on me choisisse pour l'ambassadeur chargé de vous porter
la bonne nouvelle et de vous ramener dans notre patrie
devenue enfin une patrie.

« En attendant ce jour, je vous prie de me compter au
nombre des hommes qui vivent le plus en vous et re-
gardent le plus souvent de votre côté.

« Signé :

« EUGÈNE PELLETAN (1). »

Une autre lettre est aussi à citer :

« 26 février 1862 ».

« Monsieur, et permettez-moi d'ajouter, cher maître,
« M<sup>me</sup> et M<sup>lle</sup> Lassource ont bien voulu associer mon
nom à la visite qu'elles vous ont rendue à leur passage
en Suisse. Je les remercie de la préférence, car je ne pou-
vais vous être présenté par de plus nobles cœurs, ni de
plus sympathiques à la cause dont vous êtes l'éloquent
apôtre. Ces dames désirent passer l'hiver à Florence, et
pour trouver à qui parler de vous, c'est-à-dire de l'idée
commune à toutes les âmes libres, elles voudraient faire la
connaissance de M<sup>lle</sup> Chassing (2); ne pourriez-vous les

_______________

(1) ... *Ibidem*, folios 7-8. Lettre inédite.
(2) M<sup>lle</sup> Assing, d'après la réponse de Quinet à cette lettre, 7 déc.
62. *Lettres d'exil*, t. II, p. 278.

recommander les unes aux autres et abréger ainsi les protocoles d'introduction. Je crois que des deux parts on aura à s'en féliciter comme d'une bonne fortune mutuelle.

« J'ai pu lire à Bruxelles votre éloquente brochure sur le Mexique. Voilà une langue d'homme. Nous autres tous nous avons fini par prendre ici une langue d'esclave. C'est de vous que nous vient la note de fierté.

« N'importe, le temps marche. Vous avez emporté avec vous la couronne de fer de la démocratie; vous nous la rapporterez un jour pour couronner la France.

« Veuillez agréer, l'assurance de ma profonde sympathie.

« Signé :

« EUGÈNE PELLETAN. (1)

« 10 novembre 1862 ».

Edgar Quinet répond souvent à Pelletan (2). L'une des lettres adressées par l'historien au polémiste suffira pour montrer quelle estime il faisait de son talent et de son caractère :

« A Eugène Pelletan,

« Veytaux, 7 déc. 1762.

« C'est une bonne fortune que de recevoir votre écriture. Que de force, que de courage, que de nobles combats elle me rappelle ! Vous combattez presque seul et

(1) Lettre inédite
(2) Voici l'indication des lettres de Quinet à Pelletan : *Lettres d'exil*, t. I, p. 72, 11 nov. 1853. (Sur *Les Esclaves*); t. II, p. 175, 15 fév. 62 ! (Sur la prison de Pelletan. — L'expédition du Mexique); p. 277, 7 déc. 62. (Grand éloge de l'action républicaine de Pelletan. — Sa brochure). Le nom de E. Pelletan est cité t. I, p. 129. Allusion à une lettre de P. de fév. 1854, dans *Lettre à Michelet*, 1er mai 54; t. I, p. 157, dans *Lettre à Dumesnil*, 7 août 54. Celui de Camille, t. IV, p. 415.

faites face à tout. Quand j'ai besoin d'espérer, ma pensée
va vous chercher. Vous avez donc cent bras, pour frapper ainsi l'ennemi partout et sans relâche. Une nation se
réduit quelquefois à une centaine d'hommes. Les autres
dorment alors et attendent la victoire pour se réveiller et
se prononcer. Si elle revient, nous serons embarrassés de
Brutus (1). »

« Brutus » (2) gênait. On le lui fit bientôt voir. On ne
cherchait qu'un prétexte pour l'atteindre. Il le fournit le
3 novembre 1861, en donnant au *Courrier du dimanche*
un « Premier-Paris » intitulé : « La liberté comme en Autriche ».

Eugène Pelletan, dans cet article qui n'a pas moins de
six grandes colonnes, regrette la disparition de la liberté
en France et salue sa timide apparition en Autriche, où la
maison de Hasbourg s'est décidée à des concessions. Sous
couleur de décrire l'omnipotence d'un souverain étranger,
il traçait un tableau exact du despotisme en France :
« Sous son long regard d'oiseau de proie, nul mouvement, nul bruit. La surface est calme, agréable même à
l'œil et à l'oreille. On ne voit de toutes parts, que cha-
marrures, que parades, ou fêtes, ou toilettes. On n'entend dans tous les souffles de l'atmosphère que le pas ca-
dencé des patrouilles ou les bouffées errantes des haran-
gues chinoises distillées d'une bouche officielle au lever et
au coucher de César ».

Il conclut, en réclamant pour la France, qui pourtant
naguère a donné la liberté au monde, la même constitution qu'en Autriche : « Quant à nous, Français, que la
destinée incline à la modestie en fait de liberté, nous ac-
cepterions volontiers la chance faite à l'Autriche comme
un acompte précieux du 89 promis. Nous nous réjouis-

(1) *Lettres d'exil*, I, 277-278.
(2) Dans un article sur Jules Janin. E. Pelletan avait dit : « O mon
ami, faut-il que le monde ait rétrogradé, pour que nous soyons
devenus, vous Caton, moi Brutus. »

sons toutefois, en bons voisins, de la tentative de M. Schiwerling ; nous y voyons même une nouvelle victoire de la France, sur le Danube.

« Car partout où la liberté fait une nouvelle conquête, le peuple français a bien le droit de réclamer une part de paternité. N'est-ce pas lui, en effet, le premier ouvrier, le premier debout à l'œuvre, le premier enfin qui a proclamé la théologie nouvelle des droits de l'homme, et l'a défendue de son sang et de son génie ?

« Et maintenant que le vétéran de la liberté, plus ou moins sceptique à son propre principe, sonde du pied sa route et tend la main à l'espace, reconnaissez au signe de son front le vainqueur de la Bastille : donnez une obole à Bélisaire ! »

Eugène Pelletan est poursuivi pour délit de presse. Il est traduit devant la dixième Chambre, de fâcheuse mémoire. Dans la séance du 20 décembre 1861, présidée par M. Salmon, une condamnation sévère est requise contre lui par le ministère public. L'inculpé présente lui-même sa défense qui est restée inconnue, car la publicité des débats était interdite pour les affaires de presse, en vertu du décret de février 1852.

Mais le discours a été retrouvé dans les *Papiers Inédits* qu'il a laissés. C'est un morceau de virile éloquence, forte et fière, qui peint le caractère de l'homme en pleine vérité. C'est, de plus, un document qui montre avec une nette précision de quels pièges était entouré le journalisme d'opposition sous le second empire (1).

Eugène Pelletan est condamné à trois mois de prison et à deux mille francs d'amende.

L'amende, il ne peut la payer. Pauvre, subvenant par un travail acharné à l'entretien de sa femme et de ses cinq enfants, menant une vie modeste, volontairement ef-

____

(1) On trouvera le discours inédit *in extenso* en appendice.

facée, en des logis étroits, il n'a pas d'avances pour fournir la somme qu'on espère tirer de lui.

Mais, en 1862, l'opinion commence à se réveiller. Le
groupe des Cinq fait entendre sa voix au Corps législatif. L'expédition du Mexique qui vient de commencer
excite le mécontentement. Les étudiants libéraux, qui ont
un véritable culte pour Eugène Pelletan, décident d'agir,
à la nouvelle de sa condamnation. Son mobilier est saisi.
Sa bibliothèque va être vendue.

Le jour des enchères, les amis, les admirateurs de l'écrivain accourent en foule. Ils ont leur plan en tête. A peine
le crieur annonce-t-il le titre du premier livre porté au
catalogue, un classique d'édition vulgaire, qu'une noble
folie de surenchère éclate. L'adjudication d'un seul volume suffit à couvrir l'amende, et aussi celle du gérant
que l'on n'avait pas oublié de frapper. L'auteur de la
*Profession de Foi*, pouvait conserver ses instruments de
travail, l'outillage de sa pensée.

Une liste de souscription avait couru qui avait permis
de désintéresser le fisc.

La condamnation avait causé un gros émoi aussi bien
parmi les orléanistes que parmi les républicains. D'ailleurs, contre l'Empire, l'alliance était scellée entre les partisans des deux systèmes antithétiques qui, après 1870,
se combattront.

Eugène Pelletan reçut de tous côtés des marques de
sympathie et d'estime.

Parmi les lettres les plus curieuses qu'on retrouve dans
ses papiers, il en est deux, l'une de Montalembert, et,
en regard, la réponse qu'il lui adressa.

Eugène Pelletan avait vivement critiqué les écrits du
grand orateur catholique (1). Mais il avait protesté
contre l'amende dont, lui aussi, avait été précédemment
frappé. A son tour, Montalembert, avec une charmante

(1) Voir page 70.

courtoisie, déplore la condamnation du journaliste. Heureux temps que celui où deux champions de causes rivales, loin de se réjouir des coups qu'on portait à l'un des adversaires, tenaient à honneur de se rendre justice réciproquement, d'affirmer la confraternité d'armes qui doit exister entre écrivains combattant pour un idéal, même en des camps opposés !

Les deux lettres, encore inédites, témoignent d'une égale élévation de sentiments chez les deux signataires qui sont dignes de se comprendre et qui, oubliant tous les froissements d'amour-propre causés par des polémiques passionnées, communiaient dans la défense de la liberté de penser et d'écrire.

Les deux documents méritent d'être cités *in extenso* :

M. de Montalembert à M. Eugène Pelletan, après sa condamnation pour l'article *La Liberté comme en Autriche* :

« J'hésite à vous écrire, monsieur, car je sais que les hommes de notre opinion ont l'habitude de creuser un abîme infranchissable entre eux et ceux qui n'adoptent pas tous les articles de leur *credo*. Cependant je me sens encouragé à vous tendre la main, même à travers cet abîme, par le souvenir de la bienveillante justice que vous m'avez rendue lors des poursuites qui me furent intentées, il y a trois ans.

« Je me reprocherais de ne pas vous marquer la fidélité de ce souvenir en même temps que ma très vive sympathie pour le très grand service que vous venez de rendre à la cause libérale.

« Vous voilà donc condamné pour avoir parlé de la liberté comme en Autriche, pour les mêmes motifs qui m'ont fait condamner alors, pour avoir parlé de la Liberté comme en Angleterre. Nos juges ne savent même pas varier leur formule, car en comparant nos deux sentences, je vois que, comme vous, j'ai été atteint et convaincu d'avoir écrit dans un but de dénigrement systématique et d'avoir déversé l'outrage sur le gouvernement impérial, mais vous avez sur moi l'immense avantage de n'être pas grâcié par ce César qu'encensent à l'envi M. Trolay et M. About. Comme le généreux Laprade, vous démontrerez à vos dépens la bonne foi de cet homme en qui la France humiliée reconnaît les héritiers de 1789 et qui pour acclimater la liberté, comme ils le disent en leur affreux jargon, ne savent que bâillonner ceux qu'ils ne peuvent corrompre.

« J'ai d'ailleurs à vous féliciter non seulement de la sentence qui vous frappe, mais aussi de l'excellent travail qui vous a valu cette sentence que je viens de relire avec bonheur. J'espère que vous ne vous croirez pas compromis par mon approbation, mais il m'est impossible de vous la dissimuler, car on n'a jamais aussi noblement justifié le régime libéral qui a toutes mes préférences. Enfin, comme si toutes les bonnes fortunes devaient nous arriver à la fois, vous venez d'être mis au ban de la démocratie impériale par M. Havin et tous ses acolytes et l'on ne saurait ce me semble que souhaiter ce sort à tous ceux dont on estime le talent et le caractère.

Permettez-moi d'ajouter que quand j'ai été en 1831 et en 1858 condamné à l'amende et aux frais judiciaires, ceux dont je défendais la cause et les idées ne m'ont pas permis de payer quoi que ce soit. Si, comme je n'en doute pas, il s'ouvre parmi vos amis une souscription pour subvenir aux conséquences de votre condamnation, j'espère que vous n'en fermerez pas l'accès à ceux qui, sans être vos coreligionnaires, tiennent à honneur le courage et l'indépendance. C'est avec ce sentiment que je vous prie d'agréer la sincère assurance de ma haute considération.

« DE MONTALEMBERT ».

« A M. de Montalembert,

« 18 janvier 1862.

« Non, monsieur, je ne me sens pas compromis par votre sympathie. Plus elle me vient de loin et de haut, plus je me trouve honoré et encouragé au devoir.

« J'ai toujours cru, dans mon petit coin, à la légitimité des partis. Tous ont leur raison d'être et, par conséquent, leur utilité, à condition toutefois qu'ils acceptent la liberté : autrement ils veulent être proscripteurs ou proscrits.

« La liberté est la patrie des âmes, le sol n'est que la patrie des corps. Si le territoire cependant était attaqué par l'étranger, nous devrions tous, quelle que fût notre opinion, marcher en corps à l'ennemi ; et quand la patrie morale, la première à coup sûr pour l'être pensant, est envahie par le despotisme, tous les amis de la liberté hésiteraient à serrer leurs rangs pour repousser l'invasion !...

« Nous nous entendons sur le fond de la liberté, nous différons seulement sur la forme ; il ne saurait y avoir d'abîme entre nous, il n'y a qu'un intervalle. La Liberté saura bien le combler.

« Quant à l'offre de souscription, permettez-moi de vous dire ce que j'ai déjà dit à mes amis : Cette offrande, je l'ai touchée, je la dois de cœur, mais je crois devoir la refuser ; voici pourquoi :

« Je suis pauvre et père de famille. Ouvrier à la journée, je n'ai d'autre patrimoine que mon salaire. Il plaît à la magistrature de frapper un écrivain d'une amende exorbitante : la ruine de notre modeste foyer.

« Eh bien, soit ! J'avais d'abord songé à mettre mon mobilier à l'encan. Ce projet pouvait avoir l'inconvénient de ressembler à une spéculation. Je me contenterai de vendre ma bibliothèque.

« Il viendra peut-être un jury d'acheteurs assez nombreux pour casser en dernier ressort la sentence de la sixième Chambre de police correctionnelle. En tous cas, le pouvoir aura eu l'odieux de déposséder un écrivain de ses instruments de travail.

« Il me reste, monsieur le comte, à vous faire bien des excuses de répondre si tard à la lettre si noble, si délicate, que vous avez écrite à un adversaire d'un autre temps ; mais au moment où elle arrivait à Paris, j'errais sur les grèves de la Charente-Inférieure. Veuillez donc croire toutefois que je regarde votre approbation, dans cette circonstance, comme la bonne fortune d'un soldat de la liberté qui n'a d'autre mérite qu'un peu de cœur. Mais vous comprenez tous les mérites, parce que vous les possédez tous et que vous êtes de ceux qui savent encore les mettre au service de la rédemption de la France.

« Veuillez agréer,...

« EUGÈNE PELLETAN ».

La bibliothèque était sauvée, l'amende soldée.

Mais il fallut passer par Sainte-Pélagie.

Eugène Pelletan ne conservera pas de son emprisonnement un trop triste souvenir. Il en parlera d'ailleurs sur un ton plaisant dans le *Droit de Parler*, brochure adressée sous forme de lettre à M. Imhaus, directeur de la librairie :

« Je reconnais volontiers que la Préfecture de police traite le détenu politique avec assez de ménagements, je pourrai même ajouter en aristocrate de la prison. Pendant que le prisonnier vulgaire traîne sur lui la livrée de son délit, la veste et la culotte grises, le prisonnier politique reçoit de la munificence de l'État, une jaquette et un pantalon de velours. Il a droit, en second lieu, à un morceau de pain blanc, à une chopine de vin, à une soupe grasse et à un plat de viande, quatre fois par semaine. Il reçoit enfin la visite de ses amis dans sa cellule (1).

Dans ses *Souvenirs de Jeunesse* (2), Scheurer-Kestner, qui, précisément, fut enfermé au « Pavillon de l'Est », qu'ont connu les écrivains militants de l'époque impériale, signale la présence très remarquée et très active d'Eugène Pelletan au « Pavillon des Princes » :

« Sainte-Pélagie, un vrai paradis ! Oserai-je dire que j'y ai passé les moments les plus heureux de ma vie...? C'est à Sainte-Pélagie que j'ai noué mes plus fortes amitiés. Les amis qui venaient rendre visite à Eugène Pelletan furent bientôt les miens. Je fis au « Pavillon des Princes » la connaissance d'Etienne Arago, de Carnot, de Laurent-Pichat, de Frédéric Morin, de l'infortuné Chaudey. Les savants ne m'abandonnèrent pas, je reçus les fréquentes visites de Wurtz, de Friedel, de Pelouze. Parmi les jeunes, je me liai avec Isambert et Clémenceau. Je recevais de nombreuses lettres du dehors ».

« Dans l'une d'elles, qui est datée de Bâle, 4 juin 1862, Charras dit à son ami Scheurer-Kestner : « Pelletan m'a écrit une bien bonne et bien charmante lettre. Dis-lui, je te prie, que je l'en remercierai au tout premier jour, et en attendant, fais-lui de ma part toutes mes amitiés, car j'espère que nous en sommes là maintenant ».

La lettre annoncée arriva au destinataire, malgré la vigilance de la police. Elle fait honneur à qui l'écrivit et à qui la reçut (3).

« Bâle, 17 juin 1862.

« Cher monsieur, le jugement que vous portez sur mon

(1) *Le Droit de parler* (1862), p. 17.
(2) *Souvenirs de jeunesse*, p. 75.
(3) Lettre inédite.

livre (1) m'est bien précieux, je le tiens pour une récompense et pour un encouragement.

« Je voudrais bien croire que ce livre aura, comme vous le dites, la puissance d'exorciser la France du démon de la redingote grise et du petit chapeau. Mais je ne saurais me laisser aller à une si consolante illusion. D'abord il est soigneusement consigné aux frontières de « Soulouque »; et ensuite, lors même qu'il aurait libre accès dans les domaines de ce puissant prince, son action serait limitée à la classe des Mandarins. Nous avons affaire à une légende construite par la sottise, la légèreté des uns, la perfidie, l'ambition des autres et acceptée par l'ignorance, l'imbécillité communes ; et pour la détruire, ce ne sera pas trop, ce n'est pas assez peut-être de vingt ans de saine éducation, de bonne instruction populaires. Elle subsistera tant qu'on n'aura pas appris, démontré à tous, par les faits, que ce Bonaparte fut l'incarnation de la contre-révolution, un égoïste ambitieux, le plus funeste des scélérats qui, depuis longtemps, aient occupé, usurpé la souveraineté.

« Jusque-là, jusqu'au jour où la chaire de l'enseignement servira à propager la vérité sur notre histoire, nous ne pouvons guère prétendre à autre chose qu'à agir sur les esprits éclairés mais encore séduits, trompés par le vieux et artificiel mirage. Sur ce point, tous les demeurants du parti de la Révolution, tous les tenants de la cause du progrès, de la civilisation, devraient être d'accord et y diriger leurs efforts. La racine du mal, c'est le premier Bonaparte. Tous devraient profiter de l'espèce de liberté qui reste au livre, dans l'enceinte de la grande muraille, pour mettre cette vérité en lumière.

Ce qui est fort réjouissant pour nous, pour nos amis, et laissez-moi vous le dire, je me permets de me dire de ceux-là, pour tous ceux que vous avez charmés, consolés,

______

(1) *Histoire de la campagne de 1815.*

fortifiés par votre talent, votre énergie, votre persévérance, c'est que, sous très peu de jours vous sortirez de
prison. Ah ! monsieur, vous avez cassé à ce faux bon-
homme de Béranger, sa vieille guitare sur la tête, vous
l'avez inscrit en caractère indélébiles au catalogue des
étoiles filantes ; vous avez démasqué G. et H. et vous
êtes en prison ! N'y mettez pas une modestie qui serait
déplacée et rendez-vous hardiment cette justice qu'aucun,
depuis des années, n'a servi mieux que vous, aussi bien
que vous, la sainte cause de la vérité et de la liberté.

« Je suis bien heureux de vous savoir en termes d'une
si cordiale amitié, vous et mon jeune et cher frère (1).
Vous jugez bien sa charmante et vaillante compagne. Ils
forment une paire de Français modèles et je les porte
dans mon cœur.

« Tout à vous,

« CHARRAS ».

« J'ai lu et relu (sur la 3ᵉ édition), votre *Décadence de
la Monarchie Française*. Si vous nous faisiez un volume
pareil sur le Consulat et l'Empire ? »

Eugène Pelletan, entr'autres visiteurs, reçut un jour
à Sainte-Pélagie, Montalembert qui se trompa de cellule
et frappa à celle de Blanqui. « Il s'arrêta sur le pas de
la porte, dont sa haute stature remplissait le cadre et re-
connut dans le petit vieillard accroupi sur un grabat, un
mouchoir autour de la tête, la terrible révolutionnaire.
Montalembert eut vite dégringolé au bas de l'escalier
pour raconter sa mésaventure à Pelletan. L'homme qui
avait « demandé pardon à Dieu et aux hommes d'avoir
contribué au crime du 2 décembre », se trouvait en pré-

(1) Scheurer-Kestner.

sence de l'hydre de l'anarchie ! Blanqui riait rarement.
Il rit ce jour-là » (1).

Daniel Stern (la comtesse d'Agoult), venait voir aussi,
souvent, le prisonnier dont la cellule était fréquentée aussi
par Frédéric Morin, Carnot père, Anatole de Laforge,
Henri Martin, Jules Simon, etc.

On tâchait, de cellule à cellule, de se procurer douceurs
et distractions. On s'égayait, et surtout aux dépens du
pouvoir.

Eugène Pelletan, par sa verve inépuisable, mettait en
fuite l'ennui. Il s'amusait à de folles inventions, souvent
d'une impayable drôlerie. Sur le mur de l'escalier, il se
livrait à d'interminables parties de balle.

On lui avait permis d'apporter quelques objets person-
nels pour orner son étroit et triste logis. Dans un vase
de fleurs, se trouvait par hasard, un polichinelle qui appartenait à la troupe d'un Guignol, théâtre ordinaire des
enfants d'Eugène Pelletan.

Le polichinelle, à peine découvert, est accroché au
mur avec l'inscription : « Polichinelle III ». Les dé-
bonnaires gardiens, à qui l'endiablé prisonnier faisait
admirer le pantin, riaient de la charge et ne s'en
offusquaient nullement. Eugène Pelletan s'était fait
des amis parmi eux. Tous ceux qui venaient le voir
s'efforçaient par leur attention d'améliorer l'ordinaire du
prisonnier et son gardien-chef profitait souvent de ces
aubaines qui contribuaient à le rendre indulgent. Polichinelle III ne lui était d'ailleurs pas inconnu. C'est à
lui qu'il devait son poste pour l'avoir mal surveillé à Ham.
Il savait que l'empereur, qui avait goûté lui aussi de la
prison, n'exigeait qu'une sévérité mitigée à l'égard des
prisonniers politiques.

(1) *Souvenirs de jeunesse*, p. 81-82.

Les brochures de propagande. — Les élections de 1863. — Le député.

Sa peine purgée, Eugène Pelletan reprend courageusement sa place au poste de combat. Il continue à mener de front la publication de livres, articles, brochures.

*Le Droit de Parler* (1862) (1), contient une admirable apologie de la liberté. Il est adressé à M. Imhaus, directeur de la librairie.

Eugène Pelletan, après avoir quelque peu égratigné celui « qui tient la main sur la bouche de la France et qui lui mesure la parole », parle du rôle de l'écrivain. Il définit la discussion « l'hygiène de la pensée contre l'erreur ». Il proclame le droit qu'a l'homme d'exprimer librement ce qu'il croit être la vérité :

« L'écrivain n'a pas plus la liberté de choisir que de taire la vérité. Quand il croit la tenir, cette vérité lui brûle la main ; il faut qu'il l'ouvre et il l'ouvrira, dût-il ensuite offrir sa tête en otage. De tout temps l'homme a frappé l'homme pour une idée, et jamais, même sous la hache, l'idée n'a renoncé à la parole. Connaissez-vous quelque chose de plus grand sous le soleil ? »

Il proteste contre les tracasseries auxquelles sont en butte auteurs et éditeurs, contre les abus commis par la commission de colportage, contre l'autorisation préalable. Il montre que le pouvoir a droit de vie et de mort sur la presse, que les journaux sont immolés chaque jour « à

(1) Une brochure de 46 p. (Pagnerre).

la sûreté de l'Empire ». Il prouve que les attaques contre
la liberté fortifient l'amour de ses fidèles :

« Il y a un mot, le plus beau de notre langue parlée,
le mot de liberté, car ce mot représente la nature supérieure de l'homme, toute dignité, toute prospérité ici-bas,
puisqu'en traversant une contrée on peut dire à coup sûr,
en voyant la moisson ou la terre en friche : Voilà un
peuple libre ou voilà un peuple esclave. Et quand vous
avez ou quand vous craignez d'avoir en face de vous
une opposition ardente, voici qu'à point nommé et de
propos délibéré vous laissez, que dis-je ! vous mettez
vous-même dans la main de cette opposition, quoi donc?
ce mot de *liberté*, votre premier danger, le premier besoin
d'un peuple, le premier cri de l'âme marquée au cachet
royal de la fierté.

Vous créez ainsi, de gaieté de cœur, le parti libéral, le
seul formidable contre vous; car il forme le trait d'union
de tous les partis, car il attire sans cesse à lui, comme à
un rendez-vous commun, toutes les intelligences, toutes
les souffrances, toutes les ambitions, toutes les candidatures du talent ; car il représente le gouvernement mystique de la vérité, car il a pour lui la complicité du temps,
car l'Europe tout entière conspire pour la liberté, car
partout où elle parle encore à haute voix c'est la liberté
qu'elle proclame, et partout où une nation frissonne jusque dans sa dernière fibre, c'est qu'elle accouche de la
liberté.

Vous craignez le parti libéral et vous le fortifiez à plaisir, en le laissant à côté de vous comme le prétendant
populaire de l'avenir. Voulez-vous le tuer, au contraire ?
donnez la liberté : que pourra-t-il désormais contre vous ?
Vous attaquer au nom de son principe ? mais il en a
perdu le monopole. C'est vous désormais qui en avez le
mérite devant l'opinion, et, par conséquent, la popularité.

Il termine mélancoliquement; car il sait qu'il n'a pas convaincu le fonctionnaire à qui il dédie sa brochure :

« Une heure sonne en ce moment. Est-ce l'heure attendue ? Je vous quitte pour aller le savoir...

« ... Je reviens, monsieur. J'ai bien entendu en effet la cloche sonner, mais, hélas ! elle sonnait le glas de *l'Orléanais*, peut-être du *Progrès de Lyon* et à ce moment même je sens sous mes pieds le sol trembler. Qu'est-ce donc ? quel vent souffle ? Le soleil avait reparu et nous avait rapporté la fête de la lumière... N'importe ! il a été dit à l'homme : Marche ! Marchons donc d'un pas tranquille, sans nous inquiéter de la longueur ni de la tristesse du chemin. »

*La Comédie Italienne* (1862) (1), est une étude sur ou plutôt contre l'unité italienne qu'on veut fonder au profit de la Maison de Savoie et de Victor-Emmanuel. Le polémiste la déclare dangereuse pour la liberté, dangereuse pour la nation française. Il demande qu'on ne crée pas sur « le mur mitoyen de la frontière une seconde Prusse ». Il réclame la formation d'une République fédérative, « d'une Suisse, en quelque sorte, de la Méditerranée ». Il prévoit la lutte que se livreront le Quirinal et le Vatican.

*La Tragédie Italienne* (2) est une grande lettre sur le même sujet, adressée à son ami Anatole de Laforge, qui a critiqué sa façon de comprendre l'organisation politique de la Péninsule. Il le met en garde contre l'emploi d'un mot souvent répété par son contradicteur dans sa controverse : « Vous faites abus. dans la discussion de l'épithète « d'utopiste ». Ce n'est pas que l'argument me touche, je vous prie de le croire ; il y a longtemps que je l'ai entendu pour la première fois. Je mépriserais d'ail-

(1) Une brochure de 58 p. (Pagnerre).
(2) Une brochure de 48 p. (Pagnerre).

leurs un homme qui pourrait éprouver aujourd'hui une souffrance d'amour-propre. Ce temps-ci a mieux à nous offrir, en fait de tristesse, qu'une piqûre à la vanité.

« Mais, croyez-moi, défaites-vous de cette manière de parler. Car, utopiste, idéologue, rêveur, philosophe, etc., savez-vous ce que tout cela prouve, en définitive, de la part d'un contradicteur ? Cela signifie simplement qu'il a meilleure opinion de lui-même que de son adversaire : Tu penses autrement que moi ; donc tu dois rêver ».

Il continue, appuyant l'effort de Garibaldi et de Manin (1), à demander la fondation de la République en Italie. « L'unité, tant que vous voudrez, je ne discute pas le mot. Veut-il dire liberté, ou veut-il dire servitude ?... Donc, unité italienne, donc unité allemande, donc unité latine, puisque la latinité revient en scène; donc unité panslaviste comme le veut la Russie; mais qu'on sache du moins auparavant, quand vous forgez cette arme, en quelles mains vous entendez la remettre. Si c'est aux mains de la démocratie, faites, allez, la France n'a rien à redire. Commencez cependant par mettre partout la démocratie au pouvoir.

« Mais si vous allez donner vingt millions de plus d'Allemands à un roi de Prusse qui passe, avec la désinvolture que nous voyons, du régime constitutionnel à un coup d'État de budget, et trente millions de Slaves au Tsar trois fois saint qui en saura faire un usage si libéral, lorsqu'il les aura équipés et dressés à la charge en douze temps : oh ! alors, permettez-moi d'éprouver une légère inquiétude pour la France et pour la révolution dont elle est l'intrépide Armide ».

Eugène Pelletan, en 1863, se donne à la propagande avec une intense activité. Il écrit dans les journaux d'opposition à Paris et en province, où, dans les grandes villes,

_______________

(1) *La Tragédie italienne*, p. 22.

à Nantes, le *Phare de la Loire;* à Lyon, *Le Progrès;* à Bordeaux, *La Gironde;* à La Rochelle, *L'Indépendant,* à Niort, *Le Mémorial des Deux-Sèvres,* sonnaient le réveil des idées libérales. Le vigoureux polémiste, assumant une tâche écrasante, soutenait de son esprit et de sa verve la courageuse presse départementale.

Donnait-on des signes de faiblesse, mollissait-on dans l'attaque, il morigénait, il fouaillait de son ironie combative ceux qui pouvaient être gagnés par l'exemple d'Emile Ollivier et se rapprocher du « parti servile » déguisé en parti libéral. Le rude jouteur vint à bout, après une polémique célèbre, d'Havin, qui semblait opérer une volte-face et se laisser gagner aux avances du gouvernement. On s'amusa fort d'un mot à l'emporte-pièce qu'il lui décocha : « M. Havin regarde l'esprit comme une injure personnelle » et souvent sans en rappeler l'auteur, on l'a répété.

Le journalisme devait le conduire au Parlement. En 1857, il avait échoué à la députation. Sa candidature était prématurée. Seuls les Cinq passèrent.

En 1863, on lui offre de nouveau une candidature, à Paris.

Comme ses amis politiques, il hésite un moment à l'accepter — ainsi qu'il avait hésité six ans apparavant.

Il fallait prêter le serment pour avoir le droit d'être élu. Et il y avait, dans le parti d'opposition, une question du serment. Les exilés, les intransigeants, ne voulaient pas que pour conquérir un mandat, on parût reconnaître le 2 décembre. Ils voyaient dans cet engagement « une installation dégradante, attentatoire au caractère sacré de la parole d'honneur humaine » (1). Ils parlaient de mensonge, d'apostasie. Ils rappelaient le cynisme de Talley-

(1) Camille Pelletan, *Conférence sur l'opposition républicaine sous l'Empire,* p. 9.

rand disant avec désinvolture à Louis-Philippe : « Sire, c'est le huitième ».

Les professeurs avaient donné l'exemple du refus. « Michelet, et avec lui, Jules Simon, Dupin, Jacques, Moutard, des savants, des philosophes, des hommes de lettres, avaient brisé leur carrière plutôt que de prêter serment au coup d'État. Pendant longtemps, beaucoup de républicains virent là un compromis déshonorant, et ce n'est que peu à peu qu'on est venu à se résigner au serment pour pouvoir exercer sur le pays l'action politique nécessaire... L'abstention, le silence, sont toujours de mauvaises attitudes politiques. On est mal compris du peuple quand on se drape dans son intransigeance et qu'on s'abstient de se mêler aux choses vivantes de son temps.

« Quoiqu'il en soit, les républicains se décidèrent un à un, mal compris par leurs amis les proscrits, qui voyaient les choses de plus loin. Jules Simon et mon père, qui étaient très opposés au serment en 1857, s'y rallièrent en 1863. Le souvenir le plus récent qui se rattache au serment des députés, est le mot d'Henri Rochefort : « On me demande si je vais prêter le serment ? Certainement oui, je le prêterai. On me demande si je le tiendrai ? Certainement non, ce serait une infâme trahison » (1).

Eugène Pelletan écrivait à Scheurer-Kestner, au moment où il fallait prendre parti (2) :

« Il y a comme vous dites, ce diable de serment... Ce n'est qu'une humiliation, un fossé boueux, selon votre expression. Mais il n'y a pas de militaire qui ne traverse un fossé pour aller attaquer l'ennemi de l'autre côté ».

Il se soumet donc à la formalité officielle — et détestée.

En 1863, aux élections du 31 mai, il se porte contre le

(1) *Ibidem*, p. 11.
(2) *Souvenirs de jeunesse*, p. 11.

candidat officiel M. Picard, maire d'Ivry. Il mène vaillamment campagne dans la 9ᵉ circonscription, qui comprend tout l'arrondissement de Sceaux. (Cantons de Sceaux, de Charenton, de Villejuif, de Vincennes). La surface est vaste, — ainsi le veut la tactique impériale, — où le candidat doit se mouvoir. Il faut que Paris, qui est suspect ait un petit nombre de représentants (1).

N'importe. L'écrivain transformé en orateur, ne perd rien de sa fougue, de sa logique passionnée. Il obtient un vif succès dans les réunions publiques.

La circulaire qu'il adresse aux électeurs vaut par la vivacité de la forme et sa nerveuse concision. C'est, sous forme abrégée et acérée, la critique juste et vivante du régime impérial :

« Il y a douze ans, on nous a promis la liberté ; nous l'attendons encore. Un peuple qui n'a pas la parole peut être un peuple souverain, ce n'est pas un peuple libre. Électeurs, vous êtes votre seul maître ; n'écoutez que vous-mêmes; c'est à vous de vouloir.

« Nous payons un budget de deux milliards. Voulez-vous la diminution de l'impôt ? Nous faisons des expéditions glorieuses, mais ruineuses aux quatre coins de l'univers. Voulez-vous l'épargne du sang français ? — La circonscription enlève chaque année cent mille bras à la production. Voulez-vous la réduction du contingent de l'armée ? — Voulez-vous encore l'instruction gratuite ? La vie à bon marché ? Le rappel de la loi de sûreté générale, etc., etc., ? Voulez-vous tout cela ? Vous

---

(1) Détail curieux, Eugène Pelletan fut obligé, dans sa campagne électorale, de promettre à ses électeurs d'intervenir dans les débats relatifs à la politique étrangère. C'est ce que révèle une lettre de Perrens, l'historien de Florence, à Edgar Quinet : « Croiriez-vous, monsieur, que Pelletan, peu Italien de nature, a été obligé de prendre des engagements avec ses électeurs sur la question italienne comme sur la question polonaise? Le peuple français, plus chauvin que malin, se laisse toujours détourner vers les questions extérieures.
Perrens à Quinet, 3-1-1864. Bib. Nat., F. N. A. 20795, f° 33.

n'avez qu'à le dire dans l'urne, et votre volonté sera. C'est dans cette pensée que je viens solliciter votre suffrage; si j'avais à justifier d'un titre à votre confiance, je répondrais d'un seul mot : Je n'aurai pas peur de faire mon devoir ! »

Il est élu (1). Mais pour se débarrasser de l'adversaire qu'il sait dangereux, le pouvoir fait annuler l'élection, soi-disant pour· vice de forme.

Eugène Pelletan se défend de son mieux. Mais on emploie contre lui des moyens dilatoires. En décembre, il se représente devant ses électeurs, après avoir protesté le 17 novembre au Corps Législatif, au nom du peuple de Paris, dont le droit de suffrage a été méconnu. Il s'écria devant les députés qui le renvoyaient à un second tour de scrutin : « Le peuple de Paris a voté non pour un homme..., il a voté pour une idée : il a voté pour la liberté... Et comme à ces mots qu'on n'avait pas l'habitude d'entendre, l'assemblée protestait, il ajouta :

« Mais s'il n'a pas voté pour la liberté, aurait-il donc voté pour le despotisme ?...

« Il a voté pour les principes de 89, les glorieux absents qui ont longtemps siégé ici, qui frappent maintenant à votre porte et demandent à entrer, car, en définitive, le peuple souverain ne saurait être souverain et ne pas être libre ».

Eugène Pelletan se représente, fort de son droit, devant la 9ᵉ circonscription. Dans son appel à : « Messieurs les Electeurs », il donne à la consultation électorale sa précise signification et il dit fièrement qui il est, sans répondre autrement aux outrages dirigés contre lui par les affiches et les journaux : « Bientôt vous allez voter; votez en toute confiance, la main sur votre cœur; vous n'avez à rendre compte de votre choix à personne.

(1) Il obtient : 12.205 voix ; M. Picard, candidat officiel. 12.188. Dans la Côte-d'Or, où on l'avait égalenfent porté, il obtenait 3.836 voix.

« Mais rappelez-vous que vous avez à faire en ce moment quelque chose de plus qu'une élection : vous avez à confirmer le vote de Paris.

« Si, pendant ce temps-là, on vous parle du candidat qui avait obtenu la majorité au 31 mai, et si on vous demande : qui est-il ?

« Vous pouvez répondre : c'est un homme qui n'a jamais voulu ni place, ni faveur, et qui parlera toujours comme il a écrit : pour le peuple et pour le progrès ».

Le renvoi de Pelletan devant ses électeurs surexcita beaucoup les esprits. La jeunesse des Écoles prenait parti pour lui. Gambetta fit ses premières armes pour le soutenir et l'on put déjà entendre dans les réunions publiques les accents de sa grande voix. Les journalistes libéraux le protégeaient de leur influence.

Prévost-Paradol, dans une des lettres, si fines, si alertes, qu'il adressait au *Courrier du Dimanche*, reflète l'opinion de Paris. Il écrit avec courage : « Je veux voter (non pas avec un bulletin (hélas ! puisque je n'habite pas la douce campagne de Sceaux), mais tout haut et de tout cœur, pour M. Eugène Pelletan, dont le sort sera décidé avant lundi soir. J'avais prévu et annoncé que son élection serait à refaire, et la voir refaite, est aujourd'hui le plus vif de mes vœux. J'aime en M. Pelletan quelque chose de plus que l'écrivain et le politique : j'aime l'honnête homme, honnête jusqu'à l'ombrage, errant avec sa plume à demi-brisée, de journal en journal, jaloux de sa liberté à l'égard des hommes, esclave volontaire de sa conscience, libéral de bonne foi, pur de toute fraude, et riche, par miracle, d'une popularité bien acquise » (1).

Eugène Pelletan est réélu. Il va siéger aux côtés de Jules Favre, d'Ernest Picard, de Jules Simon, de Dorian,

_____________

(1) *Quelques pages d'Histoire Contemporaine*, 2ᵉ série, p. 209. Michel Lévy, 1864.

dans les rangs de cette opposition offensive qui ne cessera de tenir en échec de Morny et Rouher.

Le nouveau député abordera parfois la tribune, mais, pour faire œuvre plus utile, au discours, il préférera l'article, la brochure, où il excellait : « Ce n'est pas à la tribune du Palais-Bourbon, a dit Camille Pelletan en parlant de son père, qu'il porta les coups les plus forts à l'empire... Il faut bien que je constate que mon père aurait pu y tenir une large place, puisqu'il a eu ailleurs de très puissantes inspirations oratoires. Les populations provençales, que je représente, et pour lesquelles il fut, à la fin de l'Empire, l'apôtre de l'idée républicaine, en ont conservé un souvenir ineffaçable. Sa parole ardente, poétique, presque mystique, toute brûlante de la passion de l'idéal, avait soulevé parmi elles un enthousiasme extraordinaire. Il leur apparaissait comme le prophète de la foi nouvelle. Au Palais-Bourbon, il ne prit la parole que rarement, pour prononcer de courts discours, d'une forme littéraire achevée, mais portant sur des points secondaires. C'est la plume à la main qu'il fit la guerre la plus redoutable au régime du 2 décembre » (1).

Le rôle joué au Corps Législatif par Eugène Pelletan, de 1863 à 1870, n'est pourtant pas négligeable. Quelques-unes de ses interventions oratoires ont eu, à l'époque, un grand retentissement et ne sauraient être passées sous silence.

C'est après avoir lu, à Guernesey, un des discours où le rude jouteur avait malmené ses adversaires, que Victor Hugo écrivait au nouvel élu (2) :

_________

(1) Conférence de M. Camille Pelletan, sur l'opposition républicaine sous l'Empire, faite le 26 janvier 1910 à la « Ligue de l'Enseignement ». et parue dans le volume intitulé : *Conférences de l'hiver* 1909-1910. (3 rue Récamier). On y trouvera aussi une Etude sur Alphonse Peyra (un journaliste républicain), par M. Joseph Reinach.
(2) Lettre inédite communiquée par la famille.

« Hauteville House, 4 mars.

« Mon éloquent et cher confrère, je suis heureux que la
tribune relevée ait été inaugurée par vous. Tout manque
à une tribune comme celle-là, mais rien ne manque à un
orateur comme vous. Vous avez été indigné, habile et
puissant. Votre éloquence est de celles qui mordent le
bâillon, le brisent et le crachent. On voit l'entrave voler
pêle-mêle avec votre parole irritée. Vous êtes libre quand
même.

« Je vous félicite et je vous embrasse.

« Victor Hugo ».

Le 20 janvier 1864, à propos d'un débat sur la liberté
municipale, il se plaint de l'ingérence de l'Etat en toutes
choses, proteste au nom de la liberté et de l'initiative individuelle. Il demande que l'on arrête « la puissance om-
nivore de l'Etat, car autrement, dit-il à ses collègues,
vous auriez réalisé je ne sais quel panthéisme social où
l'Etat serait tout et où l'individu ne serait rien ».

Le 28 janvier 1864, il parle en faveur de la Pologne,
réduite « à l'insurrection du désespoir ». Il en dénonce les
causes. Il montre l'enrégimentement forcé de la jeunesse
valide dans l'armée russe. Il trouve des accents pathétiques.
« Qu'est-ce que le service russe pour un Polonais ? C'est
la mort à bref délai. On part et on ne revient plus. C'en
est trop ! Alors la Pologne a dit : Mort pour mort, mieux
vaut mourir de suite d'une balle là, que de mourir longuement, obscurément, sous l'uniforme russe, dans quelque marais fiévreux de la Géorgie; car aujourd'hui là
fièvre fait partie des institutions du despotisme. (Exclamations sur plusieurs bancs). On ne tue plus sur la place
publique, comme autrefois, on a remplacé l'échafaud par

le climat. Le climat rend le même service et ne fait pas de
scandale. (Approbation sur quelques bancs — Réclama-
tions sur d'autres). — En douteriez-vous ? J'ai là un document qui prouve que, pour un seul district, sur onze
mille conscrits polonais qui sont partis, il n'en est revenu
que cinq cents. »

Il demande qu'on secoure la Pologne, qu'on s'appuie contre la Russie sur l'Europe libérale, surtout qu'on
adopte une politique libérale : « Que signifie la politique
extérieure de la France, révolutionnaire à Turin, contre-
révolutionnaire à Rome, réactionnaire au Mexique, libérale en Pologne, esclavagiste en Amérique et mystérieuse
partout. »

La séance fut particulièrement houleuse, l'orateur qua-
lifia de vol le partage de la Pologne.

Le procès-verbal est à consulter. Eugène Pelletan est
sur le point d'être rappelé à l'ordre. M. Granier de Cassa-
gnac interrompt : « C'est un langage impossible à supporter. » Glais-Bizoin s'écrie : « Au lieu de voleurs, dites :
complices, monsieur Pelletan, on vous trouvera peut-être
plus parlementaire! » et Jules Favre ajoute : « Il faut
parler en vers :

On respecte un moulin, on vole une province! (1).

Il va de soi que les exclamations éclatent.

Le 18 mai 1864, Eugène Pelletan s'élève contre l'introduction de l'histoire contemporaine dans l'instruction se-
condaire. Ce n'est pas que le nouvel enseignement l'ef-
fraie, mais il se défie de la tournure tendancieuse qu'on
donnera à l'exposé des faits. Une fois de plus, il combat
au nom de la liberté, l'ingérence de l'État (2) :

« Le gouvernement n'a pas compétence pour enseigner

_______________

(1) *Discours d'un Député*, une brochure de 57 pages (Pagnerre, 1864).
(2) *Discours d'un Député*, p. 57.

l'histoire contemporaine, qui n'est autre chose que la politique en action.

« Oh ! je ne m'inscris pas en faux contre l'enseignement de la politique. Je déclare que c'est la première science que doit acquérir tout homme qui veut mériter le titre de citoyen ; mais à chaque heure sa besogne, à chaque âge son étude. La science politique, c'est la science de l'âge viril, de l'âge où l'on sait déjà penser, réfléchir par soi-même, où l'on peut choisir un parti, où l'on peut choisir une opinion, et la choisir dans toute la plénitude de sa conscience.

« Messieurs, nous avons renoncé à une religion d'État; eh bien, n'allons pas la remplacer par une presse d'État et par une histoire d'État. (Approbation sur plusieurs bancs) ».

Eugène Pelletan, par ses traits mordants, ses apostrophes et ses interruptions frappées en formules bientôt populaires, détient le secret d'exaspérer la majorité.

Dans la discussion du budget de 1863, le chapitre relatif aux dépenses de sûreté générale, réclamées par le ministère de l'Intérieur, lui offre un prétexte pour flétrir la loi des suspects. Il attaque l'article qui réprime « le délit indéfinissable d'intelligences à l'intérieur ». Des murmures l'interrompent. Il insiste en signalant les deux lois qui entraînent deux peines : la loi de la justice, la loi de l'administration. La majorité vocifère. L'orateur la brave : « L'empire donne le spectacle d'un gouvernement jamais inquiété et toujours inquiet. » Des menaces éclatent. M. de Morny intervient, au milieu des interruptions que lancent E. Picard, Jules Favre, et même M. Thiers : « Quand il s'agit des intérêts du pays, personne ne nous fera peur, pas même le Gouvernement ». Le tumulte s'apaise difficilement.

Le lendemain Eugène Pelletan demande la parole pour

une rectification au procès-verbal : « Messieurs, dit-il, hier, je n'ai pas plus entendu, au milieu du tumulte, les paroles de M. le Président, qu'il n'a entendu les miennes. Il a dit : « Si le gouvernement était de nature à faire peur, peut-être ne lui tiendrait-on pas le langage qu'on entend ici ». — Je demande pardon à M. le Président : le lendemain du 2 décembre, lorsqu'il y avait plus de 20.000 proscrits, je n'ai pas eu plus peur qu'aujourd'hui de dire toute ma pensée ».

On aurait bien voulu l'impliquer dans le fameux procès des « Treize », qui étaient d'abord trente-quatre et que le Gouvernement accusait d'avoir tenu une réunion secrète chez Garnier-Pagès et chez Dréo. Il prouva que, poussé par son esprit d'indépendance, il agissait seul, en dehors de tout comité.

Mais, comme ses amis étaient attaqués, il les défendit dans une brochure : *Les Treize,* publiée sous la forme de lettre à M. le substitut Mahler. Il établit que le comité de la rue Saint-Roch n'était pas une société secrète. Il persifle la police qui voit partout des organisations mystérieuses. Il montre qu'au vrai, la conspiration est générale et que : « par sa nature éminemment aérienne, elle échappe à la surveillance ». « Quand cette conspiration, partout et nulle part, donne un mot d'ordre, elle n'a besoin ni de le dire, ni de l'écrire, l'air le porte et le vent le répand  Or, cette organisation, cette discipline, voulez-vous la connaître? C'est l'opinion publique, l'opinion qui fait l'unité d'esprit. »

Au nom du suffrage universel, il réclame le droit au comité électoral « pour mettre en mouvement cette immense machine d'une élection. »

Comme toujours, à la fin de son plaidoyer qui a l'éloquence d'une lettre cicéronienne, il élève, il élargit le sujet. Il fait voir à quelle décadence morale court le pays. Il trace un tableau saisissant des progrès réalisés par la débauche dans la France qui, hier, s'ennuyait et qui sous le second empire s'amuse trop (1) :

« Il n'y a d'autre chlore contre le vice que le forum. On ne guérit une passion que par une passion d'un ordre supérieur ; c'est l'homœopathie appliquée à la politique, et, sur ce terrain, elle a toujours eu raison. L'histoire dit que la moralité d'un peuple est en raison de sa liberté.

« Voulez-vous arracher l'homme au quart d'heure honteux, versez-lui l'amour du bien public, ouvrez-lui un champ d'action qui occupe et qui élève en même temps sa pensée. Mais si au contraire vous semez un obstacle ou un danger sous chacun de ses pas dans l'exercice de son droit de citoyen, si vous le découragez, si vous le détournez non seulement de l'agitation, mais même de l'action politique, savez-vous ce que vous faites à votre insu ?

« Vous le refoulez sur lui-même, vous le rejetez dans le sauve-qui-peut de l'égoïsme. « A quoi bon me remuer, dira-t-il, si ce n'est à me compromettre ? Le droit électoral ne sera plus désormais qu'un chapitre détaché du droit administratif. Laissons notre préfet voter seul par trente mille mains à la fois. Vive la gaieté ! Il n'y a que cela de sérieux, et autre chose aussi qu'on ne dit pas, par ménagement pour l'oreille ; dressons un autel au dieu du ventre, et après nous le déluge! » Et sur la tombe du siècle on pourra mettre la copie de cette épitaphe :

« Sardanapale d'Anakindaraxe a bâti Tarse en un
« jour, imite-le, mange, bois et joue. Le reste ne vaut pas
« un claquement de doigts ».

(1) *Les Treize*, p. 23-30.

L'homme. — Le polémiste. — Encore les brochures. — L'opposition
par la plume et par la parole.

Entremêlant discours, articles, brochures, et aussi romans, livres de philosophie et d'histoire, Eugène Pelletan poursuit, avec une confiance robuste dans le triomphe des idées libérales, sa vie de travailleur ferme et probe.

On se demande comment il pouvait suffire à tant de tâches, fournir une si prodigieuse production d'œuvres dont l'apparente facilité a coûté tant de recherches et tant de veilles.

Il y parvint, grâce à la sévère discipline qu'il s'imposa. Il défendait son temps avec un soin jaloux. Lui qui, dans sa jeunesse, fréquentait volontiers aux cénacles et aux salons littéraires et politiques, s'enferma, l'âge mûr venu, dans l'intimité de la famille et s'isola dans son fier labeur.

D'après un témoin de sa vie, il réglait l'emploi de ses heures avec une ponctuelle régularité. La journée est donnée au Parlement, à la correspondance, qui fut toujours très fournie, à la lecture, et aussi à la marche qui servait et à la conservation de la santé et à la recherche de l'idée.

Le soir, après un repas frugal, après avoir causé avec ses enfants de leurs études, de leur vie intellectuelle et morale, Eugène Pelletan, avec une exacte ponctualité, se couche à neuf heures. A deux heures du matin il se lève, se met à l'ouvrage tout le reste de la nuit. Quand l'aube luit, on le surprend encore penché sur la feuille où se déroule sa pensée et travaillant à la lueur de la lampe vacillante. Comme à Balzac, il lui faut le silence de la nuit pour exercer la pleine maîtrise de son talent.

Dans une courte notice parue en 1868, F. X. Trébois écrit : « Il n'est pas riche. Il habite un quatrième étage, dans la rue du Cherche-Midi. Son intérieur est très modeste. Sa mise est toujours extrêmement simple. Aux faciles honneurs qui procurent l'aisance et le superflu, il a toujours préféré rester lui-même, avec son indépendance et sa dignité. Il n'y a rien perdu. S'il n'a pas l'opulence de plusieurs de ses anciens confrères dont la valeur personnelle est manifestement inférieure à la sienne, il a, en revanche, ce qu'ils n'ont pas : l'estime et la sympathie des honnêtes gens, et cela vaut bien quelques poignées d'or achetées à force de bassesses. Pelletan est du petit nombre de ceux qu'on rencontre toujours avec plaisir et qu'on salue avec respect ».

Quand viennent les vacances, quand les enfants sont libres, départ pour la campagne. Comme le voyage dans la « petite patrie » saintongeaise serait trop coûteux, car la famille est nombreuse, comme le journaliste, obligé de fournir la copie qui donne le pain, ne peut s'éloigner de Paris, l'on villégiature aux environs.

M. Camille Pelletan m'a conté avec quelle joie toute la maisonnée se rendait soit à Saint-Germain, où l'on pouvait faire des courses en forêt, soit à Fontenay-aux-Roses, où l'on voisinait avec les Scheurer-Kestner, avec les Floquet, soit surtout à Seine-Port, où les séjours furent nombreux, et où fréquentaient de vieux amis, et Legouvé, et les peintres Ponçet, et Paul Huet, et Français.

Eugène Pelletan, avec son beau-frère : Paul Gourlier, et avec ses fils Camille et André, organisaient des parties de barres. Ce n'était pas un mince étonnement pour les pas-

sants que de voir des coureurs à barbe blanche s'amu-
ser de plein cœur avec des jeunes gens, l'emporter parfois
sur eux en élan et en vitesse.

Si le bonheur est complet au foyer, au dehors la lutte
continue, implacable et violente. Discours, brochures se
succèdent, s'appelant, se renforçant, instruments de combat dont la dualité se combine en unité d'action.

Pendant que le politique fait résonner au Corps législatif sa parole âpre, incisive, le polémiste lui vient en aide
avec une passion d'enthousiasme toujours vivace.

Eugène Pelletan, professeur du peuple, continue la série des dix brochures qu'il a annoncées et qui sont comme
autant de leçons magistrales destinées à faire l'éducation
civique des masses.

Les *Fêtes de l'Intelligence* (1863), portent en sous-titre :
« Lettres à une maîtresse d'école ». Elles sont datées
de Bruxelles, où le publiciste est allé assister à un
Congrès de la pensée, intitulé : « L'Assemblée interna-
tionale ». Eugène Pelletan y parle de Victor Hugo à qui
il va rendre visite (1) :

« Il faut aimer Victor Hugo. Il faut l'aimer, vous dis-
je, d'une piété filiale, d'abord, parce qu'il est un des pères
du siècle, et ensuite parce que lui-même aime beaucoup.
En prose comme en poésie il professe une doctrine universelle de rédemption. Il croit que l'immoralité, que la
laideur, remontent, par l'échelle mystérieuse du progrès,
à la vertu et à la beauté. Il a, pour toute déchéance, une
parole de pitié et quand la déchéance a honte d'elle-
même, une parole de réhabilitation. Il amnistierait même
Borgia, si Borgia pouvait avoir une bonne pensée.

« Je le voyais chaque jour à Bruxelles. Il a blanchi
dans l'exil. Mais sous la barbe blanche il conserve un air
de jeunesse. Son âme, toujours jeune d'ailleurs, flotte

(1) *Les fêtes de l'Intelligence*, p. 20-21.

sur sa physionomie; le génie ne tombe pas sous le coup du temps; il a toujours pris d'avance quelque arrangement secret avec l'éternité. Nous avons longuement causé ensemble du passé, du présent, nous avions même l'impertinence de jeter un regard à la dérobée dans le futur ».

Eugène Pelletan fait l'apologie de la lecture que la *Maîtresse d'Ecole* à qui il s'adresse, a mission d'enseigner (1) :

« Vous enseignez à lire, madame ; c'est la première fonction de l'Etat. Il n'y a pas de reine au-dessus de vous, par rang de mérite.

« Une reine peut distribuer des faveurs à sa cour et des sourires qui sont eux-mêmes des faveurs. Vous, madame, vous ne souriez guère, vous pleurez souvent, mais vous donnez des âmes à la Société. Vous faites mieux que des heureux, vous faites des hommes ; vous faites des mères qui pourront enseigner à lire à leurs enfants.

« L'homme qui ne sait pas lire, ou l'homme qui sait lire et qui ne lit pas, peut être électeur, banquier, tout ce qu'on voudra, mais il n'est pas un homme, car il lui en manque la première qualité : la pensée en commun ».

Eugène Pelletan décrit les séances du Congrès et, après avoir entendu les orateurs, comme Jules Simon, qui traite de l'instruction obligatoire, Emile de Girardin qui parle de la presse, il généralise leurs thèses, selon son habitude, et dévoile, en des vues prophétiques, l'avenir réservé à l'éducation (2) :

« Enseignez donc toujours à lire, madame, car vous enseignez ainsi à penser ; voilà votre œuvre à vous : vous préparez, d'autres achèvent. Mais, du premier au dernier échelon de la pensée, nous ne formons qu'une seule âme et qu'un seul corps, l'église universelle de l'esprit humain.

(1) *Les fêtes de l'Intelligence*, p. 5 et 6.
(2) *Les fêtes de l'Intelligence*, p. 43-44.

« Nous avons tous, petits ou grands, mission d'enseigner, car la société tout entière n'est qu'une éducation des plus ignorants par les plus instruits. Dans la grande famille des esprits il n'y a pas solution de continuité ; il y a, au contraire, communication de tous avec tous, et pénétration de tous par tous, dans tous les lieux et à tous les instants. Nous agissons indéfiniment les uns sur les autres par la parole. Il serait temps enfin de poser dans ce monde la dignité des talents inférieurs. Ils ont aussi leur part de gloire.

« Nous sommes tous serviteurs du siècle, vis-à-vis de nous-mêmes d'abord et ensuite de nos frères arriérés. C'est par cette coopération, cette hiérarchie inédite, en quelque sorte, des esprits, par la pression des meilleurs sur les moindres et par la résistance souvent des moindres aux meilleurs, que nous formons à la longue cette sagesse des sagesses appelée l'opinion. Or, qu'est-ce que l'opinion, sinon le droit également reconnu à chacun de contribuer à la propagande de la vérité ?

« Place donc, et paix à la pensée ! Elle mène la civilisation, et, sans forfanterie de patriotisme, elle a fait longtemps de la France la maîtresse d'école de l'Europe ».

*L'adresse au Roi Coton* (1863) (1), est un appel en faveur de l'abolition de l'esclavage aux Etats-Unis. Eugène Pelletan proteste contre l'inspiration que pourrait avoir l'Europe de créer, « par un acte de vertige, dans le Golfe du Mexique, une République cotonnière, un Etat négrier, fondé sur l'esclavage et pour l'esclavage ». Il joint sa voix à celle d'Harriett Stowe, au nom de la Justice et du Droit. Il conjure les peuples de ne pas laisser le nègre « porter à jamais sur son front, le deuil vivant de la civilisation ».

(1) Une broch. de 43 p. (Pagnerre).

*Le Crime* (1863) (1), forme comme pendant à *l'Adresse*. C'est un autre cri d'appel, également vibrant, en faveur d'autres opprimés.

Eugène Pelletan exalte l'insurrection de la Pologne. Il rappelle les partages qui sont évoqués en des pages émouvantes. Quoique épris de la paix, il réclame l'intervention de la France (2).

« Est-ce assez pourtant de fusillades, de flammes, de vols, de viols et de mains coupées pour emporter pêle-mêle les doigts et les bagues des victimes ? Trouvez-vous que cette pyramide de troncs, de têtes, de Polonaises écartelées ou éventrées monte assez haut sur l'horizon ? Qu'attendez-vous alors ? Que la Pologne ne soit plus qu'un charnier, et que de vingt ans peut-être on n'y entende plus sonner une cloche et qu'on n'y voie plus monter la fumée d'une ferme au soleil levant ?

La France ne sait-elle plus faire la guerre pour une idée ? que dis-je ! pour l'humanité, et, à défaut de l'humanité, pour elle-même, dans son propre intérêt ? »

« *Le 31 Mai* » (3) (1863) nous ramène à la politique intérieure. C'est le récit des élections d'où son nom sortit vainqueur. Eugène Pelletan salue la journée libératrice dont on avait si longtemps, dans la tristesse de l'oppression, attendu l'aurore. Il souligne toute l'importance qu'avait le vote, sa portée historique.

Le début du pamphlet, écrit dans la manière de Michelet, est traversé d'un souffle poétique (4). « Le 31 mai, la France votait. Le ciel avait ce jour-là un air de fête, le soleil avait voulu être de la partie, le printemps semblait revenir de l'exil.

« Le peuple de Paris rayonnait comme le soleil; il avait

(1) Une broch. de 48 p. (Pagnerre).
(2) *Le Crime*, p. 39.
(3) Une broch., de 48 p. (Pagnerre).
(4) *Le 31 mai*, p. 3.

mis la main là... l'artère battait toujours. Il avait je ne
sais quel instinct secret que, de ce 31 Mai obstinément
historique, il allait faire encore une date de l'histoire.

« Le scrutin était ouvert, l'urne était béante sur le bureau, j'allais dire sur l'autel. La foule approchait de la
pâque civique avec une sorte d'émotion. L'ombre de 89 la
regardait voter. On voyait à la physionomie de chacun
qu'il avait quelque chose sur la conscience. »

Eugène Pelletan signale les difficultés de la lutte, les
forces d'influence et d'argent dont disposait l'autorité. En
regard il oppose la volonté disciplinée des travailleurs. Il
donne à l'élection le sens qu'elle doit avoir et puisque elle
signifie la liberté il trace le programme des libertés qu'il
faut conquérir. Il dit aux élus le devoir qui leur incombe, — et l'invocation, la promesse civique qui terminent la brochure semblent rajeunies par l'actualité.
On ne les relira pas sans profit (1).

« La colère consume et n'éclaire pas ; si la démocratie
veut rentrer en grâce avec la fortune, qu'elle commence à
rentrer en grâce avec elle-même ; elle a eu ses erreurs,
qu'elle en fasse une gerbe et qu'elle y mette le feu. Plus
de divisions de mots ni de querelles dans les rangs ; car
à qui peuvent-elles servir ? Ce n'est pas sûrement à notre
idée.

Le peuple nous donne en ce moment le bon exemple.
Qui l'a vu de près, qui l'a interrogé, qui en a été interrogé à son tour sait bien et peut témoigner que si le peuple réclame encore aujourd'hui sa part de champ et de soleil, c'est-à-dire de droit au bien-être et à la lumière, il a
fait cependant un changement de front et qu'il a mis de
côté tout ce qui n'était que du vent et de l'orage.

Une heure sévère approche de chacun de ceux que le
hasard de la lutte a mis au poste avancé ; jamais il n'a été
donné à quelques hommes de porter une œuvre plus

(1) *Le 31 mai*, p. 47 et 48.

lourde. Mais on a le droit de le dire, sans fausse humilité : quand on vient à songer que c'est la France, en définitive, qu'on porte, on sent en soi comme la force de l'infini, non par un sentiment de vanité, car qui est-on ? mais par le sentiment de cette vérité, qu'une grande idée élève toujours un homme au-dessus de lui-même et lui communique quelque chose de sa puissance.

Autant qu'un autre, plus qu'un autre, dans cette rapide destruction d'un être qu'on appelle l'existence, on a pu avoir ses heures troublées, ces pages de la vie qu'on aime mieux tourner que relire ; mais pour peu qu'on ait encore la chance de lever la main pour la démocratie, d'apporter son contingent au rachat de la liberté, ne fût-ce que le denier de la veuve, alors le moment de régler son compte pourra venir quand il voudra : on aura eu sa part, on aura bien vécu. »

*L'Ombre de 89* (1) (1863), est une lettre adressée au duc de Persigny, ministre de l'Intérieur, qui vient de tomber du pouvoir. Il prend texte d'un discours prononcé par le duc dans un cercle de Saint-Etienne pour faire l'éloge de la liberté. Ses arguments sont fondés sur des exemples empruntés aux incidents de l'époque et qui ont vieilli.

Mais, grâce à l'imagination de l'écrivain, un passage de la brochure mériterait les honneurs des plus sévères Anthologies. Eugène Pelletan suppose que Bonaparte fait un rêve à la veille de la bataille des Pyramides. L'esprit de la Révolution se dresse devant lui (2). « Il sent frémir la toile de sa tente, comme si un souffle venait de passer, et il voit apparaître une femme pâle, un voile sur la tête ; c'est l'ombre de 89, la veuve du xviii° siècle. Et toute la tente resplendit comme dans la flamme du buisson ardent ; Bonaparte pouvait voir clair en lui et

(1) Une broch. de 42 p. (Pagnerre).
(2) *L'Ombre de 89*, p. 35 et suiv.

autour de lui, car il n'avait trempé dans aucun acte de la Révolution, et par conséquent il n'avai tdonné aucun otage à l'erreur.

— Écoute, mon fils, lui dit l'ombre, j'ai mis sur toi une intention ; écris dans ton cœur ce que je vais te dicter :

« J'ai fait une révolution au soleil de la Bastille, mais cette révolution était-elle simplement dans mon esprit un transfert de pouvoir et un changement de locataire dans un palais ? Non, elle était avant tout la pensée d'un siècle, une théorie en action ; elle portait le nom de Montesquieu, avant de porter mon chiffre, et le nom de Rousseau, avant de prendre le titre de république.

« C'est l'âme de la France passée dans sa loi ; la loi n'en voudrait plus, que la révolution ne périrait pas pour cela ; elle rentrerait au cœur du peuple dont elle est sortie, et, retranchée là comme dans une citadelle, elle attendrait son jour de silence. Comprendre la révolution, c'est donc comprendre la philosophie qui l'a produite et qui la reproduira autant de fois qu'on essayera de la retirer au peuple français.

« Homme de la révolution, tu n'es ce que tu es et tu n'as de raison d'être que par elle ; quelle que soit la hauteur où je te porte, fais-en toujours ta foi et ta providence ; vivant de sa vie plus puissante qu'aucune vie humaine, tu prendras par là un gage contre la perfidie du temps ; car, pour atteindre ton pouvoir, il faudra déranger plus qu'un individu, il faudra déplacer une nation.

« Ainsi donc, identifié à la révolution comme à ta première garantie, tu dois chercher à connaître ce qu'elle a voulu, et à ton tour, et quoi qu'il arrive, le vouloir toujours.

« Elle a voulu d'abord la liberté ; sinon, pourquoi aurait-elle joué la partie contre la monarchie ? Pour changer de despotisme? Mais despotisme pour despotisme, mieux valait garder l'ancien ; elle évitait du moins la dépense du transport.

« Révolution et liberté, tu verras là une seule et même chose, comme la cause et l'effet. C'est pour conquérir la liberté que la révolution a pris la Bastille ; c'est pour défendre la liberté qu'elle a jeté son sang au vent de la frontière. La liberté est la part du peuple dans la victoire ; lui retirer cette part, ce serait le désintéresser de la révolution, ce serait le décourager de son patriotisme : on n'aime pas seulement la patrie pour elle-même, mais encore pour son droit de citoyen.

« La révolution a voulu ensuite l'égalité, non pas cette égalité brutale qui renverse un peuple comme un sablier pour placer dessus ce qui était dessous, mais bien cette égalité rationnelle qui substitue l'ordre de nature à l'ordre de convention, la hiérarchie du mérite à la hiérarchie de naissance.

« La révolution a proclamé l'égalité, et l'égalité, à son tour, a sauvé la révolution, en allant chercher au fond de la plèbe Moreau, Hoche, Masséna, Marceau ; elle donna son épée à tenir au plus digne, et elle mettait sans cesse la victoire au concours.

« Et toi-même, qui es-tu à cette heure, sinon le plus éclatant argument du principe d'égalité ? L'ancienne monarchie t'aurait laissé vieillir sous l'épaulette de capitaine, tandis que, grâce à Dieu, maintenant tout homme de bonne volonté vaut ce qu'il vaut et compte selon son mérite. La liberté donne le talent, et l'égalité le met à la tête du gouvernement.

« Le jour où l'opinion publique t'appellera au pouvoir, pose largement ta candidature. Dis à tous, du droit de ta popularité : Hommes de la révolution comme moi, unanimes au début sur son dogme, vous êtes divisés sur des nuances d'application, sur des questions de détail, et sous le coup de la passion, et dans l'entraînement de la lutte, vous vous êtes méconnus les uns les autres, vous vous êtes frappés dans les ténèbres. Les meilleurs, nos aînés, sont morts ou proscrits, et la révolution successivement décapitée de tous ses génies, effrayée de ses propres œuvres, arrive, d'élimination en élimination, jusqu'à moi, soldat de fortune, ouvrier de la dernière heure, pour me supplier de le sauver d'elle-même et de la sauver de l'Europe.

« Dis-leur encore : Constituants, feuillants, girondins, jacobins, noms passagers des accidents de la révolution, le temps vous a donné successivement tort dans vos systèmes d'exclusion. Venu le dernier sur la scène, dégagé de toute solidarité dans vos erreurs ou dans vos colères, je vous adjure de vous réconcilier sur mon nom, comme sur un terrain neutre, au cri de Vive la Révolution ! notre date commune, et de la liberté, notre principe commun.

« Vous, d'abord, vous avez sacrifié la liberté à la frayeur du désordre ; vous, ensuite, vous avez sacrifié la liberté au danger de la patrie ; donnez-moi votre confiance, et je vous promets la sécurité à votre foyer, la victoire à la frontière. Je vous offre en caution, d'une part, l'endémiaire, et, de l'autre, *Castiglione*. Je pourrai ensuite aller contempler sous mon figuier, comme le patriarche de *Mount-Vernon*, le dernier rayon de mon soleil couchant. J'aurai mis mon nom hors de toute atteinte, et un jour les mères, en allaitant leurs enfants sur leurs seins, béniront ma mémoire.

« Puis fais comme tu auras dit, mon fils, et tu auras fondé une nouvelle forme de gouvernement, une démocratie couronnée d'un stathouder. Fonder est un honneur qui n'est donné que de loin en loin à quelques élus, à Solon, à Washington. Que dis-je ? un honneur, c'est le dernier mot du génie ; à quel signe, en effet, le reconnait-on, si ce n'est à créer un ordre nouveau, c'est-à-dire à prendre le pas du siècle, à marcher avec le siècle, à revivre par conséquent dans chaque progrès du siècle et à assister, en quelque sorte du fond de sa tombe, à l'œuvre de chaque génération ?

« Quelle est donc aujourd'hui l'œuvre politique et sociale du peuple américain où l'esprit de Washington ne soit présent, comme le Christ est présent dans le christianisme ? Quelle est la fête publique où l'Américain, après avoir jeté un regard d'orgueil sur sa patrie, ne dise au fond du cœur : Washington est là ? Une nation libre est véritablement l'Eucharistie perpétuelle du fondateur qui lui a conquis la liberté ? Quiconque use de cette liberté ressuscite en lui le libérateur. »

Bonaparte écouta une autre voix ; et il suivit son destin... »

Le Termite (1) (1864), est une défense personnelle. Eugène Pelletan y justifie les théories émises dans le « 31 mai ».

Pourquoi ce titre : « Le Termite » ? Eugène Pelletan en dit l'origine (2) :

« Il y a un nouveau parti, c'est le parti termite. M. Rouher en a fait la découverte et il en a donné de suite connaissance au Sénat.

L'auditoire dressa l'oreille et demanda : « Qu'est-ce que le termite ? — C'est un insecte rongeur, répondit le ministre,... du genre fourmi. »

« Tellement rongeur, ajouta le cardinal Donnet, qu'il a dévoré la moitié de La Rochelle. » Ce qui donnera sans doute à réfléchir à l'autre moitié.

« Je n'aurais rien à redire à cette leçon d'entomologie, si M. le ministre n'avait cru devoir inférer d'une brochure de ma connaissance que je faisais partie d'une fourmi-

_______

(1) Une broch. de 32 p. (Pagnerre).
(2) Le Termite, p. 5 et 6.

lière qui pourrait bien un jour traiter la France comme La Rochelle.

« Il faut aimer la politesse; c'est le parfum de la parole; mais serait-ce manquer de politesse à M. Rouher que de le prier de choisir un autre secrétaire?

« Car évidemment le secrétaire, chargé de lire pour le ministre tout ce qu'un ministre ne saurait lire par lui-même, a feuilleté la brochure du 31 *mai* en jeune homme affairé, qui a une course à faire au Bois de Boulogne.

« Eh quoi! cette brochure réclame la liberté à corps perdu, et la réclame au nom de la concorde ; elle déclare à chaque page que la liberté tuera le termite, c'est-à-dire le mécontentement dans l'ombre ; et on a pu y voir une apologie du termite! Je vous apporte l'insectifuge, et vous m'accusez de complicité avec l'insecte! »

Eugène Pelletan s'amuse à prouver que pour conspirer il n'y a pas besoin d'un parti termite. La conspiration est partout, dans la parole, dans le journal, porteurs de vérité, même quand on les surveille.

« *Le Termite* », mais c'est l'amour de la liberté qui renverse tous les obstacles dressés par le pouvoir (1) :

« On condamne une nation au silence pour sauver l'État, et alors qu'arrive-t-il ? Il arrive qu'à défaut de la presse écrite, visible, tangible, il se forme, il se glisse, il se répand, ici, là, partout, une sorte de presse orale, anonyme, irresponsable ; on parle, on cause, on discute de toute chose, et surtout de la chose interdite à la discussion, et tout ce qu'on veut faire dire à son tour, on l'insinue au voisin sous le sceau du secret, et le voisin le croit d'autant mieux, qu'il regarde la confidence comme une politesse.

« La nature humaine est ainsi faite, qu'il suffit d'empêcher librement, pour que le public accepte de confiance tout ce qu'on lui raconte de vive voix, précisément parce

_________

(1) *Le Termite*, p. 23 et 24.

qu'on ne peut pas l'écrire. Plus vous diminuez la liberté d'une nation, plus vous augmentez sa tendance à la crédulité.

« Or, aujourd'hui, le va et vient du chemin de fer a fait de chaque pays un tamis, toujours en mouvement, qui blute et qui mêle sans cesse les populations et les idées. Il n'y a plus ni distance, ni séparation, ni province, ni capitale ; un royaume ne forme plus qu'un vaste parloir où tout le monde prend part à la conversation.

« Voilà le termite. Le termite, en effet, c'est le nouvelliste ambulant qui affecte tout à coup un air sibyllin, et dit en pesant sur chaque syllabe :Savez-vous la dernière chronique? et puis penche la tête à l'oreille de l'interlocuteur.

« Et l'autre lève le sourcil, et, boutonnant sa redingote d'un air tragique, il ajoute : Je l'avais bien prédit, et il va du même pas vendre à la Bourse sa dernière obligation du Crédit mobilier : alors le termite a fait son œuvre ; on entend comme un bruit sourd, et le rat déménage de la maison. »

Eugène Pelletan conclut en réclamant pour la France la liberté, car elle a « la fierté de croire qu'elle la mérite ».

« *Qui perd gagne* (1) (1864) est un éloge de la paix. L'entrée en matière est piquante. On y voit avec quelle virtuosité, quelle souplesse et quelle fantaisie aussi, le maître journaliste sait varier ses effets pour éveiller l'attention du lecteur. Il se met en scène lui-même, et imagine un dialogue qui amorce la démonstration et qui donnera d'autant plus de force à sa pensée, où d'ailleurs, l'utopie côtoie la vérité, qu'elle aura l'air, tout d'abord, d'un paradoxe (2). »

« C'est bien l'esprit le plus dangereux pour lui-même

_______

(1) Une broch. de 32 p. (Pagnerre).
(2) *Qui perd gagne*, p. 5 et 6.

que je connaisse ; il dit tout ce qu'il pense, et il ne pense comme personne.

« Il marche d'habitude la tête dans la poitrine, mais de temps à autre il la relève brusquement, et on voit au mouvement de la lèvre qu'il vient de se dire quelque chose.

— Il n'y a qu'un homme qui me comprenne, murmura-t-il un jour.

— Qui donc? demanda quelqu'un.

— Moi-même répondit-il. Aussi est-ce à celui-là que je parle de préférence.

Je le rencontrai ce printemps au Palais de l'Industrie, devant le tableau de la « Bataille de Solférino » ; il semblait examiner à la loupe la peinture de Meissonier.

— Savez-vous qui a gagné cette bataille ? dit-il.

Et, sans me laisser le temps de répondre, il ajouta d'un ton d'assurance :

— C'est l'Autriche.

— Comme la Prusse, lui dis-je, a gagné la bataille d'Iéna.

— Précisément.

— Et comme la Russie a remporté la victoire de l'Alma.

Il me regarda d'un air étonné.

— Vous lisez donc au fond de ma pensée?

— J'y lis en effet un nouveau paradoxe.

— Donnez-moi le temps de faire votre examen de conscience, et vous verrez que vous partagerez mon paradoxe.

En parlant ainsi il me prenait par le bras et me conduisait au parterre du rez-de-chaussée, en face d'une statue de Napoléon à cheval.

— Asseyons-nous sur ce banc, dit-il ; ici l'air est honnête. On ne saurait mieux parler de boucherie humaine qu'en respirant l'odeur de cette plate-bande. Nous pourrons causer d'ailleurs en toute liberté. Il n'y a

que cet homme à cheval qui nous écoute et il n'en dira
rien à Fouché. Mais procédons par ordre de date... Je
vous disais donc tout à l'heure que la Prusse avait gagné
la bataille d'Iéna...

— Et vous alliez le prouver... »

Eugène Pelletan, par des exemples empruntés à l'histoire, prouve que toute bataille est suivie de représailles,
que la victoire n'éclaire jamais un peuple et que la défaite
l'éclaire quelquefois.

D'après lui, la Prusse a remporté la victoire d'Iéna.
« Elle y a perdu, il est vrai, une armée réputée invincible, mais elle y gagne la liberté, et la liberté
lui a donné richesse, science, pensée, littérature, la
souveraineté, en un mot, intellectuelle, morale et commer-
ciale de l'Allemagne ».

Poursuivant sa démonstration, Eugène Pelletan prend
l'exemple de Napoléon « qui faisait toujours la guerre
pour donner de l'occupation à son génie ». Les gains
qu'il a réalisés se résolvent en pertes (1). « La France
n'avait pas fini de chanter un « *Te Deum* » pour une
victoire, qu'elle devait recommencer une nouvelle action
de grâces en latin. »

« Si la guerre a son mérite, elle a aussi son inconvénient :
elle tue non seulement du côté vaincu, mais encore du
côté du vainqueur ; elle tue par la marche, elle tue par
le feu. « Après une bataille, disait Napoléon lui-même,
chacun a son compte ». Il fallait donc demander sans
cesse à la conscription la matière première de la victoire,
et la main d'œuvre manquait à l'agriculture.

« La guerre tue en outre le commerce, et sous l'empire
elle le tuait d'autant mieux que l'Angleterre bloquait la
mer et que Napoléon avait bloqué la terre : blocus contre
blocus. La guerre tue ensuite l'industrie, car on ne fa-

(1) *Qui perd gagne*, p. 15-16.

brique que pour vendre et on ne vend qu'autant qu'on a devant soi un marché toujours ouvert ; elle tue enfin la pensée, car la pensée a besoin de recueillement ; comment pourrait-elle méditer au bruit du canon ? et de plus elle a besoin de liberté. Or Napoléon traitait la pensée d'idéologie, et la liberté de conspiration.

« La France était bien alors la nation la plus glorieuse de la terre et la plus enflée de territoire, mais elle ne produisait pas, mais elle ne vendait pas, mais elle n'achetait pas, mais elle ne pensait pas, mais elle ne parlait pas, on ne parlait que pour rien dire ; il n'y avait que l'industrie du crêpe au chapeau qui témoignait encore de quelque prospérité.

Et cependant Napoléon allait toujours. Il allait en Autriche et ce n'était pas assez ; il allait en Prusse et ce n'était pas assez ; il allait en Espagne et ce n'était pas assez ; il alla à Moscou, et c'était trop, son armée resta dans la neige ; il en improvisa une autre d'un coup de « Moniteur », et cette armée disparut encore à Leipsick.

Et à quoi bon, je vous prie, toutes ces allées et venues à main armée ? Pour reporter le nom de la France au delà des frontières. Mais pourquoi Napoléon voulait-il étendre notre territoire ? Pour augmenter probablement notre puissance. La conquête constitue dans ce cas une opération de commerce qu'on doit juger comme toute autre spéculation, par le chiffre du bénéfice.

Napoléon a dépensé dans cette entreprise je ne sais combien d'armées et de milliards, et en fin de compte, après quinze ans de fusillades acharnées, il n'a légué à la France ni un homme ni un écu de plus ; il n'a pas réussi, dit-on ; je le crois bien, il ne pouvait pas réussir.

Comment ne pas voir en effet que plus la France, la première nation du monde au point de vue militaire, déborde sur le territoire circonvoisin, plus elle offre de danger à l'Europe, et plus elle en attire sur sa tête par contre-coup ; car elle provoque contre elle la coalition des autres Etats menacés dans leur indépendance, et alors c'est la guerre, la guerre à outrance, la guerre de tous contre un seul, jusqu'à ce que la balance faussée de l'Europe ait repris son équilibre ? »

Le polémiste conclut par une sorte d'hymne à la paix. Il donne dans le rêve du désarmement. L'illusion était forte. Bientôt après, elle sera dissipée. Mais Sadowa n'avait pas encore mis en évidence les dangers de la paix à outrance et démontré qu'on perdait vraiment en perdant.

# IV

L'action politique au Corps Législatif. — La campagne électorale dans les Bouches-du-Rhône. — Eugène Pelletan et le gouvernement de la Défense Nationale.

La série des grandes brochures est close. Eugène Pelletan se donne tout entier à la rédaction de ses livres et aussi à l'action politique.

Il serait oiseux d'enregistrer toutes les manifestations de sa vie publique. On ne retiendra que les principales.

Eugène Pelletan, dans la séance du 13 juin 1865 intervient à propos du Cabinet noir. Il embarrasse singulièrement le directeur des Postes, M. Vandal et, par dessus lui Rouher, en posant une question précise : « Dans le cas où, sans commencement d'instruction, M. le Préfet de police vous demanderait de lui livrer des lettres, les lui livreriez-vous ? » MM. Vandal et Rouher firent des réponses confuses et se contredisant. La preuve était acquise que le secret des lettres était violé. La majorité étouffa la discussion car le ministre était mis en fâcheuse attitude.

Dans la session de 1866, l'orateur, réclamant la liberté de presse, fait le procès de la société impériale. Il se hausse au ton d'un moraliste. On dirait, à la vigueur des coups qu'il porte, d'un Bourdaloue laïque, mais qui aurait lu Jean-Jacques et Diderot. Après avoir déploré la situation faite, par la législation de 1852, aux journalistes qui, pour remplir leur tâche, « sont obligés de dépenser une abnégation et un courage dont on ne se doute pas, il s'écrie :

« La Société actuelle n'a qu'un but : le plaisir. Les classes élevées donnent l'exemple de la dépravation ; deux cent quarante jeunes gens ont été pourvus de conseils judiciaires de 1862 à 1864 ; chacun dépense plus qu'il ne gagne ; des modes sans réticences témoignent du relâchement des mœurs et du goût ; les chanteurs et les chanteuses de cabaret font les délices des dilettanti de salon. Il y a pour les sociétés deux genres de désordre : le désordre moral et le désordre matériel ; le premier, bien plus dangereux que le second, paralyse le cœur et le cerveau ; le malade meurt sans s'en douter. La France est menacée de cette maladie, mais le vent de la liberté balayera ces miasmes. La France porte en elle un trop grand destin pour succomber ».

Eugène Pelletan, à la session de 1867, est mis en cause au Sénat. On parlait d'exclure des bibliothèques populaires, comme dangereux pour les ouvriers, les écrits « de Voltaire et de Rousseau, de Michelet, de Renan, de Pelletan, de Jean Reynaud, de Proudhon, de Balzac, de George Sand, etc. D'ailleurs la commission permanente de colportage, qui accordait son estampille à des œuvres licencieuses dépravant le pays, frappait sans pitié tous les livres d'inspiration noble et généreuse, et en particulier n'épargnait pas ceux de l'homme qui répandait parmi la foule la religion du progrès.

Sainte-Beuve (1) eut assez de courage et de hauteur

(1) M. Jules Troubat écrit, dans une lettre qui nous est obligeamment communiquée, au sujet des rapports de Sainte-Beuve et d'Eugène Pelletan : « Sainte-Beuve et Eugène Pelletan avaient l'un contre l'autre une certaine antipathie de race, qui se manifeste chez tous les êtres de nature différente. Ils ne s'aimaient pas. Pelletan était un austère. Sainte-Beuve ne l'était pas et n'affectait pas de le paraître. Mais il arriva qu'un jour Sainte-Beuve eut à défendre un livre d'Eugène Pelletan. Il le fit avec une largeur d'esprit impartiale et haute. M. Jules Troubat cite ensuite le discours. Il nous communique en outre la lettre suivante écrite par Eugène Pelletan à Sainte-Beuve : « Non je ne suis pas votre ennemi ; pourquoi le serais-je ? J'ai été votre adversaire quelquefois, je l'avoue, avec une amertume qui a peut-être son excuse dans la tristesse des temps que nous venons de traverser.

d'âme pour oublier qu'Eugène Pelletan l'avait traité plutôt durement, l'appelant « littérateur polype, poète à l'essai, un peu romancier, médiocrement historien, biographe au vinaigre... qui ne lit un livre que pour y trouver une preuve de scepticisme..., qui éprouve l'ambition de rabaisser l'humanité au-dessous d'elle-même..., qui a horreur de la beauté et qui a inauguré le règne du lieu-commun bilieux... »

Sainte-Beuve se vengea avec esprit en défendant celui qui l'avait accusé de transformer par sa critique désagréable « la profession d'écrivain en guerre civile déchaînée à l'état permanent. »

« Vous mettez à l'index, dit l'auteur des *Causeries*, *l'Histoire des Papes*, de Lanfrey, mais y mettrez-vous aussi ces sots livres défenseurs de l'ultramontanisme condamné par Bossuet? Vous condamnez même Jean Reynaud, ce grand esprit qui avait soif de l'immortalité, et M. Eugène Pelletan, sans vous demander si ce que vous faites est convenable à l'égard d'un membre d'une Assemblée corrélative de la vôtre et d'un livre de morale austère, d'un livre de stoïcien (1). »

Au Corps législatif, Eugène Pelletan revient à lacharge au sujet du secret des lettres. Et avec une courtoisie chevaleresque, il joue vis-à-vis d'un adversaire, le comte de Chambord, dont on viole la correspondance, le même rôle de justice et de loyauté que Sainte-Beuve a tenu à son égard. Il réduit de nouveau M. Vandal, directeur des Postes, son maladroit contradicteur, à de pauvres explications et il triomphe de ses piètres réponses : « A moins, lui dit-il, de supposer des facultés magnétiques qui per-

---

Mais vous avez assez vengé devant le Sénat la liberté de pensée, avec trop de courage, ai-je besoin d'ajouter avec trop de talent, pour que ce ne soit pas un devoir de tout esprit libéral de vous en témoigner sa reconnaissance. »

(1) Il s'agit précisément de la *Nouvelle Babylone*, où Sainte-Beuve est fort attaqué.

mettent à vos employés de lire à travers les enveloppes, il a bien fallu décacheter les lettres, les ouvrir, et avoir un atelier pour pratiquer cette opération césarienne. »

Ces boutades qui valaient par leur brusquerie inattendue, par le ton, par le geste de l'interrupteur toujours prêt à saisir le point faible de l'argument, à tirer parti des moindres incidents, harcelaient, exaspéraient la majorité (1).

C'est avec indignation que se joignant à Jules Simon, Berryer, Garnier-Pagès, le 10 décembre 1868, il réduit à néant les calomnies des feuilles stipendiées prétendant que la presse libérale recevait l'appui financier de Bismarck pour soutenir la politique prussienne. Il force M. de Kervéguen qui s'était fait, à la tribune, le colporteur de la calomnie, à déclarer, avec prudence, qu'il repousse toute solidarité avec le journal étranger qui avait lancé la nouvelle.

Le même mois, il prend part au grand débat oratoire sur la question romaine. Rouher parla des « bandes révolutionnaires » qui envahissaient le territoire pontifical. « C'est précisément, lui répondit Eugène Pelletan, l'expression dont se servait l'Autriche en 1831 pour désigner les volontaires parmi lesquels figuraient deux princes Bonaparte. »

Le lendemain, le compte rendu analytique mit ces seuls mots dans la bouche de l'orateur de l'opposition : « C'est ce que disait l'Autriche au prince Charles Bonaparte. » Il va de soi que Pelletan maintint son dire. Il réclama contre une suppression trop habile : « Il avait, dit-il, parlé des deux princes Bonaparte, parce qu'il y avait eu

---

(1) Michelet, à la suite d'une de ces vigoureuses interventions, lui écrivait : « Vous avez dit un mot qui restera : *Le suffrage, c'est la patience.*

Cela est menaçant, mais vrai. Je vous serre la main affectueusement. Mille vœux.

« J. MICHELET.

« Dimanche, 28 j. 68. »

en 1831 deux précurseurs de Garibaldi : l'un est mort, l'autre est sur le trône (1). »

Ses hardiesses de pensée et de langage lui vaudront de nombreux rappels à l'ordre. Ne s'avisa-t-il pas un jour de crier : « A bas le 2 Décembre ! »

« L'enfant terrible » fut tenu pour séditieux.

Le 29 janvier 1869, avec Thiers, Jules Simon, Jules Favre, il plaide de nouveau la cause de la liberté de la presse, combat la loi restrictive que présente le Gouvernement. Il s'élève contre la privation des droits électoraux que le projet prévoit contre tout individu condamné pour délit de presse. Il montre que des penseurs illustres, que des hommes comme Chateaubriand et Benjamin Constant auraient pu être éloignés des fonctions civiques. Mais il se heurte à la fureur de répression dont est emportée la majorité. Il ne peut empêcher l'adoption de l'article II.

Le 14 février, il se fait rappeler à l'ordre en approuvant de réflexions à voix haute Berryer qui stigmatise de sa grande et honnête voix la magistrature impériale.

Rappel à l'ordre encore le 13 juillet pour une apostrophe adressée à M. le ministre d'Etat Picard.

Le 28 Juillet la session est close.

En 1869, aux séances du 12 et du 13 mars avec Grévy, Thiers, Picard, Jules Favre, il critique les gaspillages financiers du Préfet Haussmann, proteste contre l'aliénation d'une partie des jardins du Luxembourg et entame avec Rouher, une âpre discussion à ce sujet.

Mais la fin de la législature où le parti républicain et avec lui, Eugène Pelletan, n'a cessé d'être sur la brèche, a lieu en avril 1869.

A cette date l'opposition a gagné du terrain. L'état des esprits a changé. *La Lanterne* de Rochefort était fondée, qui frondait l'Empereur et son entourage. Le procès Baudin avait eu lieu où Gambetta avait flétri le coup

_______

(1) *Histoire du second Empire*, par Taxile Delord, tome v, p. 250.

d'État et déclaré la guerre au pouvoir, au nom des irréconciliables. Le cri : « A bas le 2 Décembre ! » poussé par Eugène Pelletan en plein Parlement, avait son écho dans l'opinion publique qui se ressaisissait au jour le jour. Le peuple commençait à s'émouvoir au mot de liberté. On se préparait aux élections avec ardeur, surtout à Paris et dans les grandes villes.

Eugène Pelletan mène une double campagne, et dans les Bouches-du-Rhône contre M. de Chartrouse, et à Paris, dans la 3° circonscription qui lui demeurera fidèle.

Dans les Bouches-du-Rhône, sa parole enflammée, qui instruit et qui construit, parole d'apôtre inspiré, excite un extraordinaire enthousiasme. Elle va au cœur du peuple, par son absence d'apprêt, par la sincérité de ses accents. Eugène Pelletan, fidèle à sa doctrine, entraîne son auditoire vers l'idéal de progrès que son imagination entrevoit dans de lumineuses perspectives. Il élève ces foules instinctives et impressionnables du Midi jusqu'aux sommets où plane sa pensée de philosophe et de poëte. Il mène une campagne peut-être unique dans l'histoire des élections en France. Il se fait l'éducateur des paysans et des ouvriers. Il s'adresse à la femme qui accourt aux réunions publiques pour acclamer l'auteur de « *La Mère* ». Et des mères, dans un accès d'enthousiasme, lui tendent leurs enfants pour les bénir.

Le 7 mai 1869, Eugène Pelletan écrit à M. Hérold (1) :

« Mon cher ami,

« Je pars dans la nuit de dimanche à lundi ; je serai à Paris lundi soir. Prendrez-vous le même train ? Pensez-vous le prendre ? Ce serait pour moi une bonne fortune.

« Quelle tournée je viens de faire ! Otez votre chapeau. Jamais Empereur, sauf notre respect, n'a reçu pareilles

(1) Lettre inédite.

ovations. Et quelles belles jeunes filles, à faire pâlir toutes
les madones de Raphaël, font la haie pour voir passer
cette bête curieuse qu'on appelle un candidat !

« Veuillez présenter mes sympathies à la famille C.. Et
Vive la République ! Malgré ma barbe blanche, je vous
amènerai un bataillon d'Arlésiennes pour prendre d'assaut le château des Tuileries (1).

« Tout à vous.

EUGÈNE PELLETAN. »

Malgré la campagne épique qu'il a conduite avec une
extraordinaire virtuosité, Eugène Pelletan échoue dans
les Bouches-du-Rhône, mais à Paris il est élu, au premier
tour de scrutin, le 24 mai, contre M. Bouley, directeur de
l'École vétérinaire d'Alfort.

Son nom est acclamé par de formidables applaudissements sur les boulevards et dans les faubourgs, avec
ceux de Bancel, de Picard, de Jules Simon, de Gambetta. Au deuxième tour de scrutin Thiers, Garnier-
Pagès, Jules Favre, Jules Ferry, étaient associés à son
triomphe. Paris redevenait libéral. Les élections fournissaient quatre-vingt-dix opposants dont quarante républicains.

En juin 1869, Eugène Pelletan proteste contre la pression qui s'est exercée en faveur des candidatures offi-
cielles.

Son opposition ne cesse d'être énergique et active. Il
est parmi les signataires du manifeste antiplébiscitaire, en

(1) On se rappelle encore, à l'heure actuelle, la campagne légen-
daire. Un survivant, dans une lettre, évoque l'ardeur de la lutte.
Arles donna la majorité à Pelletan : « Ce furent certaines communes
comme Châteaurenard, Barbentane, qui firent manquer l'élection. Ces
deux communes, à cette époque, approvisionnaient de légumes le
marché d'Arles. Les Arlésiens furieux, allaient les jours de marché
attendre les marchands, leur jeter leurs légumes à la tête et leur
faisaient rebrousser chemin. »

avril 1870. Dans la séance historique du 15 juillet 1870, il proteste, malgré l'opposition de la majorité qui ne veut pas de discussion contre les déclarations de guerre à la Prusse. Il fait partie des « Seize » assez clairvoyants pour s'apercevoir que la France n'est pas prête...

Quand éclate la nouvelle du désastre de Sedan, Eugène Pelletan voit s'accroître ses angoisses patriotiques.

Il hésite un instant, avec Jules Favre, Jules Simon, Thiers, Ernest Picard, Emmanuel Arago à tirer parti des revers pour renverser le régime impérial et proclamer la République. Peut-être éprouva-t-il quelque scrupule à paraître violer la légalité, à devoir au deuil de la patrie le triomphe des idées qu'il avait défendues toute sa vie. Lui qui, le 26 octobre 1869, se souvenant des journées de Juin, de la répression sanglante et de la réaction qui avait surgi, avait refusé de provoquer une émeute, de susciter une « Journée » que voulaient les partis avancés et qui, donnant l'exemple du courage civique, avait bravé une impopularité passagère et les colères d'un Comité présidé par Jules Vallès, se demanda peut-être si, au milieu de tant de ruines la République était prête à sauver, sinon le pays, du moins l'honneur (1).

Après avoir montré que les chefs du parti républicain n'étaient nullement impatients d'arriver au pouvoir, un historien a écrit (2) : « M. Eugène Pelletan n'était pas moins éloigné que ses collègues de la pensée de s'emparer du gouvernement par un coup de main. Il y a, pour les esprits élevés et contemplateurs, un moment de la vie où

(1) La réunion, qui fut tumultueuse, eut lieu à Clichy. Eugène Pelletan opposa aux injures et aux vociférations, un admirable stoïcisme. « Ce qui s'y est passé est déplorable, dit l'*Avenir National*, et donne bien la mesure du triste temps où nous vivons ; un temps où les haines, les outrages, la calomnie, sont, pour des hommes tels que MM. Jules Favre et Eugène Pelletan, la récompense de trente années de sacrifice, d'abnégation et de dévouement. » Voir : *Ernest Picard*, par Maurice Reclus, p. 162 et suivantes.

(2) *Histoire du second Empire*, par Taxile Delord, tome II, p. 450.

ils aiment mieux voir passer les événements que les diriger. M. Eugène Pelletan semblait en être venu là à ce moment ».

L'incertitude fut courte. La France est en détresse. C'est se dévouer que d'accepter sa part de responsabilité dans un gouvernement de défaite. Eugène Pelletan était de ceux qui, loin de se dérober, revendiquent les postes de péril.

D'ailleurs les événements se précipitent. La révolution éclate, spontanée, irrésistible. La conscience de la nation réclame la République.

Eugène Pelletan agit avec une prompte fermeté. Le 3 septembre, avec vingt-huit députés, il réclame la déchéance de Louis-Napoléon Bonaparte. Le 4 septembre, une heure avant que la foule envahisse l'assemblée, il a une violente altercation dans les couloirs de la Chambre, avec le général Palikao qui se préparait à donner l'ordre de tirer sur le peuple. Il veut empêcher l'effusion du sang. Le général lui répond « avec des formes militaires passablement brutales » et le député s'écrie :

« Il ne faudrait pas recommencer un 2 décembre à Paris (1) ». MM. Javal et Esquiros durent séparer les deux interlocuteurs. Le peuple s'engouffre dans l'hémicycle et les tribunes et applaudit avec frénésie Gambetta prononçant la chute de l'Empire... (2)

Pelletan, avec la députation de Paris se rend à l'Hôtel de Ville. La République est proclamée. Il entre dans le

---

(1) *Le 4 Septembre devant l'enquête, appendice,* p. 225 (Pagnerre, éditeur).

(2) L'attitude d'Eugène Pelletan déplaisait fort en haut lieu. Il résulte de la publicaton des Mémoires d'Emile Ollivier (*Revue des Deux-Mondes,* 1er juin 1912) que l'arrestation de Pelletan et des chefs du parti républicain avait été décidée pour la nuit du 9 au 10 août 1870. On devait les traduire devant une Haute-Cour pour complot contre la sûreté de l'Etat ou les déporter, sans jugement, à Belle-Isle. La chute du ministère Ollivier (9 août) empêcha le coup d'Etat que l'écrivain appelle « un coup de justice et de salut public ».

gouvernement de la Défense nationale. Pendant le siège de Paris, avec un inlassable dévouement, malgré les privations et la maladie, il s'occupe de l'assistance, des ambulances.

Une nuit, le logis de la rue du Cherche-Midi qu'il n'a pas voulu quitter se trouve en plein foyer de bombardement et d'incendie.. M. Camille Pelletan m'a conté les angoisses et les transes de toute la famille qui voyait les obus tomber sur la Prison militaire, sur l'Ecole sise tout auprès d'eux et où la pluie des projectiles faisait des victimes. Du soir à l'aube, des clameurs tragiques s'élevèrent, répondant au bruit du canon. Le lendemain, Dorian, ministre des Travaux publics, offrait un refuge à la maisonnée, la sauvait du danger qui, de jour en jour, grandissait.

Mais la guerre civile ajoute ses horreurs aux calamités produites par l'invasion. Eugène Pelletan tient tête à l'orage avec une calme résolution.

Quand éclate l'insurrection du 29 octobre, prodrome de la Commune, il vote selon sa conscience, pour les poursuites.

Avec Arago et Garnier-Pagès, il est envoyé le 6 février 1871, en mission à Bordeaux où est Gambetta qui s'y est rendu après avoir quitté Tours. Il réussit à empêcher une scission entre la Délégation de province — qui organise la résistance et le Gouvernement de la Défense nationale bloqué à Paris, qui n'arrivaient pas à une entente au sujet des élections générales.

Là s'arrête son rôle actif comme membre du Gouvernement. Il n'est pas inutile de mentionner que du 31 janvier au 4 février 1871, il fut délégué dans les fonctions de ministre de l'Instruction publique.          .

Le 8 février, Eugène Pelletan était élu représentant des Bouches-du-Rhône, à l'Assemblée nationale.

De même qu'il avait été l'historien des Journées de Février, il écrivit aussi la monographie du 4 septembre.

Il justifie des attaques et des calomnies dont on essaye
de les accabler, les auteurs de la Révolution populaire. Il
établit dans son livre : « *Le 4 Septembre devant l'Enquête* (1) que l'Empire ne pouvait pas ne pas être renversé
et qu'il n'y a pas eu usurpation de pouvoir.

On avait parlé d'un complot, d'une conjuration. Eugène
Pelletan répond (2). « Eh bien oui, le fait est vrai, il y
eut à ce moment-là une conspiration... Elle comptait dans
ses rangs autant de conjurés qu'il y avait en France de
citoyens dont le cœur battait encore.

« Quand la nouvelle de Sedan, portée par le télégraphe,
courut sur la France comme un frisson, ce ne fut qu'un
cri : c'en est trop ! et partout à la même heure, à Marseille, à Bordeaux, à Nantes, à Versailles, la justice de
Dieu passa dans un vent de colère.

« Il nous semble que la soudaineté, que la simultanéité
de la révolution démontraient, jusqu'à la satiété de l'évidence, que personne ne l'a faite, qu'elle s'est faite d'elle-
même, qu'elle n'est autre chose que l'explosion d'un sentiment unanime qu'aucune main d'homme ne saurait
déchaîner et encore moins arrêter. »

Il rejette le délit d'usurpation en faisant un retour sur
le passé et en montrant de quel côté était le droit (3) :

« Entre nous républicains et les Bonaparte, il y avait
un marché implicite. Nous n'en avions pas débattu les
articles, nous n'avions eu qu'à les subir. Nous étions les
vaincus du 2 décembre ; le vainqueur nous traitait en
prisonniers de guerre, il nous refusait notre part de
champ et de soleil, il nous tenait parqués dans une sorte
de proscription intérieure, avec la loi de sûreté générale
à la porte pour sentinelle.

« Nous avons tenu le contrat pendant dix-huit ans ; mais

<hr>

(1) 1874 (Pagnerre).
(2) *Le 4 Septembre*, p. 37-38.
(3) *Le 4 Septembre*, p. 48-49.

Gouvernement de la Défense Nationale.

*(D'après Braun et C°, Genève).*

il était convenu entre nous qu'il n'était que le contrat de la force, et que si elle venait à repasser de notre côté, l'Empire nous déliait de notre engagement. Il ne s'est pas plus mépris sur les conditions du pacte que nous ne l'avons trompé.

« Nous n'avons qu'un regret, c'est que l'heure de la résiliation soit venue si tard et dans un deuil de la patrie ; mais ce n'est pas nous qui avions traîné la France à Sedan ; la révolution n'était d'ailleurs que la restitution légitime de la République au peuple français. Le peuple a repris ce qu'un homme endetté lui avait volé de nuit au coin d'un coup d'Etat. »

Il repousse, dans un accès d'éloquente indignation, le reproche d'ambition qu'on a jeté à la face des gouvernants improvisés (1) :

« Le gouvernement de la Défense n'a pas usurpé le pouvoir, il l'a trouvé en déshérence ; il l'a pris ou plutôt il l'a subi résolûment, parce que lui seul pouvait le prendre et que s'il l'eût refusé, il le laissait à l'anarchie.

« Et par quel autre motif aurait-il accepté la succession de Sedan ? Par ambition ? l'enquête ne le dit pas tout à fait, elle le donne seulement à entendre. Par ambition ! mais le pouvoir n'était à ce moment qu'un baril de poudre à côté d'une fournaise, mais le gouvernement quel qu'il fût n'avait que le choix des dangers, que disons-nous ? des fautes ; sa situation le condamnait au succès et la fatalité lui en retirait les conditions.

« Il ne peut pas faire la paix, il ne peut pas faire la guerre, car il n'a que du vent dans la main, et pourtant il faut qu'il la fasse sous peine de déshonneur, jusqu'au jour où, vaincu par une force plus forte que tout patriotisme, il tombera victime d'un devoir ; arrière-garde sacrifiée d'une retraite désespérée, il n'avait qu'à périr sur

_______________

(1) *Le 4 Septembre*, p. 59-60.

place et à disparaître en emportant sur lui la malédiction de la fortune.

« Et on appellerait cela de l'ambition ! C'en était une en effet, mais rassurez-vous, elle n'est pas contagieuse. Quant à l'ambition dont on veut parler, elle a trop d'esprit pour placer son dévouement à fonds perdu.. Tant que la crise dure, elle regarde et elle attend; et quand d'autres ont pris sur leur tête la charge des mauvais jours, quand d'autres encore ont déblayé le terrain de tous les périls, alors elle renverse les ouvriers de la première heure, et elle gouverne comme nous la voyons gouverner en ce moment. »

Eugène Pelletan continue la défense qui, pour les esprits impartiaux, est une éclatante apologie, en mettant en lumière l'héroïque résistance de Paris à qui il rend un émouvant hommage (1) :

« Au moment où l'armée prussienne passait la Seine pour l'investir, les forts étaient à peu près armés avec dix coups par pièce, dix heures à peine de dialogue d'artillerie pour un ennemi entreprenant ; les remparts de la place en étaient encore à leur état primitif de virginité. Ni embrasures, ni traverses, ni poudrières, ni abris. Les canons gisaient sur l'herbe des plates-formes faute d'affûts ; si l'ennemi avait payé d'audace, le roi Guillaume pouvait le soir même souper au Palais-Royal.

« Paris ne pourra résister un mois, avait-on répété, et pourtant il a résisté quatre mois et demi, et quand on a vu, comme nous, tout ce qu'il a enduré, tout ce qu'il a enseveli, dans ce lugubre drame, d'abnégation, de misère, de grandeur d'âme, sans distinction de classe, ni de sexe, on a le droit d'affirmer que ce siège, unique dans notre histoire, en sera un jour la page d'honneur.

« Ni le froid, ni la faim, ni l'épidémie, toutes les épidé-

_______________

(1) *Le 1 Septembre*, p. 118-119 .

mies réunies, ni le bombardement, ni le sifflement de vipère des obus passant à travers la nuit pour semer la mort au hasard ; ni ce quart d'heure psychologique enfin, ce mot diabolique du génie combiné de la caserne et de l'université allemandes, rien n'a pu lasser l'intrépidité ni la patience de la population : elle a lutté, elle a souffert, et d'Europe, cette postérité contemporaine, en a jeté un cri d'admiration.

— Ce n'est pas ma capitale qui en eût fait autant, disait l'empereur d'Autriche.

Mais Paris est le criminel de la pensée, il est le maudit ; il parle trop haut, il tient trop de place en France : on lui a donné la Restauration à garder, il l'a chassée ; la dynastie de Juillet à défendre, il l'a renvoyée ; l'Empire à subir, il l'a revomi, donc anathème sur lui; qu'on n'en parle que pour le flétrir. »

Eugène Pelletan prouve ensuite qu'il était impossible de conjurer l'émeute du 31 octobre « crise de nerf du patriotisme », qui annonçait le 22 janvier, et peut-être le 18 mars.

Il clôt le livre par un procédé dont il ne se départit jamais. Il ne veut pas « fermer la discussion » sans « en tirer la moralité ». Il met en parallèle la monarchie qui fait des efforts désespérés pour ressaisir un pouvoir disputé entre les prétendants et la République dont il dresse la forte et charmante image et dont il annonce la définitive victoire (1) :

« Voilà ce qu'ont fait les hommes de tous les passés ou ce qu'ils tentent de faire en haine de la république. L'avez-vous assez injuriée, assez calomniée? Il n'y a pas une fibre d'elle qui n'ait été meurtrie ou froissée ; vous chercheriez en vain sur son corps une place pour faire une nouvelle blessure, Vous pensiez en avoir fini avec elle, n'est-ce pas? Mais elle, plus fière et plus forte

(1) *Le 4 Septembre*, p. 219-222.

que jamais, n'en marche que la tête plus haute à l'accomplissement de sa destinée ; elle sent, elle sait qu'elle porte en elle l'âme de la France, et la fatalité irrésistible d'une loi de nature. Et foulant à son pied comme de la paille tout ce qu'on jette devant elle pour la faire trébucher, elle marche toujours et entraîne toujours de plus en plus hommes et choses dans l'immense attraction de son principe. Vous avez cru qu'il suffirait du maréchal Mac-Mahon pour l'arrêter ; mais, le prenant par les épaules, elle le retourne, et, le poussant devant elle, elle en a fait son licteur ; c'est lui maintenant qui ouvre la marche et qui fraye le passage ; place à la République ! *i, lictor !*

« Mais entendons-nous bien, la République, quoi qu'en disent nos adversaires, n'est ni une colère ni une exclusion, elle ne porte ni la pique ni le bonnet d'un autre temps. C'est la loi à la main et le front couronné d'épis qu'elle veut régner. Le parti républicain ne prétend pas réclamer le pouvoir par droit d'aînesse ; il n'a pas aboli le serment pour le remplacer par un certificat de républicanisme ; il restitue la République à la France comme la propriété de la France, il ne se la décerne pas comme le monopole d'un parti. C'est par la nation et avec la nation qu'il entend gouverner ; il rompt également avec tous le pain de son principe.

« Sans doute le parti républicain est l'initiateur de la république, il en est à la fois l'esprit vivant et la tradition, mais il n'est pas pour cela un vainqueur qui affecte de traiter le peuple français en pays conquis ; il ne fait appel qu'à l'adhésion libre, il ne parle qu'au bon sens et au patriotisme.

« Il dit aux hommes honnêtes de toute provenance qui ont tous un titre égal à intervenir dans la politique de la patrie commune :

« Venez à la République, car elle est aujourd'hui la

première garantie d'ordre ; on renverse une dynastie, on ne renverse pas une nation.

« Etes-vous propriétaires ? appuyez la République, car elle donne pour défense à la propriété la volonté souveraine de dix millions de propriétaires.

« Etes-vous travailleurs ? aimez la République, elle vous a relevés de la déchéance électorale, et admis comme nous et avec nous au banquet universel du civisme.

« Etes-vous croyants, non d'une croyance de commande, mais d'une croyance réfléchie ? appuyez la République, vous n'aurez plus entre Dieu et vous la main d'un pouvoir héréditairement intéressé à mesurer la foi à votre conscience.

« Etes-vous impatients de réformes ? Anticipez-vous par la prophétie sur l'avenir ? défendez encore la République, car elle seule possède un moyen légal, régulier, d'acheminer toute idée de progrès au pouvoir, sans violence et sans secousse.

« Tout par évolution, rien par révolution, voilà sa devise, et le dernier soleil de ce siècle ne sera pas couché que cette République enfantée dans tant de douleurs aura déjà été la régénération de la France et la tentation de l'Europe. »

# QUATRIÈME PARTIE

## *ANNÉES DE VIEILLESSE*

1870 — 1884

> « La discussion : voilà l'hygiène de la pensée contre l'erreur. C'est à force d'en appeler de la croyance trompée à la croyance éclairée, qu'elle maintient l'âme humaine en santé. »
>
> « L'esprit de patriotisme doit imposer silence à l'esprit de parti. »
>
> EUGÈNE PELLETAN.

I



A partir de février 1871, Eugène Pelletan, après tant de luttes, après une fièvre si intense de production, connaît avant la mort une période de calme et d'apaisement.

Mais ce n'est que peu à peu qu'il inclinera à un demi-repos.

Pendant les cinq années (1871-1875) que dura l'Assemblée Nationale, il combat au *Rappel*, à *l'Opinion Nationale*, de sa plume toujours vaillante, pour la République menacée par la majorité, d'abord royaliste.

Il est inscrit à l'Union Républicaine. Il défend la politique de M. Thiers, « chef du pouvoir exécutif » (1), puis, après sa chute, le 26 mai 1872, se rapproche de Gambetta dont il fut un peu distant au début, mais qui finit par le

---

(1) Eugène Pelletan avait-il dit, comme on l'a prétendu, que la République avait pris M. Thiers comme « cheval de renfort pour monter la côte » ? Il s'en défendit. Le mot, fut non pas forgé sur l'enclume où il en frappa tant d'autres, mais accepté, rapporté par lui. Voici en effet la fin d'un ce ses articles, paru le 20 novembre 1872 : « Quelle ligne de conduite le parti républicain doit-il tenir à l'égard de M. Thiers ? Le soutenir énergiquement contre la droite de l'Assemblée, mais en même temps maintenir sa liberté de contrôle. Je ne fais que jeter ma pensée au courant de la plume... Permettez-moi de vous rappeler un souvenir. Un ouvrier attaquait violemment la candidature de M. Thiers dans une réunion électorale du Faubourg Saint-Honoré. « Tais-toi, imbécile, reprit son voisin, c'est un cheval « de renfort que nous prenons pour monter la côte. » Cet ouvrier avait raison. Montons la côte d'abord, et nous aviserons ensuite au meilleur mode d'attelage. »

conquérir, comme il avait déjà gagné les « Anciens », et Quinet, et Louis Blanc, et Victor Hugo.

Il joue en quelque manière une rôle de Conseiller. Il exerce un magistère qu'il ne s'attribue pas, mais que lui impose l'autorité morale dont il jouit. Témoin du passé, assagi par l'expérience, sans que sa fermeté ait subi la moindre atteinte, il donne volontiers des avis, des consultations politiques.

Il rédige ses avertissements documentaires sous forme de brochures comme, auparavant ,il avait fait ses critiques et ses attaques. Il est comme l'avocat-conseil de la République naissante.

Mais, il faut bien l'avouer, on suit moins ses directions qu'autrefois. La presse, devenue libre, relègue au second plan la forme, jadis si populaire, et maintenant devenue désuète, de la brochure. On préfère à la dissertation qui ne va pas sans quelque développement, l'information soulignée de quelques mots, l'article bref, rapide, courant droit au but.

En quatre brochures, qui ont pour titre général : *Le Programme Républicain* et qui furent lues par une élite, Eugène Pelletan aborde les principaux problèmes qui s'imposent à l'attention du parti à qui incombe la responsabilité du pouvoir.

Ce qu'est le Programme Républicain — et ce que seront les questions étudiées dans les quatre brochures, Eugène Pelletan l'annonce nettement.

« Essayons de dégager l'opinion de la France. »

« La France veut la République, mais elle la veut respectée.

« Elle veut que la magistrature obéisse à la loi et non à l'esprit de parti.

« Elle veut que le Concordat soit observé par le clergé ou bien que le marché soit rompu.

« Elle veut deux Chambres mais à une condition : c'est que le Sénat soit un contrôle et non un obstacle.

« La France enfin veut la paix parce que la paix est encore sa meilleure alliée.

« Voilà en quatre mots, ce que nous appelons le Programme Républicain.

« Non que ce Programme épuise toutes les questions à résoudre.

« Mais à chaque jour sa peine. Le lendemain ne remplace la veille que pour achever ce que l'autre a commencé (1) ».

Ces « quatre mots » sont dits dans quatre brochures (2) : *la Magistrature* où le polémiste combat l'inamovibilité qui, en déchargeant le magistrat de toute responsabilité, le délivre de tout scrupule. Il y requiert avec une âpre éloquence contre les mauvais juges. Il y réclame de nécessaires réformes qui arrachent les tribunaux à l'influence de la politique ; — *la Séparation de l'Eglise et de l'Etat* où il se montre une fois de plus précurseur ; *la Revision* où il prend la défense du Sénat et où il revient de façon piquante, sur la question de la magistrature :

« La magistrature en France, écrit-il d'une plume ironique, a pour principe qu'un gouvernement n'est ni bon ni mauvais, ou plutôt qu'il est tour à tour l'un et l'autre ; mauvais quand il tombe, excellent quand il arrive. Le meilleur est celui qui règne et qui paye.

« Elle a prêté serment au premier empereur, l'Empire croule, elle reprend son serment et le met au service de la Restauration. La Restauration disparaît, la magistrature a encore de la fidélité en magasin, elle l'offre à la dynastie de Juillet ; dix-sept ans après, le fiacre qui emportait Louis-Philippe n'avait pas franchi la barrière, qu'elle défilait processionnellement en robe, sur la place

---

(1) *La Magistrature*, préface.
(2) Elles ont paru à la librairie Colas et chez Marpon et Flammarion.

de Grève, par un temps de giboulées, pour aller porter à l'Hôtel de Ville, les pieds dans la boue, l'expression toujours empressée de son dévouement à toute épreuve.

« On ne peut lui comparer dans l'histoire que l'humeur vagabonde de lady Carlisle. »

Eugène Pelletan se prononce contre le scrutin d'arrondissement et pour le scrutin de liste. Il écrit avec un ferme bon sens : « On a beaucoup argumenté, beaucoup ergoté de part et d'autre ; nous n'en tenons pas moins pour un axiome de Géométrie politique que, plus on localise l'élection plus on abaisse le niveau de la représentation nationale ; l'esprit de clocher ne nous a jamais paru devoir être le meilleur homme d'Etat. »

Il termine sur une page qui ne saurait manquer de provoquer des réflexions toujours utiles :

« Nous tentons en ce moment une grande expérience ; si elle réussit, comme nous n'en doutons pas, elle portera plus loin que nos frontières. Il y va du sort de la France et peut-être de son entourage. Nous n'avons pas le droit de nous tromper ; mettons toutes les bonnes chances de notre côté. Voici la troisième fois que nous faisons l'essai de la République ; c'est la première fois qu'elle a traversé une période de dix années d'existence. Notre sagesse l'a fondée ; que la même sagesse la fortifie de jour en jour contre tout retour offensif de la fortune, et alors nous aurons gagné la plus grande partie de l'histoire. *Hæc est victoria nostra quæ vincit mundum* (1). »

La quatrième brochure a pour titre : « *la France à l'Etranger* ».

Mais si le polémiste écrit toujours, avec la même franchise, avec une verve restée juvénile, il espace ses apparitions à la tribune. A mesure que la victoire républicaine s'affirme, grâce aux votes successifs du pays, il a la sagesse de s'effacer, de se mettre au second plan, de réduire

_________

(1) *La Revision*, p. 50.

lui-même son rôle. Ce n'est pas un mince mérite que de savoir se retirer à temps, que de ne pas se croire indispensable. Il y faut esprit d'à-propos, sens de l'intérêt général, volonté ferme, juste orgueil de ne pas se montrer inférieur à soi-même.

Eugène Pelletan avait été une grande force d'opposition. Il avait aidé aux urgentes destructions. Il aida aux constructions nécessaires. Mais il n'a plus de raison, quand, dans le Parlement, la lutte pour l'existence fut terminée, de porter des coups, de faire œuvre combative. Il reste un guide et un aide vers qui l'on se tourne aux heures difficiles. Il cède la parole aux représentants des générations qui montent. Mais à leurs yeux il apparaît toujours « la même vertu » et « l'honneur de son temps », en manière d'effigie frappée à la marque cornélienne.

D'ailleurs, les partis d'oppositions le rendaient d'autant plus sympathique à l'opinion républicaine et fortifiaient d'autant plus son autorité morale, qu'ils attaquaient davantage et ses écrits et même sa personne. Ultramontains et Orléanistes qui, à l'envi, se disputaient l'espérance du pouvoir, lui prodiguaient les insultes. Il n'en avait cure. « Qu'est-ce qu'une injure? disait-il. Souvent la flatterie de l'adversaire. »

N'avait-il pas écrit dans sa lettre à M. Imhaus, sur le *Droit de parler* : « L'éclaboussure, quand elle vient de l'esprit de mensonge, nous devons l'attendre au contraire comme une récompense. Si le compliment accueillait partout l'homme dévoué à son pays, où serait le mérite du sacrifice?

« La guerre de l'épigramme? Mais quoi! les hommes d'Etat, c'est-à-dire les forts par le cœur comme par la pensée, doivent-ils donc avoir les délicatesses de nerfs des petites-maîtresses qui ne peuvent entendre une dissonance sans tomber en syncope? Lorsqu'on fait tant que de monter au pouvoir, il faut avoir l'épiderme robuste à l'outrage.

Une épigramme de journal ! Hé ! que vous importe ? Est-ce la première fourmi qui vous aura piqué ? »

Mais des mœurs nouvelles naissaient. On alla jusqu'à la calomnie. Un jour, on prétendit que lors de son procès de presse, en 1861, il avait été pécuniairement l'obligé du duc d'Aumale. Eugène Pelletan bondit sous l'outrage et répond à son diffamateur par une lettre où éclate le cri de l'honnêteté indignée :

« Monsieur le Rédacteur,

« Le Duc d'Aumale, dites-vous, *m'a traité généreusement sous l'Empire*. Vous me mettez au défi de le nier.

« Les faits vont vous répondre.

« J'écrivais alors au *Courrier du Dimanche* parce qu'on y avait son franc parler. J'y publiai, en 1861, un article intitulé : *La liberté comme en Autriche*.

« Le pouvoir impérial regarda ce titre comme une injure personnelle. Il fit signe à sa magistrature ; elle exécuta l'ordre en conscience : elle me condamna à trois mois de prison et deux mille francs d'amende.

« Le parti républicain m'offrit de la payer. Elle était pour lui, disait-il, une dette d'honneur. Je l'ai remercié de son offre et je l'ai refusée.

« M. de Montalembert crut devoir m'écrire pour la renouveler au nom de son parti. Je la refusai encore.

« Quant à la souscription, lui ai-je répondu, je ne peux
« que vous répéter ce que j'ai dit à mes amis, je l'ai
« touchée de cœur, mais je ne saurais l'accepter. Il a plu
« à la magistrature de me frapper d'une amende exorbi-
« tante. Eh bien soit ! J'avais d'abord songé à mettre
« mon mobilier à l'encan, ce projet avait l'inconvénient
« de ressembler à une spéculation. Je me contenterai de
« vendre ma bibliothèque.

« Il viendra peut-être un public d'acheteurs assez nom-

« breux pour casser le jugement de la sixième chambre
« de police correctionnelle. »

« J'envoyai donc ma bibliothèque à la salle des *Bons
Enfants*. Je voulais sincèrement la vendre et je croyais
qu'elle serait vendue.

« Ce fut alors que mes amis républicains, de leur propre initiative et sans ma participation, ouvrirent une
souscription pour racheter ma bibliothèque.

« Je n'ai jamais connu le nom des acheteurs ni le chiffre
des cotisations. Quand ils les eurent recueillies, ils portè-
rent le résultat de la vente à la caisse du *Courrier du
Dimanche* pour acquitter la double amende de l'auteur de
l'article et du gérant du journal.

« Il paraît que le Duc d'Aumale, à ce que j'ai appris
depuis, par son journal, avait envoyé une grosse part à la
souscription. Je ne l'ai pas su alors et je l'aurais su que
je n'en aurais été ni étonné ni scandalisé.

« Parti républicain, parti orléaniste, nous combattions
au *Courrier* pour le même principe de liberté et sous le
même drapeau, qui était alors, pour l'un comme pour
l'autre, le drapeau tricolore. Nous allions ensemble au
feu et quand un de nous tombait dans les rangs, il était
du devoir de tous de le relever.

« La souscription du Duc d'Aumale que je n'ai nullement sollicitée, était donc on ne peut plus naturelle et
j'ajoute on ne put plus honorable pour le souscripteur et
pour l'écrivain, à une condition toutefois, c'est que le
Duc n'y eût mis aucune arrière-pensée.

« A vous entendre, Monsieur le rédacteur, il n'aurait
glissé, à mon nom, sa souscription particulière dans une
souscription générale, que pour prendre hypothèque sur
ma conviction républicaine et me faire son otage.

« Ma conviction, je le dis sans vanité, est à plus haut prix
et toute la succession des ducs de Bourbon ne saurait la
payer.

« Un pareil calcul étant indigne d'un honnête homme, ce n'est pas moi qu'il atteindrait, c'est le Duc d'Aumale.

« Je ne suis pas plus son obligé qu'il n'est le mien parce que j'ai pris sa défense au Corps Législatif et que j'ai protesté contre la confiscation de l'*Histoire des Princes de Condé*.

« Vous prétendez le contraire, Monsieur le rédacteur. Vous avez les mains pleines, dites-vous, de preuves de la générosité du Duc d'Aumale à mon égard. Montrez-les. Vous me les devez, je les attends.

« Et en attendant je vous prie d'agréer mes salutations.

« EUGÈNE PELLETAN. »

Il attendit, et, naturellement, il ne vit rien venir.

# II



Eugène Pelletan eût pu, après le vote de la Constitution de 1875, entrer comme sénateur à vie dans la Chambre-Haute. Il n'eût tenu qu'à lui de figurer parmi l'élite de penseurs, de savants, à côté de Berthelot, de Littré, d'Emile Deschanel qui furent désignés par le choix.

Mais pour être des 75 il lui eût fallu se prêter à des combinaisons que d'autres acceptèrent et qui répugnaient à son caractère. Il eût dû voir son nom accolé, à la suite de tractations savantes et d'adroites manœuvres, à celui de « chevau-léger », d'Orléanistes dont il avait été l'adversaire acharné.

Aux élections partielles de 1875, le 10 décembre, il avait été désigné par ses collègues pour être soumis au vote. Mais Jules Simon supplia qu'on le portât. « Eugène Pelletan, dit Scheurer-Kestner dans ses « *Souvenirs de Jeunesse* », se sacrifia avec son désintéressement habituel, et laissa sa place à l'auteur du *Devoir* (1) ».

Le 16, il est de nouveau choisi par le Comité. Mais il sent que la discipline fléchit dans le camp républicain, malgré l'habile et pressante campagne menée par Gambetta. Il faudrait recourir à l'intrigue. Il répudie publiquement toute candidature, avec Arago, Jules Favre,

(1) *Souvenirs de jeunesse*, p 309.

Pressensé. Il demeure, pour reprendre sa classification, un « lyrique ». Il ne débutera pas à son âge parmi les « politiques », parmi les « habiles » (1).

Il entre bientôt d'ailleurs au Sénat par la grande porte de l'élection. Il est nommé Sénateur des Bouches-du-Rhône, le 30 Janvier 1876.

Dans la Haute-Assemblée, il retrouvera un instant l'ardeur de son tempéramment combattif pour lutter contre le Gouvernement du 16 mai. En 1879, il est nommé vice-président du Sénat.

Ses interventions à la tribune ont surtout trait à l'enseignement, à la presse, à la religion réformée.

Il prend aussi la parole comme conférencier. Il considère comme un devoir de répondre aux appels que lui adressent les éducateurs populaires. Il prête son concours à l'*Association philotechnique,* surtout à la *Société pour l'instructio.. élémentaire* qui s'honore de le compter parmi les membres du Comité. Il parle parfois aussi devant les groupements républicains.

Il aborde toujours des problèmes dont la solution importe à l'instruction générale. On ne peut enregistrer tous les sujets de conférences qu'il a traités, bien qu'il ait eu soin d'en conserver le plus souvent le manuscrit. Car il se donnait la peine de rédiger avec conscience les causeries qu'il faisait, même et surtout devant des auditoires de médiocre intellectualité. Il préparait les moindres développements, fixait les moindres détails de la démonstration dont il faisait une œuvre d'art dédiée, avec une politesse relevée de dévouement, aux ouvriers et aux paysans. Il avait la politesse et le goût de leur offrir un régal de beauté. Il les arrachait pendant quelques instants à l'outil coutumier pour les hausser vers l'idéal.

Il convient de retenir, parmi les conférences qui furent les plus goûtées dans cette période de sa vie, celles qui

(1) Cf. *Souvenirs de Jeunesse* : Les sénateurs inamovibles.

furent données le 27 octobre 1872 à Saint-Jean d'Angély sur l'idée de République, — le 21 mai 1879 à Fontainebleau sur les paysans avant la Révolution et qui est une page d'histoire.

Le 1er juillet 1878, Eugène Pelletan prend la parole dans la grande manifestation littéraire qui a lieu à Genève pour la célébration du centenaire de Jean-Jacques Rousseau. Son discours est un résumé de la vie et de la doctrine. Il le fait en admirateur et en critique qui, au système de l'état de nature, opposait son système du progrès :

« Il n'y a pas pour l'homme un état de nature, par la raison qu'en le faisant perfectible, le créateur lui a repassé son don de création. L'homme n'a reçu précisément la perfectibilité en cadeau que pour l'exercer contre la nature. C'est contre la nature qu'il a inventé l'étoffe pour le garantir du froid, ou la charrue pour le préserver de la famine. »

Après avoir, une fois de plus, défini le progrès il ne regrette pas que Jean-Jacques l'ait ignoré : « Il n'eût pas frappé aussi fort sur le XVIIIe siècle. Le progrès a le tort d'être légèrement optimiste. Il sait que le temps travaille pour lui et il le laisse agir. »

Puis Eugène Pelletan établit un parallèle entre Rousseau et Voltaire :

« On a cherché et on cherche encore à les opposer l'un à l'autre. On s'est quelquefois demandé quel est le plus grand, question puérile en vérité. Le plus grand n'existe pas. Chacun a sa gloire à part qui échappe à toute comparaison.

« Voltaire a commencé, Rousseau a continué, l'un affranchit l'esprit, l'autre affranchit l'homme, l'un détruit, l'autre remplace ; l'un illumine, l'autre embrase ; il met le feu aux âmes de son temps, comme pour les préparer d'avance aux fortes luttes et aux grandes tragédies de la

Révolution. Il a fait mieux que des livres, il a fait des caractères. »

La péroraison est tout à fait caractéristique de la manière très poétique et qui plaisait aux foules, employée par l'orateur :

« J'entendais tout à l'heure... un chœur de jeunes filles chanter : « Tressons des couronnes ». Il peut y avoir, il doit y avoir dans ce chœur une fille du peuple élevée dans la religion du travail prêchée par Jean-Jacques. Je ne la connais pas, elle ne me connaît pas, mais quelle qu'elle soit, je la prie au nom de notre patrie commune, la démocratie, d'aller déposer aujourd'hui ou demain sur le piédestal de l'immortel démocrate dont nous fêtons le centenaire, une couronne d'immortelles avec cette légende brodée de la main bénie de la vierge ouvrière :

« A Jean-Jacques Rousseau

« La République française reconnaissante. »

Le poète, se délassait ainsi dans le culte des lettres. Mais il ne négligeait pas le devoir politique que lui imposait son mandat de sénateur. Il était assidu aux Commissions. Sa demi-retraite eût été surmenage pour combien d'autres !

En 1881, ses collègues le nomment questeur. Ils lui donnent ensuite, sur le tard, une marque d'estime et de vénération en lui conférant, le 24 Juin 1884, l'inamovibilité qu'il ne sollicitait pas.

L'élection est une date dans la « petite histoire » du parlementarisme. C'est la dernière qui eut lieu d'un sénateur à vie. Eugène Pelletan qui, en raison de son noble talent, de sa longue fidélité, et si courageuse, à la cause populaire, avait vu son nom préféré, par l'Union Républicaine, après une longue discussion, à celui de Havet,

de Paul Bert, fut élu par 150 voix, en remplacement du
Comte d'Haussonville, père (1).

Il parle peu au Sénat. Mais il écrit. Les articles, les
brochures, les livres, continuent à paraître, au moins de
façon intermittente.

En dehors des écrits politiques et de circonstance,
comme « *Le 4 septembre devant l'Enquête* » que l'on consultera toujours avec profit, comme : « *Première aux
électeurs. Est-ce la République* » (1876), et « *Seconde aux
électeurs. La Candidature officielle* » (1876) qui emprun-
taient à l'actualité un succès passager, il a donné trois
livres importants : « *Les Uns et les Autres* » (1873),
« *Elisée* » : « *Voyage d'un homme à la recherche de lui-
même* » (1877), et « *Dieu est-il mort* » (1883).

« *Les Uns et les Autres* » (2) est une étude de philosophie politique. Dans la préface, Eugène Pelletan, après
un vif et net résumé des événements depuis 1879, critique le parti conservateur. Il soutient que ce n'est pas à
lui qu'il faut aller demander l'esprit de conservation, car
il est un « parti brouillon, anarchiste, révolutionnaire
dans le mauvais sens du mot » puisque, par « sa résistance à toute idée de progrès, il a toujours attiré sur la
France la nécessité d'une révolution. »

« L'esprit de conservation, où le trouver ? dit Eugène
Pelletan. Dans la République, et uniquement dans la
République (3). Qu'est-elle en effet ? la nation souveraine. On peut renverser un homme, on ne renverse pas
une nation ; quand elle a parlé, chacun lui doit obéissance ; quiconque en appelle à la violence contre la volonté du suffrage universel librement exprimé n'est et ne
peut-être qu'un factieux ; il n'y a et ne peut y avoir sous

(1) *Souvenirs de jeunesse*, p. 336.
(2) Pagnerre, éd.
(3) *Les Uns et les Autres*, préface, p. 25.

la République que la lutte pacifique de vote entre la minorité et la majorité. La République vient fermer l'ère des révolutions en leur retirant tout prétexte...

« La Révolution a extirpé du sol tout élément monarchique, toute institution indispensable à l'existence d'une monarchie ; elle en a semé au vent jusqu'à la dernière poussière. La République coule dans notre sang, elle circule dans notre organisme social, elle palpite dans notre droit public, dans notre code civil, dans notre système d'égalité politique, dans la diffusion enfin et la pulvérisation de la propriété.

« *Le sol en France est républicain*, de la première à la dernière motte de terre ; et le paysan dans son ignorance rêverait de nouveau le retour d'un maître, que le sillon de son champ, mieux inspiré que lui, crierait encore sous son pied : vive la République ! »

Il développe des considérations qui n'ont rien perdu de leur force, au sujet de la guerre de 1870 : (1) « Admire qui voudra le génie du comte de Bismarck. Oui, il a réussi ; oui, il sait bien user, tromper, prendre un adversaire au traquenard. Il a pétri et broyé l'Allemagne dans sa main de fer pour en faire une seule force, une seule armée, pour la lancer à propos, d'abord sur l'Autriche, ensuite sur la France, tomber à coups de foudre sur l'une et sur l'autre, et leur enseigner à toutes les deux le secret de leur faiblesse.

« Et la foule ébahie a dit : c'est un grand génie, c'est un grand homme d'Etat. Grand, pourquoi ? parce qu'il a repris mot pour mot la politique conquérante de Louis le Grand, de Napoléon le Grand, politique éblouissante au premier quart d'heure, et toujours châtiée ensuite et convaincue d'impuissance ?

« Après Sedan, cet homme des temps passés pouvait assurer à l'Allemagne cette puissance de la modération

(1) Préface, p. 29.

qui vaut mieux qu'une bataille gagnée : il n'avait qu'à offrir à la France une paix acceptable, par conséquent durable; cette paix eût été pour longtemps, indéfiniment peut-être, la paix de l'Europe ; car dans l'état actuel de la civilisation, de quelque côté de frontière que ce soit, il n'y a pas une industrie, pas une banque, pas un chemin de fer, pas une solidarité d'importation ou d'exportation qui ne prêche la paix et ne l'impose à tous les Etats.

« Mais l'Allemagne a préféré nous infliger une guerre d'extermination, elle a fait reculer la civilisation jusqu'au siècle d'Attila ; elle a pillé, rançonné, éclairé au pétrole sa marche triomphale à travers nos campagnes, et sans nécessité, et par pur dilettantisme de barbarie, elle a semé la mort au hasard sur Paris du haut des collines de Meudon.

« Et quand la France, après les derniers spasmes d'une résistance désespérée, a dû poser les armes, le comte de Bismarck lui a dicté une paix qui n'était pas seulement une humiliation, mais qui devait être encore la ruine ; c'est-à-dire que dans ce traité sans pitié il a déposé la douleur immortelle de la France et comme une convention secrète d'un *casus belli* toujours en suspens.

« Que l'Allemagne cuve sa victoire, elle en a le droit, mais elle a rompu l'équilibre de l'Europe ; on la craint partout, donc on la hait ; qu'elle n'ait aucune difficulté, ni avec elle-même ni avec aucune puissance étrangère ; la France a l'œil sur elle désormais. Le comte de Bismarck a cru trouver une force dans l'Alsace ; il y a puisé une faiblesse, et le soleil de ce siècle ne sera pas couché sans que le peuple allemand n'ait eu l'occasion de maudire la politique de son diplomate.

« Ce n'est pas une signature qui fait la paix, c'est la justice. Il ne suffira pas d'un paraphe sur un morceau de papier pour effacer les souvenirs sanglants de cette guerre implacable, couronnée par une paix non moins féroce ; ces souvenirs resteront à jamais sur nos cœurs en traits de feu, et les veuves de nos villages incendiés les arroseront longtemps de leurs larmes, en filant leur quenouille.

« Plantez maintenant des poteaux aux armes de la Prusse, pour marquer votre nouvelle frontière à la lisière des derniers champs de bataille de la Lorraine ; avant que vous les plantiez, cette terre convulsive, gonflée de nos morts, tressaillera d'elle-même, jusqu'à ce qu'elle les ait renversés. »

Après ce vibrant et patriotique appel à la revanche du droit sur la force, l'historien-philosophe ajoute : « Mais il faut auparavant qu'une forme virile de gouvernement ait retrempé notre caractère et que notre système d'instruction ait régénéré notre intelligence. C'est en vue de cet avenir que ce livre a été écrit, comme un enseignement d'histoire à la fois et comme un encouragement. »

Eugène Pelletan en donne le plan et en dégage l'idée directrice (1) :

« L'auteur y passe en revue les différents systèmes qui divisent la France, et, pour en donner un commentaire vivant, il personnifie chacun d'eux en un homme : le cléricalisme en De Maistre, le nationalisme en Lamennais, le césarisme en Béranger, la République enfin en Lamartine. Nous ne savons si nous nous faisons illusion, mais il nous semble que, de cette histoire comparée des partis, il doit résulter pour nous cette conviction :

« Que la démocratie sans doute a eu à subir plus d'une fois de cruelles leçons de la part des événements, mais que, depuis le commencement du siècle, elle n'a pas moins toujours marché en avant, et aujourd'hui nous pouvons sans forfanterie redire sur elle cette parole d'un apôtre : *Hœc est victoria*, voilà la victoire. »

(1) Préface, p. 32.

*Les Uns et les Autres* se divisent en quatre parties :
*Le Pape, l'Anti-Pape, l'Empereur, le Citoyen.*

Les portraits de Joseph de Maistre et de Lamennais sont fortement tracés. Celui de Lamennais surtout est peint en traits saisissants (1) :

« La nature chez lui semblait avoir concentré toute son attention sur le cerveau ; elle lui avait donné un long profil dantesque, un masque abrupt taillé en pointe, comme un coin destiné à pénétrer dans l'arbre de la science. Trouvant ensuite son œuvre suffisante pour l'usage qu'elle en voulait tirer, elle glissa légèrement sur le reste, et n'accorda au corps que la quotité strictement nécessaire pour faire partie de la famille humaine.

« Le front fortement froncé entre les sourcils, labouré par un sillon perpendiculaire, et je ne sais quoi de convulsif et de méditatif à la fois, tout trahissait sur ce visage sibyllin l'effort tragique d'une âme en lutte avec elle-même et faite pour lutter.

« Non pas sur la place publique à la manière d'O'Connel ; il n'était pas comme son voisin d'Irlande le taureau du Cirque qui fait voler la poussière et vibrer l'air de son mugissement ; il n'était à tout prendre qu'un tribun de cabinet ; son œil d'un gris pâle couvait plutôt qu'il ne rayonnait la pensée.

« La délicatesse de sa complexion lui donnait une sorte de timidité physique et il lui fallait, pour retrouver l'audace de l'inspiration, l'assistance de la solitude et le recueillement du rideau tiré sur la fenêtre ; alors, replié sur lui-même dans un silencieux crépuscule, il écoutait battre son cœur et en écrivant il en notait la mesure. »

Les systèmes des deux philosophes sont analysés avec force et pénétration.

_______________

(1) *Les Uns et les Autres,* p. 113.

Eugène Pelletan montre de Maistre divinisant la guerre, divinisant la guillotine (1).

« La guerre est divine dit de Maistre, et son premier temple est un champ de bataille. Et la preuve qu'il en donne c'est que de tout temps l'homme a cherché l'homme pour le tuer.

« Le génie ne fait pas une découverte dans l'ordre scientifique qu'il ne l'emploie à l'art de tuer ; on tuait dans l'origine à longueur de lance, on tue maintenant à portée de canon ; la guerre a pris la chimie à son service et chaque jour elle invente une nouvelle recette de carnage.

« Voici une plaine, à l'heure du lever du soleil : la terre baignée de rosée fume aux premiers rayons ; c'est l'époque de la floraison de la vigne et de la fenaison, une mer d'épis ondule, en longue houle, aux brises du matin. Sur le penchant de la colline, derrière un bouquet d'oliviers, la note lointaine du clocher monte dans le ciel comme une voix qui voudrait lui parler. La jeune fille debout au bord d'un puits, le coude appuyé sur la margelle, écoute cette voix aérienne de la prière ; elle songe à son fiancé et elle prie à son tour.

« Et pendant qu'elle rêve d'amour, par cette paisible matinée de printemps, toute parfumée d'une poésie d'idylle, l'air frémit, la terre tremble, un nuage vivant marche à l'horizon en vomissant le feu devant lui, avec un crépitement saccadé, accompagné d'un roulement de tonnerre.

« Une armée vient d'en rencontrer une autre et elle combat, et elle combattra jusqu'à la fin de la journée pour savoir à qui le clocher restera, car il est, comme on dit, la clé de la position.

« La cavalerie charge dans les blés qu'elle couche sur

(1) *Les Uns et les Autres*, p. 40.

leurs sillons ; les obus sifflent à travers les rangs, fauchant une moisson d'hommes sur l'autre moisson foulée aux pieds des chevaux.

« Une journée a suffi pour étendre sur le sol quarante mille vivants ; l'artillerie lancée au galop roule sur les blessés comme sur les morts, et brise et broie avec la même indifférence les uns et les autres sous les roues des caissons.

« Et de tout ce que l'homme avait fait, et de tout ce que la terre avait fait pour lui, et de cette poétique collaboration de l'homme et de la nature, que reste-t-il? Une plaine saccagée jusqu'à la racine des épis, une espèce de boue humaine, car la mort n'a pas même respecté la forme des corps, et une odeur de pourriture a donné la peste à toute la contrée.

« Et Dieu, le Dieu de De Maistre, penché sur tout cela, dit : C'est bien : j'y reconnais ma main ! qu'on chante un *Te Deum!* »

L'apologie du bourreau, l'inquisition, le châtiment du crime poursuivant la descendance du criminel, ne peuvent être tolérés par le généreux polémiste. Il poursuit de ses sarcasme et de sa colère « la Satanique théorie », cette abominable théorie de réversibilité qui punit l'innocent pour le coupable (1).

« Le supplice supplie! Ai-je bien entendu? quoi! la plus agréable offrande que l'on puisse apporter à Dieu, c'est une victime ; le supplice supplie !

« Le plus agréable parfum qui puisse monter au ciel, c'est l'odeur d'un cadavre à Montfaucon? Le supplice supplie!

« J'ai senti tomber sur mon front une goutte de sang, j'ai levé les yeux et j'ai vu un tronc d'homme palpitant sur une planche ; un autre homme tenait une tête à la main

_______________

(1) *Les Uns et les Autres*, p. 43.

et la secouait sur la foule ; était-ce Samson ? était-ce De Maistre ?

« Lequel des deux à vrai dire est le plus un bourreau ? est-ce celui qui exécute ou celui qui applaudit ? »

Les études sur Béranger et sur Lamartine (l'Empereur, le Citoyen), n'étaient pas originales. Eugène Pelletan les avait empruntées à une satire précédemment parue : « *l'Etoile filante* » et à la conférence consacrée à l'auteur des « *Harmonies* ». Un article, un essai, agrandis et amplifiés lui fournissaient la matière du chapitre qui sauvait de l'oubli des brochures, des travaux enfouis dans des revues.

L'épilogue des « *Uns et les Autres* » résume l'enseignement donné par le livre et contient une analyse du caractère français, qui ne peut, après l'expérience de la guerre et de l'anarchie, par un demi-siècle d'épreuves, s'accommoder que du gouvernement républicain.

*Elisée : Voyage d'un homme à la recherche de lui-même* (1) est à la fois une fantaisie philosophique, et, en partie, une autobiographie. De même qu'Eugène Pelletan dans « *Les Uns et les Autres* » a utilisé nombre de passages qui figuraient dans ses brochures sur Béranger et Lamartine, de même, il reprend dans « *Elisée* », mais non sans les modifier quelque peu, des descriptions qui se trouvaient dans une œuvre de jeunesse : « *La Lampe Eteinte* ».

« *Elisée* » est le « *Voyageur* », le « curieux de l'espace, qui va pour aller, qui n'a qu'un désir en route : ne pas arriver, et qui n'arrive que pour repartir. »

« *Elisée* » part de Paris le sac sur le dos, un bâton à la main. Il visitera la France et l'Italie, pour les connaître certes, mais surtout pour se connaître. Sur la première

_______

(1) Germer-Baillière, éd.

page de son carnet, de « son livre sibylle », il a inscrit en tête des questions à résoudre celles-ci :

« Qu'est-ce que l'homme en général et que suis-je en particulier ? »

Il part et, chemin faisant, nous conte sa vie. Or la vie d'Elisée est, jusqu'en 1836, à peu de chose près, la vie d'Eugène Pelletan, bien qu'à la réalité l'auteur ait joint un peu de roman.

Elisée, après avoir narré sa jeunesse, son séjour comme étudiant à Paris, nous conduit à sa suite à travers la Beauce, la Touraine, dont il dit avec une verve amusante et amusée (1) :

« Il salua la Touraine comme une délivrance. Ce n'est pas qu'elle soit une terre bien vivante. Il y a là je ne sais quoi de mou, d'apathique qui a passé dans le sang et presque dans l'allure de l'indigène. Le Tourangeau marche comme s'il avait des sabots cloués au sol ; il semble détacher son pied plutôt que le lever. La Loire ne roule que par habitude ; elle ne demande qu'à prendre sa retraite. Çà et là, quelque maigre filet se tord comme une anguille sur une allée de sables qui a la prétention de passer pour le lit d'un fleuve ; on rencontre cependant par intervalle, dans la partie sérieuse du courant, une escadrille de barques attelées les unes aux autres, qui font semblant de naviguer et ont si bien conscience de l'inutilité de leur démarche qu'elles mettent à la voile sans lever l'ancre. »

Il traverse la Sologne, le Berry (2). « La Sologne est l'antichambre du Berry, qui est à sa devancière ce que le dégel est à la gelée. Les collines y commencent doucement, montent avec précaution et s'arrêtent à moitié chemin. Les arbres, réduits à leur plus simple expression,

(1) *Elisée*, p. 89.
(2) P. 99.

ont la mine piteuse des patients condamnés tous les cinq ans à convertir leur murmure en fagots.

« Une petite rivière coule au fond d'une vallée si timidement qu'elle pourrait aller dans un sens aussi bien que dans l'autre, car on n'aperçoit pas trace de mouvement sur sa nappe étoilée de nénufars ; quelquefois cependant une écluse bruyante, effarée, fouettée par une pelle de moulin, jette une plainte dans l'espace.

C'est l'Indre, qui, lasse de flâner nonchalamment entre deux rangées de saules joue tout à coup à la cascade et, croyant avoir assez fait sans doute pour la postérité, continue de descendre sans bruit, pour aller abdiquer dans la Loire un nom qui l'embarrasse à porter. »

Il passe quelques jours en Auvergne, et, comme Victor-Hugo dans « Le Rhin, » et Taine dans le « Voyage aux Pyrénées », nous conte des légendes. Il nous dit la vie du dernier gentilhomme, rappelle le souvenir des « Grands Jours ».

Il fait l'ascension du Puy-de-Dôme, le 20 août 1837 et, sur son journal de route, Elisée, ou plutôt Eugène Pelletan, consigne des impressions que Michelet, ou bien Lamartine eût pu signer et qui sont une admirable synthèse de la France (1) : « J'arrivai au sommet de la montagne au milieu d'une obscurité humide qui cachait à la fois le ciel et la terre au regard. Mais peu à peu, une trouée de lumière traversa le brouillard au fond de la vallée.

« Ce fut comme un lever de rideau. J'ignore si j'ai eu à ce moment le don de seconde vue°; mais il me semblait que je voyais au-delà de tout horizon visible: je plongeais à la fois dans le temps et dans l'espace. La France, géographie et histoire, tenait tout entière dans le cercle de mon regard.

« J'avais là sous les yeux, comme sur une immense page, déroulée à l'infini, à l'est et au nord, la ligne brisée des

_______

(1) *Elisée*, p. 122.

bastions neigeux du Jura et des Vosges ; au midi la chaîne dentelée des Pyrénées et des Alpes, sentinelles immobiles de nos frontières, et enfin au midi encore, au nord et à l'ouest, la flexible ceinture de la mer semée de phares comme des pierreries...

« De la Manche aux Pyrénées, de la Saône à l'Atlantique, rayonnait le vaste tissu cellulaire de la France, étendu sur sa puissante ostéologie de granit ou de calcaire, avec ses fibres, ses veines, ses rivières, ses routes aussi entrecroisées que les mailles d'un filet, et à sa surface une épaisse fourrure verdoyante, frissonnait à cette brise sympathique qui berce à la fois le houblon et la vigne, le blé et l'olive, la grenade et le colza, comme pour condenser sur une seule terre toutes les productions de l'Europe.

« Et du milieu des champs, des vignobles, des prairies, des forêts, je voyais surgir de distance en distance, les flèches, les tours ou les clochers de cinq cents villes, de soixante mille bourgs ou villages, tombés en apparence au hasard : là dans une combe, ici sur le roc, et cependant tous disposés selon l'ordonnance d'une admirable géométrie, en vertu d'une attraction moléculaire non moins rigoureuse que celle des minéraux.

« Et ensuite, non pas tout à fait au centre, mais comme à la place du cœur, l'orbe immense et de plus en plus immense de Paris, ce foyer du calorique vital de la nation, qui attire sans cesse à lui la jeunesse de la France pour la transformer à son laboratoire et la reverser ensuite sur toute la surface du royaume, et, par son double mouvement de pompe aspirante et foulante, repercuter la vie intellectuelle jusque dans le dernier village.

Le voyageur décrit les deux Frances qui existent dans la France : La France du Nord et la France du Midi.

« La première, boudée par le soleil, transforme son atmosphère humide en herbe et son herbe en bétail ; elle

cultive l'antique froment, sans doute, mais aussi l'œillette
et la betterave pour les travestir en huile ou en casson-
nade ; elle fouille la terre en tous sens pour en extraire le
dieu du monde industriel : le charbon de terre.

« Du haut du piédestal de quinze cents mètres que j'ai
en ce moment sous les pieds, je vois là-bas bien loin, au
milieu des plaines de Flandre, de Picardie, de Norman-
die, flotter à travers un brouillard de houille, des milliers
et des milliers de cheminées d'usines. Là, la vapeur irritée excite le fer contre le fer et le fait tordre, affuter, la-
miner l'un par l'autre ; là elle mord, là elle broie, là elle
carde, elle file la laine, le coton, le chanvre ; une longue
rangée de tisserands métalliques, huilés comme des
athlètes, frappent, tournent, suent, gémissent et laissent
tomber de leurs bras d'acier des lieues d'étoffes.

« Au midi, au contraire, la France plus intime avec le
soleil cultive de préférence la vigne, le mûrier, l'oran-
ger, le cassis, ce parfum des parfums. Elle extrait de la
grappe le philtre de la sympathie, elle décompose les
rayons du prisme et les verse sur des parterres de soierie
pour que les femmes de toutes les contrées reposent, dans
toute leur beauté, sur un nuage de satin plus éclatant
que l'écharpe d'Iris.

« Le jour est à peine levé, et déjà la campagne fume ou
bruit, le travailleur va et vient. Le peuple français est le
peuple marcheur ; à la tête du bœuf ou à côté de son
cheval, le paysan conduit sa récolte à la grange. Des
trains pesants de rouliers montent lentement le versant
des collines, et, dans la poussière qu'elles soulèvent, des
diligences emportées au galop tanguent, comme des barques, avec un bruit joyeux de coups de fouet et de grelots.

« Les populations se visitent, se mêlent sans cesse, se
prennent et se prêtent mutuellement leurs qualités natu-
relles ou acquises, et par leur action et leur réaction réci-

proque constituent ce caractère français, multiple, ondoyant, divers, et cependant harmonieux dans sa diversité. »

Eugène Pelletan établit à la vue des deux Frances, la coexistence de deux courants d'esprit.

« Ces deux esprits, l'un d'initiative, d'expansion, d'entreprise, l'autre de calcul, d'économie, de restriction, indispensables l'un à l'autre, remplissent l'un à l'égard de l'autre la fonction de métaux compensateurs et concourent également aux destinées de la nation. Au milieu de cette variété de caractère, de travail, d'industrie, Paris, ce Briarée assis sur son piédestal de plâtre, rapproche de plus en plus et resserre de plus en plus toutes ces populations diverses sur la poitrine.

« Je contemplais avec une sorte d'orgueil national tout ce que Paris, dans cette minute même, envoie par chacune de ses barrières, de recrues d'idées, de missionnaires sortis de ses écoles, de soldats, drapeaux déployés, musique en tête, autres missionnaires destinées quelquefois à prêter main forte à l'esprit de progrès, de plénipotentiaires de tout ordre : ambassadeurs, consuls expédiés aux nations voisines ou lointaines, afin d'y inspirer le respect de cette reine universelle qui règne et qui travaille et qui porte comme Berthe la couronne et la quenouille. »

La vision d'Elisée devient rêve, puis prophétie. Le poète se retourne avec une sorte de tendresse vers les générations antérieures qui sont tombées obscurément sur le sol, comme les feuilles d'automne pour le féconder.

« Nous ne pouvons, écrit-il, suivre un chemin de village, traverser un pont, descendre un fleuve, longer une plage, sans songer à tout ce que nos pères inconnus ont prodigué là, siècles par siècles, hommes par hommes, d'efforts, de travaux, quand ils ont tracé ces chaussées, creusé ces ports, élevé ces jetées pour repousser l'assaut des lames et posé les candélabres des phares sur les écueils pour écarter le naufrage.

« Partout où du haut de cette montagne je tourne en ce moment le regard... ce clocher qui tinte à l'entrée ou à la chute du jour, cette ruine qui grelotte au vent dans sa toison de lierre, cette arche rompue d'un aqueduc où la naïade absente a depuis longtemps brisé son urne, tout cela me parle en ce moment, tout cela m'enseigne la mystérieuse solidarité de la mort avec la vie, tout cela réveille en moi je ne sais quel éternel, revenant, celte, grec, romain, chrétien... Tout cela palpite au fond de nous, et si on pouvait nous traiter par des réactifs, on le retrouverait en nous à dose plus ou moins prononcée.

Le monde roule dans nos veines, chacun de nous est un monde lui-même ; heureusement que nous n'en savons rien, nous en deviendrions fous d'orgueil. »

Après s'être tourné vers le passé, l'homme qui « se cherche lui-même » s'élance vers l'avenir. Il s'écrie, songeant à la destinée de la France, au lendemain de la Révolution de Juillet :

« La montagne a tremblé sous mon talon comme le trépied de la sibylle ; un souffle a passé devant ma face ; je ne sais quel feu follet voltige autour de ma tête. Est-ce que moi aussi je me mêlerais de prophétiser ?...

« Une génération vient à peine de passer, la terre vient d'achever sa quarantième ronde autour du soleil, et voici qu'au dernier gradin de cette terrasse de Versailles, dont je foulais hier encore la poussière, je vois une belle jeune femme assise sur une gerbe ; elle porte au front une couronne de grappes et d'olives, elle tient ses deux mains croisées sur son genou droit, dans l'attitude de la force au repos. Son pied gauche repose sur un canon brisé. Un sourire austère flotte à sa lèvre, pendant que son regard profond plonge dans l'espace comme pour prendre possession de l'avenir.

« La foule allait et venait autour d'elle, et chacun la saluait en passant. Il y avait là des hommes de tout âge et de toute profession, et cependant, malgré la différence de costumes, ils ne semblaient former qu'une seule famille, car je voyais de temps à autre la main du patron serrer la main de l'ouvrier. Je m'approchais à mon tour de la jeune femme.

— Comment te nommes-tu ? lui demandai-je.

Elle porta la main à son front, et me montrant un chiffre d'or brodé sur son bandeau :

— Je me nomme démocratie, répondit-elle.

A ce moment, un merle partit d'un buisson d'épines et emporta en sifflant le reste de la vision. »

Elisée passe ensuite par le midi de la France, imagine des aventures romanesques, se fait conter à Pise le séjour de Lord Byron, imagine des dialogues sur l'art avec « le philosophe Marcus », donne des détails piquants sur le suicide de Léopold Robert, décrit l'Agro Romano, la peste à Rome, le Vatican, voit le Prêtre-Roi.

Il a étudié la nature et la vie. Il l'interroge, il s'est trouvé. Il rentre à Paris, confiant dans le progrès. Il en défendra la doctrine.

*Elisée* a une suite et comme un complément philosophique dans « *Dieu est-il mort ?* » (1) : titre qui attire la curiosité et qui, par sa brièveté interrogative, a un air d'énigme et de mystère.

Qu'est le livre ? Une profession de foi spiritualiste, le testament d'un esprit religieux qui proclame la nécessité d'une croyance, et cherche ce qu'elle doit être.

Dans l'Introduction, Eugène Pelletan critique l'Athéisme (2) :

« L'homme est un être religieux. Nous disons plus, il l'est par essence. L'animal vit et meurt, mais il ne sait

(1) A. Degorce-Cadot, éd.
(2) *Dieu est-il mort ?* p. 2 et 3.

pas qu'il vit ni qu'il doit mourir. Il n'a ni la conscience de sa vie, ni la prescience de sa fin ; à supposer qu'il eût vaguement l'une et l'autre, elles ne sauraient influer sur sa destinée.

« L'homme au contraire sait d'avance qu'il meurt, et il répugne à mourir. Il ne peut croire que la prévision de la tombe, qui est une prérogative de son intelligence, ne lui a été accordée que pour faire de sa vie une longue agonie morale et une incessante condamnation à mort, dont chaque heure sonne le glas à son oreille, comme pour lui donner l'avant-goût du coup de grâce et de la première pelletée de terre jetée sur son cercueil.

« La mort n'a jamais été pour lui qu'une vigie sévère placée sur la frontière de deux mondes, et une invitation à songer à ce qui est au delà et à ce qui est après.

« Il a trop haute opinion de lui-même pour admettre qu'un trou en terre et le vide au-dessus soient le dernier mot de qui a aimé et qui a pensé. L'herbe pousse sur le sillon d'un cimetière ensemencé d'un cadavre de plus, la rosée du ciel y tombe, et le mystérieux laboratoire de la terre reprend le composé chimique de ce qui fut une intelligence, et n'est plus que de l'azote ou du phosphore. »

Il ajoute :

« Le Néant en haut, le Néant en bas, et au milieu on ne sait quel désert moral où errent à l'aventure des ombres humaines qui pleurent, qui rient, qui dansent, qui tuent, qui chantent, qui gémissent, qui parlent, qui écoutent, qui écrivent, qui lisent, qui travaillent, qui jouent plus ou moins heureusement le jeu de la vie dans le grand tripot du monde : voilà tout ce que les désabusés de la pensée divine ont à nous offrir, en échange de l'Idéal perdu. L'homme vaut mieux que cela. »

L'auteur, après avoir démontré qu'une démocratie ne peut vivre sans une religion, — ce qui est le fond de sa thèse, — se demande quelle religion doit adopter la France de demain.

Sera-ce le catholicisme ? Eugène Pelletan le rejette, car il trouve une antinomie profonde entre une religion qu'il dit être décrépite et moribonde, qui « nie la raison », « excommunie la science », et la démocratie bouillonnante de sève et reculant indéfiniment l'horizon de la connaissance. « Il y a dit-il, entre la destinée de l'homme, telle qu'elle est prouvée par l'histoire qui n'est que la nature en action et la conception à rebours que l'Eglise en a formulée, toute la distance de la mythologie à la réalité. »

Eugène Pelletan, en des pages passionnées, ardentes, d'une rude franchise, même d'une verdeur un peu crue, interroge l'histoire. Il fait une peinture saisissante de l'Inquisition, « Institution de meurtre », « Epouvante de l'histoire ». Il flétrit l'intolérance : « Il était réservé à la papauté d'introduire dans le monde un nouveau genre de meurtre, le meurtre religieux, et de tuer pour une croyance au nom d'un Dieu mort lui-même pour une idée. »

On lira avec intérêt les chapitres consacrés à l'ordre des Jésuites, à la Rome papale de la Renaissance, au Syllabus, aux miracles.

Eugène Pelletan, après s'être demandé : « l'Eglise du Pape peut-elle se transformer et en se transformant se régénérer ? » répond par la négative :

« Elle n'y songe pas, elle ne veut pas, et le voulût-elle, qu'elle ne le pourrait pas. Il lui faudrait à la fois se renier dans son passé comme dans son présent ; elle a prétendu être une et immuable.

« Elle a dit : « Je suis l'éternité, l'éternité ne tombe pas sous le coup du temps et n'en subit pas le bienfait. La papauté a fermé sur elle une porte de bronze.

Rien ne peut entrer là, ni en sortir (1). »

(1) *Dieu est-il mort ?* p. 213.

Il prédit la mort du catholicisme que l'on ne peut régénérer.

Et il affirme que l'Eglise de l'Avenir, l'Eglise vivante, moderne, s'ouvrant au souffle de la liberté, proclamant le Dieu du progrès, c'est la Réforme : « Née de la liberté, elle a, dit-il, sans le savoir et même sans le vouloir, propagé dans le monde l'esprit de liberté. Si on lui demande jamais les signes de sa mission, elle peut montrer de la main la Suisse, l'Allemagne, la Hollande, l'Angleterre, l'Amérique, l'Océanie... »

Mais, il faut, pour qu'elle conquière les âmes, qu'elle brise le cadre étroit où elle s'enferme, « pour y faire entrer tous les progrès accomplis depuis 300 ans, et alors, elle pourra y faire entrer du même coup les multitudes, les nations formées et pétries de tous ces progrès (1). »

Il adresse, à l'appui de sa thèse, un appel au protestantisme à qui il demande de s'adapter au siècle : « La Réforme a désormais l'obligation de laisser finir derrière elle, dans le temps, la part d'elle-même spécialement appropriée au passé, de rejoindre le XIXe siècle en marche et de remettre sa doctrine en harmonie avec l'âme nouvelle de la civilisation (2). »

Il s'élève contre ceux qui disent : « à un monde nouveau il faut une religion nouvelle ». Il leur dit avec une logique éloquente : « Je ne connais pas, d'abord sous le soleil de monde nouveau, je ne connais qu'un monde transformé. Si vous voulez une croyance à l'image de ce monde, cette croyance ne doit être qu'une transformation. Ensuite, on ne fait pas une religion. Tout au plus on la régénère. Mais la régénérer, c'est la continuer. »

*Dieu est-il mort?* se termine par une description qui est aussi une invocation.

(1) *Dieu est-il mort ?* p. 292.
(2) *Dieu est-il mort ?* p. 290.

La pensée qui démontrait et analysait se fait tout à coup image qui éclaire et qui colore l'idée. La prose se change en poésie dont les strophes revêtent je ne sais quelle onction mystique. Eugène Pelletan, dans un élan d'effusion lyrique, dit ce qu'il voit, et ce qu'à son sens il faut voir dans un temple. Il lui demande de n'être pas seulement bâti avec la pierre et la truelle, d'avoir « la sérieuse majesté du passé. »

Il lui semble revoir les générations qui ont gémi, pleuré sur la dalle. Toutes les douleurs, les espérances, les adorations qui y ont palpité, palpitent encore.

Il clot le livre, il ferme le sanctuaire sur une phrase volontairement inachevée qui est une prophétie de forme simple et familière, formant contraste avec la splendeur de la description précédente.

« Du vin nouveau dans des vieilles outres, la loi de l'homme le veut ainsi pour qu'il y ait continuellement solidarité des siècles aux siècles, des morts aux vivants. Voilà le secret de l'alliance. Je vous l'annonce et déjà je prévois... »

Ce qu'il prévoyait, ce qu'il faut pressentir, se réalisera-t-il ? Que sera la religion, ou bien l'irréligion de l'avenir ? (1)...

*Dieu est-il mort ?* fut très discuté. Un critique écrivait au lendemain de son apparition : « N'est-ce pas que ce livre porte bien la marque de son auteur ? N'est-ce pas qu'on y sent passer le frisson d'ailes de cette imagination romantique et enthousiaste ? O les beaux nuages dorés et lumineux empourprés d'aurore ! Mais, hélas je crains qu'ils ne soient semblables à ces nuées fantastiques et charmantes que les jeux de la lumière et le caprice des vents font apparaître dans les airs comme des citadelles enchantées. C'est un rêve séduisant que M. Pelletan nous fait entrevoir : cette religion de l'avenir, régénérée

(1) Guyau

et épurée, antique et jeune tout ensemble, gardant le
dépôt sacré de passé vénérable et recevant à portes ou-
vertes le rayon de vie des âges nouveaux! Mais je
crains bien que cela ne soit qu'un rêve, un noble songe
de Platon (1). »

(1) *La religion de l'avenir*, par Bérard-Varagnac. *Revue Bleue*, 4 oct.
1884.

Maison d'Eugène Pelletan, à Saint-Georges-de-Didonne,

qui fut primitivement celle du Docteur Lepouraseau

# III

Dans la petite patrie. — La vie rurale. — Le caractère.

C'est le dernier livre que le prosateur poète ait écrit.
Il en avait rédigé les chapitres comme il a fait, du reste,
pour ses plus importants ouvrages, en Saintonge, dans sa
« petite patrie » pour laquelle il a toujours ressenti un
amour vivace et profond. C'est là qu'il médite, qu'il lit,
c'est là qu'il compose le plan de ses ouvrages.

La terre natale, qu'il a si souvent célébrée, il se hâte
de la revoir chaque fois qu'un congé, que quelques se-
maines de vacances lui permettent de s'enfuir vers
Royan, vers Saint-Georges, où le rappellent ses souvenirs d'enfance. Là il peut être libre, vivre en plein contact de la nature, reprendre, avec ses fils, le long des
dunes et à travers bois, les longues promenades qu'il
aime tant, ou bien les marches solitaires qui favorisaient
l'essor de la pensée. « La marche, écrivait-il, est
l'hygiène de l'esprit, elle porte à la réflexion et nous
enseigne à nous connaître. Ce doit être en marchant
le long du Céphyse, qu'au détour d'une allée de lauriers-
roses, Socrate découvrit sa théorie : « Connais-toi toi-
même. »

Depuis 1864, il avait pu, à force d'économiser, devenir propriétaire, à Saint-Georges-de-Didonne, de la petite maison où son grand-père Jarousseau avait vécu. Il
la fit réparer, tout en respectant façade, aménagement
intérieur, mobilier. Il laissa à la vieille demeure où les

étrangers se rendent en pieux pèlerinage, son caractère de rustique simplicité.

C'est là que, surtout dans les dernières années de sa vie il goûtait les joies de la famille. Il recevait la visite de ses filles, qui étaient mariées, et se réjouissait au sourire de ses petits-enfants. Dans ces calmes plaisirs, il trouvait la tranquillité d'esprit nécessaire pour méditer et pour écrire et pour se donner aux siens. Il fut un père très tendre. Il aimait à aimer. N'a-t-il pas écrit (1) : « La famille n'est-elle pas l'éducation, jour par jour, du cœur humain ? N'est-ce pas la douceur de la femme qui adoucit l'homme et sa tendresse qui l'attendrit ? elle lui enseigne le prix de la vie par la bouche la plus éloquente, celle de l'enfant. A qui n'a pas passé par l'école du mariage, il manque toujours cette fleur de l'âme qui aime et qui pardonne pour avoir encore le droit d'aimer. »

A Royan, à Saint-Georges, il renoue des relations qui deviennent d'année en année plus étroites, avec ses amis d'enfance. Il s'intéresse aux gens et aux choses du pays. Il a été l'historiographe des progrès réalisés autour de lui et il aide à les accomplir. Il suit de près ce qui se fait à l'école et autour de l'école.

Un Cercle de la Ligue de l'Enseignement a été fondé à Royan. Il ne cesse de lui procurer ressources, instruments de travail. Après avoir plaidé au Parlement la cause des bibliothèques populaires, il fait effort pour enrichir de livres la « Librairie du Peuple » que les Ligueurs ont ouverte au pays natal.

Des lettres sont adressées par lui, à son ami M. Barthe. On y verra quel entrain il déploie dans la propagande, de quelle sollicitude inquiète il entoure l'œuvre naissante :

_______

(1) *Dieu est-il mort ?* p. 33.

« Versailles, le 2 mars 1877.

« Mon cher compatriote,

« Nos lettres se sont croisées. Ne me remerciez pas de ces quelques volumes. Ce n'est qu'une première mise de fond. Je quête de tous les côtés. Il faut que le Cercle Royannais ait une bibliothèque assez approvisionnée pour suffire à tous les goûts et tous les besoins de lecture. »

« Le 8 mars il écrit de nouveau à M. Barthe, après l'avoir félicité d'avoir mis sur pied une Société de secours mutuels :

« J'irai remettre demain votre demande de livres au Ministre de l'Instruction publique ou à son défaut au chef de son Cabinet. Je rafraîchirai par la même occasion la mémoire de Simon. Il m'a promis ses œuvres pour notre Cercle, par conséquent vous pouvez les regarder comme acquises à votre bibliothèque. Reste Hugo, Laboulaye, etc., etc. Il en est des hommes illustres comme des belles femmes : il faut revenir à la charge.

« Je crains que votre bibliothèque ne soit exclusivement composée d'ouvrages sérieux. Non que je les méprise. Mais il est bon de les dérider par des œuvres d'imagination : Balzac, George Sand, A. Dumas, Eugène Sue, Dickens, Tackeray, etc., etc. Je prendrai connaissance de votre catalogue à mon passage à Royan et nous dresserons, si vous le voulez bien, une liste de livres complémentaires. J'attache, pour mon compte, une énorme importance à la bibliothèque. Elle sera un moyen de propagande et un élément de perpétuité pour le Cercle. Ceux qui aiment mieux passer la soirée en famille y trouveront du moins des livres pour occuper la veillée. »

Dans toutes ses lettres il s'occupe, avec une belle ardeur, de la politique locale. Il se mêle aux luttes pour la conquête du Conseil municipal par le parti républicain. Il prodigue les conseils que lui dicte son expérience de lutteur éprouvé.

« Le 12 janvier 1878, il écrit encore à M. Barthe :

« Recevez mes félicitations, mon jeune et cher compatriote. Vous voilà conseiller municipal et la liste républicaine a passé tout entière à une imposante majorité. En politique pour peu qu'on ait de la poigne, il faut toujours prendre le taureau par les cornes. Le suffrage universel n'est pas un instrument fait pour les sourdines...

Dans la même lettre, Eugène Pelletan prouve qu'il veille avec un soin jaloux sur la prospérité de son cher Royan dont il a conté la naissance et dont il s'ingénie à réaliser l'extension.

« J'ignore si M. Garnier est encore à Royan. J'aurais à lui faire une proposition qui serait une excellente entrée en matière pour le nouveau Conseil municipal. Je veux parler de l'acquisition de la forêt de pins qui longe la Conche de Royan à Saint-Georges. »

Il fait des démarches. Il démontre aux autorités compétentes « que l'Etat a tout intérêt à vendre cette forêt à bon compte à la Commune. Car il rattraperait, par l'impôt des portes et des fenêtres, des châlets qui pousseraient au milieu des pins comme des champignons, ce qu'il semblerait perdre sur le prix d'achat. La commune, d'un autre côté, ferait une bonne affaire, et n'aurait probablement pas à bourse délier, car elle trouverait une Compagnie ou un entrepreneur pour exploiter les lots à vendre et rembourser la créance de l'Etat. Dans tous les cas, c'est une question que le Conseil municipal aurait à étudier. »

« Eugène Pelletan termine en affirmant « qu'on peut compter sur tout son dévouement royannais pour appuyer une demande au Ministère de l'agriculture.

Comme on le voit le po.. ., le rêveur sait être un homme pratique. Il a dit le passé du village. Il contribue à assurer l'avenir de la ville.

La correspondance continue qui permet de montrer combien le philosophe possédait le sens de l'organisation, le goût du détail.

Le 1ᵉʳ mars 1878, il écrit à M. Barthe pour revenir sur la question de la bibliothèque :

« Mon jeune ami et cher compatriote,

« J'ai reçu votre catalogue, merci ! Je n'y vois qu'un livre de trop et il faut au plus vite le biffer : c'est l'ouvrage de Brantôme sur les Dames galantes. Je ne suis pas bégueule, tant s'en faut. J'ai lu ce livre qui est un curieux coup de sonde dans les mœurs du xvⁱᵉ siècle et un argument de plus pour le progrès de la moralité en France. Mais prenez garde. On pourrait prétendre que notre bibliothèque est une provocation à la débauche intellectuelle, comme je l'ai dit l'autre jour au Sénat.

« Vous avez raison. Ce qui manque, c'est le roman, c'est le voyage, c'est tout ce qui intéresse en un mot. Je vais revenir à la rescousse auprès du ministère de l'Instruction publique. Vous aurez bientôt, j'espère, Erckmann, Sand, About, Mérimée, etc. Adressez-moi une nouvelle demande et, dans le cas où elle serait ajournée, je me charge de vous approvisionner de romans.

« De grâce, mes amis, évitez au Conseil municipal, toutes les questions qui peuvent vous diviser. Si vous donnez à nos adversaires le spectacle de vos déchirements, vous vous affaiblissez, vous préparez leur retour offensif. Ecartez, ajournez, réservez les débats d'école jusqu'au jour où la République sera hors de pages. Ce sera au plus tard au mois de décembre. Il me semble qu'en ce moment-ci la question du port et de la forêt doit tout dominer. A chaque jour son œuvre. »

Presque toutes ses lettres qui ont à la fois un caractère d'utilité et d'intimité se terminent par une formule qui était habituelle à Eugène Pelletan :

« Tout à vous, *ex imo corde.* »

On pourrait citer d'autres épîtres, une, entre autres qui a trait à la plantation d'un arbre de la liberté sur une petite place de Saint-Georges. Elles n'ajouteraient rien à la physionomie de l'homme qui, « parisianisé » de bonne heure, était resté si profondément saintongeais.

Plus il avançait en âge, plus se fortifiaient en lui les attaches qui le fixaient, toujours pour une durée plus longue, au sol natal.

Il revenait avec joie aux occupations qu'il avait aimées dans son enfance rustique.

Le terrain qui entourait sa modeste habitation n'était guère qu'un champ et l'âme du jardinier qui était en Eugène Pelletan s'y révéla.

D'ailleurs, depuis l'enfance, il s'était adonné à l'histoire naturelle.

Dès qu'il eut un coin de terre bien à lui, il cultiva son jardin. Les habitants de Saint-Georges se souviennent encore de l'ardeur avec laquelle il roulait la brouette, maniait la bêche, balançait l'arrosoir, pour entretenir, nouveau Ducis, parterre et potager. Il devait y faire un apprentissage peut-être plus salutaire à sa propre santé qu'à celle des plantes dont il garnissait le sol avec une générosité un peu inexpérimentée. Plantations fantaisistes et coûteuses, encouragées par les envois de son ami

Decaisne, alors directeur du Muséum et qui tentait des essais d'acclimatation dans le jardin ensoleillé de l'écrivain.

On peut lire dans une lettre adressée par Eugène Pelletan à l'un des siens (1) :

« Je t'écris par un magnifique soleil au milieu d'un
« orchestre de rossignols. Je viens de quitter la bêche,
« comme tu peux le voir au tremblement de l'écriture.
« J'ai passé toute la matinée à soigner le pauvre malade.
« Je veux parler du jardin. Cette maudite gelée l'a plus
« maltraité que je ne croyais. Le beau Laurier d'Apollon
« a terriblement souffert ; tous les figuiers ont l'air
« d'avoir fait la campagne de Russie et reprennent ce-
« pendant par place. Plus une seule Asclepiade — celle
« de la rue, morte comme les autres. *De profundis !* Les
« passiflores ne sont plus qu'un souvenir, le joli chèvre-
« feuille qui poussait fraternellement entrelacé au Péri-
« ploca, a trépassé. Il y a néanmoins quelques élus qui
« ont échappé à la colère céleste : deux ou trois escalo-
« nias survivent. Un Eucalyptus repousse du pied, le
« Rhymchrospernum a suivi le bon exemple, mais hélas!
« pas un seul Mandevilea ne veut montrer le plus petit
« bourgeon.

« En revanche le jardin fourmille d'herbes qui montent
« aux genoux. N'importe, il est encore bien charmant ;
« les pervenches plantées de ta main te cherchent de
« leurs doux yeux bleus. Les mignardises, par trop pré-
« tentieuses, m'arrivent à la ceinture. Les vignes pro-
« mettent une abondante récolte. Je jouis de ce petit
« coin reverdissant avec une volupté d'ermite et pourtant
« il me semble que je vous vole en en jouissant seul. Je
« vais me consoler en semant toutes mes graines à votre
« intention ».

(1) Lettre inédite communiquée par M⁰ᵉ G. Coulon.

Il écrivait encore :

« J'ai toujours l'œil fixé sur la plage de Saint-Georges
« et sur mon mètre et demi de jardin. Quand je n'ai pas
« l'arrosoir à la main, je me méprise et il me semble que
« je déroge. »

Ce sont des lettres qui font saisir sur le vif le caractère d'Eugène Pelletan. S'adonne-t-il au travail manuel ?
Il l'exalte, l'ennoblit et l'embellit. Il met de la poésie dans
le jardinage, comme il en a mis dans ses discours, dans
ses écrits.

« Poète pratique » a dit de lui Emile Zola. Il l'a été
toute sa vie. Il a su voir les laideurs des choses et des
êtres, et il s'est élancé vers l'avenir, vers les lendemains
meilleurs où s'est réfugiée son espérance. Il critique, en
observateur minutieusement exact, le spectacle attristant
dont il est le témoin, et il construit la Cité idéale vers
laquelle s'envolent ses rêves. Il morigène, il attaque, en
implacable justicier, et il prophétise. Il est à la
fois un moraliste souvent désabusé, même misan-
thrope, et un voyant, un apôtre, épris de mysticisme.
Par un singulier mélange des facultés qui semblent s'opposer, mais qui en lui se combinent et se lient, il se
montre très attentif aux applications immédiates des doctrines politiques et sociales, et aussi très enclin à bâtir des
théories où parfois domine l'utopie.

Il fond en lui la logique qui analyse et l'imagination
qui crée.

L'opposition apparente qui s'équilibre dans l'harmonie
des contraires, semble s'accuser dans ses actes, comme
dans ses paroles et dans ses écrits. Il a l'air fruste, un peu
dur, un peu bourru et distant. Mais il est bon pour les
siens, pour ses amis, qu'il aide avec une constante fidélité,
avec le plus généreux don de soi. Il a peur, le rude polé-

Un homme monte les marches d'un échafaud;
il dit J'ai tué et je meurs, c'est l'assassin
vulgaire puni par le code pénal; au même
instant une femme monte l'escalier d'un palais
elle dit J'ai tué et je règne; c'est
celle-ci que un bel esprit appelle
Catherine le Grand

Eugène Pelletan

miste, de peiner, de froisser. Il regrette ses boutades, se repent d'avoir laissé son esprit prendre l'avantage sur ses sentiments.

Un témoin de sa vie a pu écrire en faisant son portrait physique et moral : « Il est de haute taille, maigre et un peu voûté. Ses yeux intelligents s'allument sous le feu de la discussion. Il parle lentement d'abord, puis s'échauffe et s'anime, quand il attaque certaines questions ou quand il défend certaines causes. Chez lui, la bonté domine... Il est compatissant de son naturel..., détestant les méchants propos, les piqûres d'épingle de la conversation, allant droit au but en prenant garde de ne point salir et de ne point éclabousser les passants tranquilles. »

Un jour il causait dans un salon et devant une personne qu'il ne connaissait pas. On s'entretint des discordes qui règnent entre peuples ; il avoua qu'il ne les aimait que tout juste, et, peu à peu, entraîné par son sujet, s'abandonna à des considérations et à des théories sur la paix universelle. Quand il eut fini, la personne à qui il s'adressait s'inclina et sourit :

— Quel est ce visiteur ? demanda-t-il.

On lui répondit que c'était un soldat.

— Un soldat ! dit-il. Me voilà bien avancé, moi qui ai parlé contre la guerre !

Il courut après celui qu'il jugeait avoir blessé cruellement, et qu'il avait séduit, au contraire, par les beautés de son improvisation et par la hardiesse de ses aperçus.

« Eugène Pelletan (1), a dit Eugène Spuller, qui l'avait beaucoup connu, « avait toutes les qualités, toutes les vertus attachantes des natures douces en qui l'imagination prédomine sur la raison ; il en avait, par contre, les défauts et les travers inséparables. Il était pas-

(1) *Figures disparues*, 2ᵉ série, p. 126.

sionné mais exclusif ; il était sensible toujours, mais parfois injuste. Il rachetait tout à force de cœur.

« C'est une qualité trop éminente et qui devient trop rare pour qu'elle ne protège pas la mémoire d'un homme qui a été si aimé et si digne de l'être, noble et charmante créature, d'une dignité vraiment fière et qui a bien mérité de notre temps... par une vie pleine de travail et d'honneur. »

# IV



La mort. — Les obsèques. — Les discours. — L'érection du monument .— L'homme et l'œuvre.


Alerte et dispos, très vigoureux malgré ses 71 ans, Eugène Pelletan semblait devoir fournir une longue vieillesse.

Le samedi 6 décembre 1884, à 11 heures 1/2 du soir, il mourut subitement dans l'appartement qu'il occupait, comme questeur du Sénat, au rez-de-chaussée du Palais du Luxembourg.

Il avait dîné de fort bon appétit. Il jouait au billard avec ses fils, quand une attaque d'apoplexie foudroyante le terrassa à 8 heures 1/2. Sa femme, celle de ses filles qui habitait avec lui accourent aussitôt. pour lui porter secours (1). Malgré les soins du D<sup>r</sup> Claudel, médecin du Palais, il expire trois heures plus tard.

Les obsèques furent célébrées à Paris le mercredi 10 Décembre 1884. Le cortège partit du Luxembourg. Les cordons du poële étaient tenus par MM. Jules Ferry, président du Conseil, Rampon, sénateur, Sadi Carnot, vice-président de la Chambre, Peyrat, sénateur, le Général Frégnault et M. Magnin, gouverneur de la Banque de France.

Au cimetière Montparnasse où eut lieu l'inhumation, des discours furent prononcés par MM. Humbert, vice-président du Sénat, Challemel-Lacour, sénateur des Bou-

(1) M<sup>lle</sup> Denise Pelletan.

ches-du-Rhône, Tolain, au nom de l'Union Républicaine du Sénat, Jules Steeg, Remoiville, député de Seine-
et-Oise, et président de la société pour l'instruction élémentaire, Chalamet, président de la Société des Gens de
Lettres, et, en l'absence de M. Frédéric Garnier, député
et maire empêché, par MM. Chauvet, adjoint au maire
de Royan et le docteur Audouin, conseiller municipal de
cette ville.

Dans les discours prononcés par MM. Challemel-Lacour et Jules Steeg, se trouvaient des jugements à retenir
sur l'œuvre et la vie du penseur et de l'écrivain.

Challemel-Lacour, au nom de la représentation des Bouches-du-Rhône, résuma la vie de Pelletan, parla de son
rôle au Corps législatif sous l'Empire, dans les rangs de
l'opposition :

« Pelletan se distingua dans ce petit groupe historique,
par une hardiesse de parole, par une véhémence d'indignation qu'on n'a point oubliée. Ses discours avaient
quelquefois de longs échos jusqu'aux extrémités du pays.
Un jour, vers les élections de 1869, les lecteurs de ses
écrits l'appelèrent, sans le connaître, dans le département
des Bouches-du-Rhône, où l'esprit public sommeillait
encore. Sa présence fut un réveil, sa parole pathétique,
qui n'était jamais plus à l'aise que dans les questions de
morale populaire et qui le mettait si vite en communication intime avec les masses fit, dès le premier jour, sur ces
intelligences naïves une impression dont la trace n'est pas
encore effacée.

« Les populations se portaient en foule, sans distinction
d'âge ni de sexe, à sa rencontre ; elles écoutaient avec
une émotion qui allait jusqu'aux larmes, ce langage
d'apôtre qui leur ouvrait des perspectives inconnues ;
elles s'abandonnaient avec une confiance d'enfant à cette
imagination qui les emportait dans les espaces, loin de
ce monde où elles souffraient et dont elles commen-

çaient à pressentir vaguement les prochains désastres. »

M. Jules Steeg, député de la Gironde, traita de ses convictions philosophiques et religieuses : « Il n'avait rien à cacher de ce qu'il pensait. Il a publié, à maintes reprises, et vous savez avec quel éclat, quelle verve, quelle chaleur de cœur et d'imagination, les croyances dont il vivait.

« Car Eugène Pelletan n'était pas seulement un critique, un polémiste, un historien, un poète, il était un croyant...

« Pourquoi ne pas le dire ?

« Eugène Pelletan croyait en Dieu, comme les deux maîtres de la philosophie révolutionnaire du dix-huitième siècle, Voltaire et Rousseau, comme Lamartine dont il fut longtemps le disciple et l'ami, comme Victor Hugo, comme Edgar Quinet et Henri Martin, ses compagnons de lutte et de travaux dans la fondation définitive de la République française.

« Ce n'était pas une foi dogmatique, étroite, une foi supersticieuse et intolérante, une foi de tradition et d'obéissance. Non, mais une conviction calme, raisonnée, lumineuse, qui s'accommodait merveilleusement de toutes les hardiesses de la critique et des plus téméraires audaces de la pensée moderne. »

La Presse accueillit la nouvelle de la mort avec une tristesse qui fut sincèrement exprimée. Eugène Spuller, entre autres lui a consacré une éloquente et solide notice. Il salue en Eugène Pelletan « un des plus fidèles serviteur de la liberté et du progrès. »

Il étudie surtout en lui le journaliste. « Il a beaucoup écrit aux heures les plus difficiles, et tout ce qu'il a écrit, en risquant tous les jours sa liberté personnelle et le pain de sa famille, a largement contribué à entretenir, dans notre malheureux pays, courbé sous le joug, et réduit au silence, la foi au retour de la liberté, le

culte des grands souvenirs et des nobles idées, la passion de la justice et de la vérité... Sous le Second
Empire un article de cet écrivain plein de flamme et
tout dévoué à la tâche si ingrate de l'apostolat dans
le désert, était un événement dans la vie intellectuelle
et morale de notre nation, condamnée au triste sort
des peuples, sans presse et sans tribune... Nulle lueur à
l'horizon. C'était comme la nuit profonde du tombeau et
la France y semblait descendue pour toujours. Eugène
Pelletan avait le privilège de faire luire soudain quelque
étincelle ; on sentait en lui une conscience vigilante qui
ne laissait échapper aucune occasion de protester, et sa
fermeté, son courage, son indignation, son enthousiasme,
soutenaient, réveillaient, excitaient tous les cœurs. »

Il le suit au Corps Législatif, le montre dans son rôle
d'adversaire du pouvoir personnel :« Il parlait avec autant
de précipitation que de véhémence comme s'il eût craint
de ne pouvoir dire tout ce qu'il avait dans ce cœur et qui
en débordait ; il n'était pas seulement le justicier qui rappelle le crime pour le flétrir ; il était aussi le prophète qui
montre l'avenir gros des malheurs qui en sont l'inévita-
ble conséquence. Ce rôle de vengeur et de voyant allait à
sa nature passionnée, mystique, tout emportée dans
l'idéal (1). »

M. Jules Claretie (2) lui consacra une « Vie à Paris »
remplie, comme à l'ordinaire, d'anecdotes caractéristi-
ques. Il rappela le succès obtenu par *la Mère*, par la
*Nouvelle Babylone*. Il dit de l'homme : « Cet écrivain
éloquent et emporté, un peu mystique... ce tribun, ce
pamphlétaire, fut surtout un homme de foyer, un père
de famille laborieux et austère. Il y avait dans son esprit quelque chose de ce christianisme prédicant et de cette
bonté militante qu'il nous montre dans l'âme même de

(1) *Figures disparues*, p. 121.
(2) *Temps* du mardi 16 décembre 1884.

son Jarousseau, le *Pasteur du Désert.* » M. Claretie parle de son « élévation de pensée, de l'envergure de son style, de ses aspirations vers l'infini. » Il trace de l'homme ce portrait très exact et très ému :

« De Pelletan nous n'avons connu que l'homme déjà arrivé à sa cinquantième année, lorsque nous le vîmes pour la première fois. Grand, un peu voûté, le front haut, les sourcils hérissés sur des yeux superbes, une barbe longue, encore noire alors, il gardait, à son banc de député, une fière attitude, raide et immobile, à côté du petit Breton Glais-Bizoin qui remuait toujours. Parfois dans le tumulte d'une discussion, une interruption partait, vibrante comme une flèche bien lancée et, comme elle, allait droit au but. C'était Pelletan qui, la main étendue vers le siège du président, formulait, d'une phrase courte et sévère, une sentence que nous nous répétions le soir. A la tribune il était éloquent, hautain, volontiers dédaigneux et menaçant. Il n'avait pas l'ironie persuasive et redoutable de Jules Simon, le sarcasme insolent de Jules Favre, la magnifique faconde oratoire d'Ollivier, alors son compagnon, mais ses courroux, ses ardeurs, ses audaces, tonnaient avec des accents fiers, parfois sybillins. Au fond ce militant fut un modeste et presque un timide. Il était comme cette amie dont il parlait et qui, fuyant le spectacle et le « paroistre », n'aimait que ses livres.

« Sa bibliothèque... sa plume, qui lui assuraient l'indépendance et la dignité, son coin du feu, ses enfants, sa famille, voilà ce qu'aima surtout ce patriote, une des intelligences philosophiques de son époque, un des rares écrivains de ce temps et, ce qui vaut mieux peut-être, une honnêteté et une conscience. »

Huit ans à peine après la mort, sur l'initiative de la municipalité républicaine de Royan, un Comité présidé par MM. Emile Combes et Frédéric Garnier, a érigé, à l'extrémité des promenades ombragées d'ormeaux, du Square Botton, devant le port et la mer, une statue d'Eugène Pelletan due au sculpteur Aubé, l'auteur du monument de Gambetta sur la place du Carrousel (1). « Pelletan est représenté debout, la tête légèrement inclinée sur la poitrine, un livre à la main, dans une attitude méditative. Le regard est tourné vers la mer ou pour mieux dire, vers cet infini que fouillaient si souvent la pensée et l'imagination de l'écrivain. »

Le monument fut inauguré le 4 Septembre 1892. Des discours furent prononcés, notamment par MM. Emile Combes, Frédéric Garnier et Léon Bourgeois. Il y eut un pélerinage à la maison de Saint-Georges de Didonne où l'on va de plus en plus évoquer le souvenir de Jarousseau et d'Eugène Pelletan, comme on fait, à Yverdon pour Pestalozzi, à Yasnaïa-Poliawna pour Tolstoï, à Médan pour Zola, à Beblenheim pour Jean Macé, aux Jardies pour Gambetta.

M. Emile Combes, en remettant la statue à la ville de Royan, célébra surtout en Eugène Pelletan le « concitoyen ». « Pelletan a été la personnification, l'image vivante de la Saintonge : c'est ce génie qui s'est affirmé dans ses œuvres ; pendant son existence tout entière, Eugène Pelletan a montré les qualités natives du caractère saintongeais. Ce fut un artiste plein de naturel et d'indépendance dans l'esprit. Sa force était contenue dans ses sentiments passionnés que réglait toujours la raison. »

M. Frédéric Garnier résuma la vie du publiciste en une étude documentée, précieuse, pour établir la biographie d'Eugène Pelletan. Il fit ressortir la fermeté, la droiture de son caractère : « Il y avait en lui un poète, mais ce poète était un rêveur fait pour l'action, qui sentait que le rôle de l'écrivain, du philosophe, du politique, est d'élever l'intelligence humaine..., de la conduire d'étape en

(1) V. Billaud, compte rendu de l'inauguration.

Inauguration de la Statue d'Eugène Pelletan, à Royan. 1893.

(D'après Photo Braun).

étape, à la plus haute expression de son génie. Et pas un jour il n'a faibli devant cette mission sainte... » « Quand je tiens une vérité, il faut que j'ouvre la main, disait-il, dût cette vérité me coûter la tête. »

M. Léon Bourgeois, qui était ministre de l'Instruction publique, a prononcé sur l'œuvre d'Eugène Pelletan une de ses « Oraisons » à la fois les plus fortes et les plus charmantes. Il a rendu en perfection, sous son double aspect, la physionomie du polémiste et de l'artiste. Il a trouvé des formules qui résument la vie de l'homme, le caractère des écrits :

« Pelletan écrivain, c'est un philosophe qui pense et c'est un soldat qui combat... Rien de plus divers que l'œuvre de Pelletan. Il avait été le disciple et l'ami de Lamartine, et son style avait le plus souvent l'abondance, l'éclat, la richesse d'images du style d'un poète. Mais, comme me l'écrivait il y a quelques jours un de ceux qui l'ont le mieux connu et le plus aimé, « ce romantique avait une pointe d'esprit Gaulois, discrète et savoureuse », ce polémiste devenait au besoin un conteur, conteur charmant, alerte, dégagé, à la vieille mode française, excellant au rapide croquis d'un paysage ou d'un personnage, et sachant tirer du récit le plus simple une extraordinaire intensité d'émotion. »

M. Léon Bourgeois rappelle en quelle estime et en quelle admiration on tenait, à la fin de l'Empire, Eugène Pelletan, parmi la jeunesse des écoles. « Lorsqu'en 1863 Pelletan entra à la Chambre des députés, les hommes de ma génération allaient quitter les bancs du collège. Nous avions sans cesse les yeux tournés vers les représentants de l'opposition. Dans l'abaissement universel, les figures de ces quelques hommes seuls debout, prenaient une grandeur singulière. Ils portaient en eux, ils incarnaient toutes les chères idées, toutes les espérances de notre jeunesse. Je me rappelle comment sans les connaître nous

nous représentions chacun d'eux. Picard était pour nous
l'esprit qui se raille de la force et qui venge. Jules Simon,
la philosophie généreuse, Jules Favre l'éloquence hau-
taine. Après eux, Pelletan nous apparaissait un peu à
part, comme le représentant de la dignité, de la vertu et,
pour tout dire d'un mot, de la conscience. »

On lut aussi de très belles strophes, dépassant de beaucoup la qualité des pièces dites, par ironie, de circonstance. Elles étaient dues à M. Victor Billaud et elles sont
vraiment d'un poète. On en jugera par quelques-unes
d'entre elles. M. Victor Billaud, chante le polémiste dont
il dit que : « ...

> « ... Flagellant de ses mépris le César louche,
> « Un chant au fond du cœur, un sarcasme à la bouche,
> « Il brisait les veaux d'or et dressait des autels.
>
> « Car il avait la force et la foi des apôtres ;
> « Il soufflait son audace aux uns, l'espoir aux autres.
> « Il rêvait dans la nuit à l'aube d'un grand jour.
> « Même quand tous les droits traînaient leur agonie,
> « Il crut que du chaos surgirait l'harmonie,
> « Ce vaillant dont la haine était faite d'amour.
>
> « Et toujours, obstiné, fougueux, enthousiaste,
> « Il allait plus avant dans l'arène plus vaste,
> « Les regards attachés sur l'horizon vermeil,
> « Et sans cesse il marchait en dépit des orages,
> « Electrisant les cœurs, attisant les courages,
> « Et sonnant sans répit le clairon du réveil... »

Puis il montre l'écrivain dans sa « petite patrie », à
Saint-Georges :

> « Là, fidèle aux amis de tes jeunes années,
> « Tu revenais souvent aux plages fortunées
> « Où les vieux souvenirs te versaient leur doux miel ;
> « Où tu cherchais le sens de l'énigme profonde
> « Qui va des infinis de l'Océan qui gronde
>     « Aux infinis cléments du ciel.
>
> « Là dans l'heureuse paix des horizons champêtres,
> « Tu revivais avec les tiens, les bons ancêtres
> « Dont tu retrouvais l'âme aux buissons des chemins,
> « Et ta prose au front pur, sœur de la poésie,
> « En des livres émus où ton cœur s'extasie
>     « Jetait des fleurs à pleines mains. »

Le 5 décembre 1909, Saint-Georges, à l'instigation de la Ligue française de l'Enseignement, a célébré le 25° anniversaire de la mort de Pelletan. Chaque année, grâce à l'affection pieuse de MM. Victor Billaud et Jean Mousnier, des fleurs et des couronnes sont déposées au pied du monument, et une commémoration a lieu, parmi les discours et l'affluence populaire.

C'est là, dans ses grandes lignes, la vie, et dans ses grands traits, l'œuvre d'Eugène Pelletan. Ni les honneurs officiels, ni les témoignages de reconnaissance locale, ne lui ont manqué.

Les hommes de sa génération, ceux qui avaient été mêlés aux événements contemporains, qui avaient lutté avec lui et, avec lui, remporté la victoire, ceux qui ont subi la magie de sa prestigieuse imagination, de sa prose au coloris puissant, ceux qu'il avait animés de sa foi, ont conservé, après sa mort, le souvenir de sa vaillance intellectuelle et morale.

Mais la génération nouvelle ne le connait plus guère. Les jeunes lisent parfois *Jarousseau* ou bien *La Naissance d'une ville*.

Ils ignorent ses grands ouvrages qui furent d'un précurseur : *La Profession de foi du dix-neuvième siècle*, le *Monde marche*.

On n'a guère attiré leur attention, au cours de leurs études, puis dans les Manuels et Précis à la mode, où l'on exalte surtout les écrivains réguliers, classés, hiérarchisés, qui ont appartenu à un groupe, à une académie, sur le polémiste qui, épris d'indépendance, vécut un peu à l'écart, dans la fierté de sa pensée. Ils ont entendu vaguement répéter qu'il a été un disciple de Lamartine, qu'il a écrit dans une prose imagée, qu'il s'est servi souvent de métaphores — dont il a fait d'ailleurs un merveilleux emploi. Ils n'ont pas été invités à se rendre compte qu'il a donné une note personnelle et vraiment originale.

Il faut souhaiter que le jugement soit revisé, que l'erreur soit passagère et ne tourne pas à l'injustice, que l'on mette en son rang et à sa place, tout près des plus célèbres et des plus grands, le romancier, le philosophe-poète, surtout le journaliste.

On reconnaîtra à l'user, qu'Eugène Pelletan est un maître excellent en l'art d'écrire, et pour bien des genres. Qui limite son impression et son étude aux œuvres du début, le trouvera sans doute trop préoccupé de viser au « sublime continu ». Mais qui connaît les écrits de sa pleine maturité, aura l'enchantement de savourer une prose simple, claire, concise et nerveuse, toujours de plein jet et qui exerce une sorte de magnétique fascination. On ne se mettra pas à son école, sans profit, pour s'assouplir à la polémique.

Un de ses disciples a pu dire : « Sa vraie fibre est la politique. Il a l'impétuosité qui renverse, le feu qui consume, le fouet qui déchire...Courier n'avait jamais eu l'indignation sincère.Beaumarchais s'était adonné à la raillerie. Il fallait que dans notre histoire, il y eût un journaliste réellement et loyalement indigné.Cet homme a été M.Eugène Pelletan...Une verve abondante et généreuse,une magnifique ardeur pour le combat,une passion de l'utile:telles ont été les qualités de ce moraliste qui s'est montré courageux comme on ne l'est guère et honnête comme on ne l'est plus » (1).

« C'est un homme de 1848 », dit-on parfois, en souriant. Moquerie qui est un éloge, car « ceux de 1848 » qui ont pour tenants : Lamartine, Lamennais, Michelet, Quinet, Eugène Pelletan, méritent admiration et respect.

(1) *L'Evénement*, le 7 avril 1868.

« Ceux de 1848 » représentent le dévouement aux principes, la noblesse et la pureté des sentiments, la sincérité des convictions, l'enthousiasme pour la cause populaire, la passion du sacrifice.

Aux heures de défaillance, il est bon de se retourner vers les maîtres qui douloureusemnt ont voulu être des éducateurs et des semeurs d'idées, pour leur demander la parole de vie et de réconfort.

« Le monde marche », comme a dit Eugène Pelletan. Il va même d'une allure fiévreuse et précipitée. Aux haltes nécessaires, ceux qui font le voyage de la vie, ont le devoir de jeter parfois un regard en arrière et de saluer par la pensée et par le cœur ceux qui, l'œil fixé sur les sommets lumineux, ont éclairé et frayé la route de l'humanité vers l'idéal et vers le progrès.

DÉPARTEMENT
de la
Charente - Inférieure

ARRONDISSEMENT
de
Marennes

N° 17

Du
30 Octobre 1813

NAISSANCE
de
Pierre-Clément
Eugène Pelletan

29 Octobre 1813

## MAIRIE de Saint-Palais-sur-Mer.

# EXTRAIT du REGISTRE des ACTES de l'ÉTAT CIVIL

### POUR L'ANNÉE 1813.

L'an mil *huit* cent *treize*, le *trente* du mois d'octobre sur les *neuf* heures du *matin* par devant nous *Élie Seguin Maire faisant les fonctions* d'Officier de l'État civil de la commune de *Saint-Palais-sur-Mer*, canton de *Royan* département de la Charente-Inférieure, est comparu *Étienne-Achille Pelletan* âgé de (1) ans demeurant à *Royan* profession de *notaire* lequel nous a présenté un enfant du sexe *masculin* qu'il a déclaré né hier, *sur les onze heures du soir dans la maison des enfants Tondut et de la dame Jarousseau au village de Maine Bertrand fils de Élisabeth Jarousseau* âgée de ans, profession demeurant à *Royan* et du *déclarant* âgé de ans, profession de *notaire demeurant à Royan*, a donné les prénoms de *Pierre-Clément-Eugène*, les dites déclaration et présentation faites en présence de *Élie Adréan*, âgé de *quarante-huit ans*, demeu- à *Saint-Palais-sur-Mer*, profession de *propriétaire* et de *Élie Bonneaud*, âgé de *quarante-sept ans*, demeu- rant à *Saint-Palais-sur-Mer*, profession de *menuisier* et on les déclarant et témoins, *signé avec nous*, le présent acte, après qu'il leur en a été fait lecture.

### Ont signé au registre :

*Pelletan, Adréan Élie Bonneaud, E. Seguin, Maire. Délivré sur papier libre à titre de renseignements administratifs le six novembre mil-neuf-cent-onze.*

### Pour copie conforme,
### Le Maire,
### Le Président de la Délégation spéciale,

(1) L'âge n'est pas indiqué dans le document.

Cabinet de travail d'Eugène Pelletan, Saint-Georges-de-Didonne.

(D'après Photo Braun).

# — APPENDICE[1] —

*Plaidoyer prononcé par Eugène Pelletan devant la 6° Chambre sous la présidence de M. Salmon. (20 décembre 1861.)*

« J'espère que le tribunal voudra bien me rendre cette première justice que si je prends la parole, ce n'est pas pour une inspiration de vanité. Personne ne sait mieux que celui qui parle en ce moment quelle large part de modestie il doit se mesurer en toute circonstance et surtout à cette place à côté de ce barreau, dernier refuge de l'éloquence ; mais j'ai cru que dans un procès de cette nature où le ministère public incrimine principalement les intentions, l'écrivain était encore le meilleur commentaire de son article.

« Il y a un effet dans son accent, je ne sais quel son direct de l'âme, et dans son attitude, une candeur en quelque sorte physique qui révèle mieux le fond de sa conscience qu'aucune parole d'emprunt, fut-ce la parole de l'éloquent ami assis à mon côté (2).

« Ce n'est pas une défense que j'apporte ici, c'est une confession ; je viens mettre ma pensée devant vous ; le

(1) Pages inédites retrouvées dans les papiers d'Eugène Pelletan.
(2) Jules Favre.

19

ministère public verra que, si j'ai commis un délit, ce n'est pas du moins contre la franchise.

Et d'abord, j'ai besoin de faire ici une profession de foi. Si par malheur, dans le feu de la polémique, il m'était arrivé d'offenser quoi que ce soit de sacré dans ce monde : le droit, le foyer, l'honneur, le pauvre, le faible, le souffrant, ah ! croyez-le bien, messieurs les juges, loin de mettre mon amour-propre à m'enfoncer de plus en plus dans mon erreur, je me ferais un devoir de la reconnaître, et j'irais de moi-même au devant de la réparation. La reconnaissance du tort commis est pour moi une forme de la dignité humaine et comme la rançon de la conscience. C'est à ce prix seulement que nous rentrons en grâce avec nous et que nous remontons à notre propre estime. Je voudrais pouvoir ce jour-là ouvrir à deux battants la porte de cette salle pour que ma voix portât plus loin, et ressusciter l'ancien droit de publicité des débats pour rendre la réparation aussi publique que l'offense.

Mais ici, dans ce procès, j'ai beau chercher quoi que ce soit de sacré que j'aie pu, je ne dirai pas attaquer, mais seulement effleurer ; j'ai beau lire et relire cet article qui a exigé huit jours de méditations pour qu'on parvînt à en saisir la culpabilité, et avec la meilleure volonté du monde, je ne saurais y trouver une pensée, une expression qui doivent entraîner de ma part aucun désaveu.

Cet article glorifie ce que l'humanité a toujours honoré, du moins en théorie : la liberté, la loi, l'épargne, la gloire, le respect du sang humain. Un illustre académicien disait l'autre jour :

« Si vous aviez écrit ce travail en 1847 et si vous l'aviez présenté à l'Académie sous forme de livre, nous lui aurions donné le prix Montyon, en regrettant toutefois, ajoutait-il, de n'y trouver le plus souvent qu'un lieu commun de morale politique. » Que s'est-il donc passé depuis 1847 pour que le prix Montyon et pour qu'un lieu

commun de morale puisse devenir un délit passible de
l'amende et de la prison ?

Le ministère public a oublié de nous le dire. Certes, je
l'ai écouté avec toute la déférence que je dois à la Justice.
Quelque sévérité qu'il ait déployée à mon égard, je reconnais sans difficulté qu'il a montré dans son réquisitoire
beaucoup de volonté de dialectique et un profond génie
d'interprétation. Mais, en définitive, ce qu'il incrimine,
c'est moins encore l'article, que l'auteur de l'article. Et, à
ce sujet, qu'il me permette de le lui dire avec tout le respect imaginable, j'ignore quel miroir il croyait tenir devant moi, mais je n'ai pu y reconnaître ma figure, et chaque fois qu'il dénonçait en moi une pensée de perfidie ou
de déloyauté, j'étais tenté de détourner la tête pour chercher de qui il voulait parler.

Et dans l'article lui-même, le ministère public incrimine moins ce que j'ai dit que ce que je n'ai pas dit ; de
sorte que j'ai à répondre devant vous, non de la pensée
présente, mais de la pensée absente ; non d'un délit os-
tensible, mais d'un délit platonique qui suppose dans l'ac-
cusation le don de seconde vue.

Prenez garde, messieurs les Juges, si le procès de tendance pouvait rentrer dans cette enceinte, il y aurait
ici un plus grand accusé que moi, il y aurait le droit
même d'écrire ; c'en serait fait de la pensée, la France
viendrait à s'éteindre !

Dieu seul, Monsieur l'Avocat Impérial, peut lire au
fond des cœurs. Il est toujours dangereux de prendre le
rôle de Dieu ; car il faudrait prendre, en même temps, son
regard infini pour pénétrer l'impénétrable.

Laissons donc de côté ces profondes analyses, ces
exégèses à perte de vue, ces confrontations forcées de
lambeaux de phrases, ces décompositions laborieuses de
pensées détachées pour en extraire un délit. Nous ne sommes pas ici pour remuer des mots comme on remue les

pierres en Italie, pour voir s'il y a des scorpions cachés dessous. L'écrivain, d'ailleurs, qui aurait écrit comme le ministère public semble croire que j'ai écrit, qui aurait cherché à accumuler tant de sous-entendus, tant de sens compliqués dans la moindre ligne et dans la moindre virgule, aurait opéré un miracle, à coup sûr plus inouï que ce joueur d'échecs du XVIII° siècle qui faisait quatre parties à la fois, le dos tourné aux échiquiers. Aucun cerveau ne pourrait supporter une pareille épreuve.

J'ai voulu simplement traiter dans l'article incriminé un problème de politique générale qui passe par dessus la tête de toute espèce de gouvernement. Je demande au tribunal la permission de maintenir la question à la hauteur où je croyais l'avoir posée.

Mais avant de l'aborder, j'ai besoin de demander au ministère public : Quelle idée vous faites-vous donc de l'écrivain ? Croyez-vous qu'il dise ce qu'il veut ?

— Ah ! ce serait trop commode et trop avantageux, car il ferait route alors par tous les vents, et sur toutes les terres. Non, Messieurs, l'écrivain ne dit pas ce qu'il veut, il dit ce que veut la vérité.

Ce n'est pas que je prétende pour cela qu'il doive nécessairement la posséder. Hommes faibles et faillibles, qui de nous oserait dire : Je tiens la vérité dans la main. Il suffit que nous croyions la tenir, que nous l'aimions, que nous la cherchions éperdument, que nous ayons mis de notre côté toutes les chances morales et intellectuelles par l'étude. C'est assez pour l'infirmité humaine ; nous avons satisfait à notre consigne.

Mais de ce jour aussi, nous ne nous appartenons plus, nous appartenons corps et âme à la vérité. Nous avons fait avec elle un pacte à la vie à la mort ; elle nous maîtrise, elle nous commande ; nous voudrions écarter de nous cette voix despotique de la conviction qu'il y aurait pour nous punir de ce délit contre nous-même une police correctionnelle autrement sévère que la vôtre, Messieurs, car ce ne serait pas une sentence d'un quart d'heure qu'elle prononcerait, et pour un temps donné, ce serait une sentence de chaque jour et de chaque minute ; lorsque nous irions nous asseoir à notre table, nous l'entendrions sans cesse nous répéter :

« Quoi, tu as menti à toi-même et tu veux parler aux hommes ! Ah ! plutôt l'amende, plutôt la prison, plutôt le sol dévorant, plutôt le ciel brûlant de l'Afrique, puisque le malheur du temps a voulu qu'on prît le Soleil, le Dieu de la lumière pour châtiment de la pensée. »

Je disais donc que l'écrivain doit mettre sa vie au service d'une vérité.

La vérité que j'ai servie dans l'article incriminé, ai-je besoin de la nommer ? l'article ne la nomme-t-il pas lui-même au premier, au dernier paragraphe ? : C'est la Liberté !

La Liberté n'est pas assurément une idée imprévue et téméraire.

Quand je suis venu à la vie d'homme, je l'ai vue partout acclamée en France, partout reconnue, partout triomphante dans les âmes, dans les lois, dans les institutions. Elle brillait en lettres d'or sur le drapeau tricolore.

Le ministère public disait tout à l'heure que la liberté n'avait pas disparu de la France. Pourrait-il nous expliquer pourquoi dans ce cas on l'a effacée de notre drapeau ?

Le premier pas que, jeune homme venu de loin, j'ai fait dans cette ville de Paris, c'est pour voir dresser une colonne à la gloire de la Liberté, sur la Place de la Bastille.

Aujourd'hui je ne saurais croire que la liberté soit comme sa propre statue au sommet de cette colonne, qu'elle semble toujours prendre son vol dans l'espace, et qu'elle reste toujours enchaînée par le pied.

On n'écrit pas plus qu'on n'efface la liberté. Elle est

au XIX° siècle une loi intérieure, une condition d'existence de la Société. Chassée des faits, elle rentre dans les esprits. Mais bientôt elle repasse des esprits dans les faits.

C'est pour hâter ce passage dans notre humble sphère que quelques écrivains de bonne volonté rédigent le *Courrier du Dimanche* de concert avec un fils adoptif de la France par le talent et un concitoyen par son dévouement à la Démocratie. Si nous avions la taille requise pour oser un mot ambitieux, nous croirions ainsi bien mériter de notre pays.

Homme de foi et d'étude, placé au poste de l'idée, j'ai toujours monté en paix ma faction. Il m'a été donné, et j'en remercie la chance, de porter témoignage dans un temps d'épreuve. Je l'ai fait ; c'était un devoir, un devoir d'honneur, car le devoir grandit toujours avec le danger. Tout cela est bien humble sans doute, et plus humble encore dans ma bouche.

Mais serait-il bon de le décourager? Bien humble, et pourquoi donc? Ne diminuons rien. L'homme fidèle à la conviction jurée est un tel spectacle que, fût-il seul, il doit avoir toujours un témoin dans l'immensité, la seule chose à sa mesure, et que si Dieu n'existait pas, il aurait puissance de le créer.

Comme les autres, sans doute, comme tous, j'ai pu avoir mes heures mauvaises, mes heures troubles, ces pages de la vie qu'on aime mieux tourner que relire. Mais j'ai aimé la liberté : j'ai bien vécu. Et si le sort veut, je ne le mets pas au défi, — mais si le sort veut que je souffre pour elle, oh! alors! je brave la pauvreté. J'ai gagné ma part sur cette terre. J'aurai donc quelque chose à léguer.

## FIN

# TABLE DES MATIÈRES

## TROISIÈME PARTIE

### LE POLÉMISTE. — L'OPPOSITION SOUS L'EMPIRE

### (1852-1870)

IMPRIMERIE DE CHOISY-LE-ROI